Renew Life
The Digestive Care Company®

Les parasites
posent un sérieux problème
pour la santé

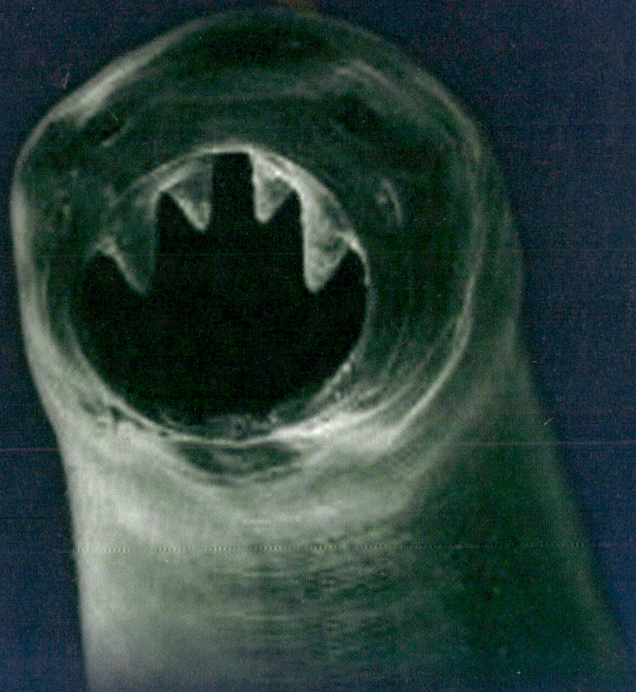

Nous avons tous des parasites
et ils affectent la santé

Par Brenda Watson, N.D., thérapeute du côlon

Qu'entend-on par parasites?

Un parasite se définit comme " tout organisme qui vit sur ou à l'intérieur d'un autre organisme. " Les parasites qui vivent dans le corps humain se nourrissent de ses cellules, des aliments ingérés et même des suppléments que l'on prend. Bien qu'il existe de nombreuses variétés de parasites, ils appartiennent tous à deux groupes principaux : les vers et les protozoaires. Les protozoaires sont des organismes unicellulaires de taille microscopique. Les vers sont multicellulaires et de toutes les tailles, depuis les nématodes (qui mesurent moins d'un centimètre) jusqu'aux cestodes (qui peuvent atteindre 12 mètres de long). Quel que soit le type de parasites que l'on héberge, ils peuvent tous causer d'importants dommages dans l'organisme.

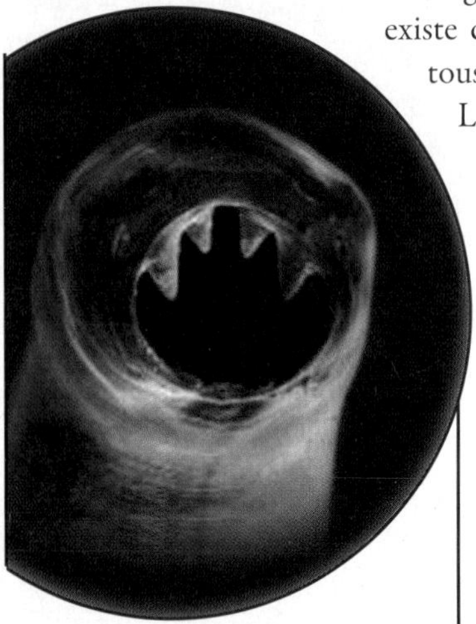

Les parasites peuvent être microscopiques (tels les protozoaires) ou atteindre 12 mètres de long, comme c'est le cas du ténia. Quelle que soit leur taille, ils peuvent tous causer d'importants dommages dans l'organisme.

Jusqu'à quel point les parasites sont-ils chose courante?

Les troubles parasitaires ne se produisent pas seulement dans les pays du tiers-monde ou chez les personnes qui ont beaucoup voyagé. Les études indiquent que jusqu'à 85 % des Nord-Américains souffrent d'au moins une forme de parasites et certaines autorités estiment que le chiffre réel pourrait aller jusqu'à 95 %. Le Center for Disease Control (CDC) considère d'ailleurs les parasites comme le principal risque pour la santé.

Personne n'est immunisé contre l'infestation par des parasites. Bien que le problème soit très répandu, il arrive souvent qu'il ne soit pas reconnu. On a tendance à considérer les parasites comme une maladie tropicale. De ce fait, il est peu probable que le médecin moyen pense aux parasites en diagnostiquant un cas, d'autant plus que les publications et les collèges médicaux se focalisent rarement sur eux. En dehors des dossiers maintenus par le CDC, on dispose de peu d'information de pistage sur les parasites. Ce manque d'information, allié à une formation insuffisante, signifie que les médecins recherchent rarement les parasites comme cause sous-jacente de maladie.

Quels sont les symptômes de l'atteinte parasitaire?

Les textes médicaux ne parlent pas beaucoup des parasites et se contentent d'indiquer qu'ils peuvent causer la diarrhée et la malabsorption. Il convient toutefois de mentionner que les parasites peuvent imiter d'autres troubles ou ne pas produire de symptômes du tout. Lorsqu'ils présentent des symptômes, ces derniers peuvent être des plus variés et peuvent inclure:

- La diarrhée et/ou la constipation
- Les troubles digestifs (gaz, ballonnements, crampes)
- L'irritabilité/la nervosité
- Le syndrome de l'intestin irritable
- Les troubles cutanés persistants
- Les yeux cernés
- Le manque d'énergie
- Les troubles du sommeil
- L'anémie
- Les crampes musculaires
- Les douleurs articulaires
- Les granulomes (corps semblables à des tumeurs qui enrobent les larves ou parasites détruits)
- Les sécrétions rétro-nasales
- Les grincements de dents
- Les troubles de la prostate
- Les fringales de sucre
- Les troubles de l'appétit (augmentation ou diminution)
- Les allergies
- Le prurit rectal
- La baisse de l'activité intellectuelle
- La douleur dans la région du nombril
- L'incontinence nocturne des urines

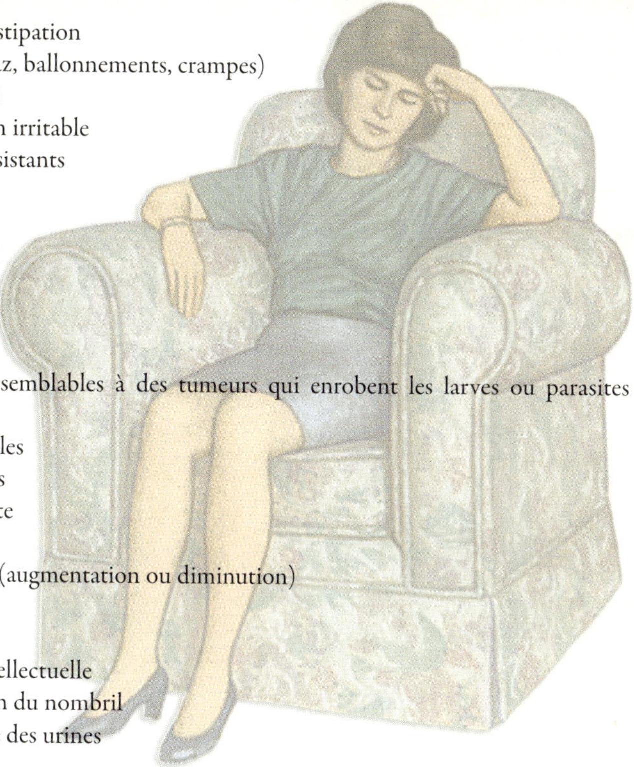

Les parasites peuvent affecter n'importe quel tissu dans l'organisme. De nombreuses affections ont été liées aux parasites, parmi lesquelles l'arthrite, l'appendicite, les problèmes de poids, le cancer, l'épilepsie, etc. Du fait que les parasites peuvent pénétrer dans le circuit sanguin, ils peuvent atteindre n'importe quel organe. Ceci peut engendrer des problèmes dont le lien avec les parasites n'est souvent pas reconnu, ce qui donne lieu à un diagnostic inexact ou incomplet. Par exemple, une infestation d'ascaris dans l'estomac peut avoir l'aspect d'un ulcère gastro-duodénal.

Les dommages causés par les parasites ne se produisent pas seulement parce qu'ils se nourrissent de nos cellules, mais aussi en raison des déchets qu'ils excrètent. Ces déchets empoisonnent notre organisme et surmènent les organes d'élimination. Le traitement de cet excès de déchets peut affaiblir le système immunitaire. À mesure que les mécanismes de désintoxication deviennent débordés, les réserves nutritionnelles s'épuisent et le système immunitaire s'affaiblit. Ceci donne lieu au déclin de la santé et aux affections chroniques.

Quelles sont les causes de l'infestation par des parasites?

La déficience nutritionnelle contribue à l'infestation par des parasites. Dans le cadre d'une étude récente, les animaux dont l'alimentation manquait de protéines ou de vitamines ont attrapé de nombreux types de parasites. Ces mêmes parasites, introduits dans l'organisme d'animaux suivant un régime équilibré, n'ont pas survécu. La nutrition influe sur le milieu interne du corps. Les parasites ont plus de chances de survivre dans un organisme déficitaire en nutriments.

Bien que de nombreux facteurs externes contribuent aux troubles parasitaires, le principal est un facteur interne - soit un côlon malpropre, qui découle d'un style de vie malsain entraînant un déséquilibre bactérien dans le côlon. Pour que le tractus intestinal et le côlon soient en bonne santé, il doit y avoir un équilibre entre les bonnes et les mauvaises bactéries. Une fois que le ratio idéal de bonnes et de mauvaises bactéries (soit 80 % : 20 %) est perturbé, le déséquilibre qui en résulte crée un milieu propice à l'infestation par des parasites.

Les facteurs qui contribuent à ce déséquilibre comprennent :

- Les antibiotiques
- Les médicaments sur ordonnance (immunodépressifs)
- Les glucides raffinés
- Les médicaments à base de stéroïdes (médicaments pour l'asthme)
- Les pilules contraceptives
- Les rayons X / la radiothérapie
- L'eau chlorée

Les parasites peuvent pénétrer dans le corps par la bouche (ingestion), par le nez (inhalation) ou peuvent être absorbés par la peau (tel le fait de marcher pieds nus). Ils peuvent aussi être transmis par le biais d'insectes porteurs. Les sources courantes de parasites comprennent :

- Les sols contaminés
- Les fruits et légumes contaminés
- La viande crue ou saignante
- Les animaux domestiques
- Les moustiques
- Le contact avec les matières fécales (par exemple dans les crèches)
- L'eau polluée (telle l'eau du robinet)
- Le contact avec une personne atteinte de parasites

Ces facteurs peuvent aussi donner lieu au Candida (prolifération de levure). Pour cette raison, le Candida et les parasites ont tendance à se manifester en même temps.

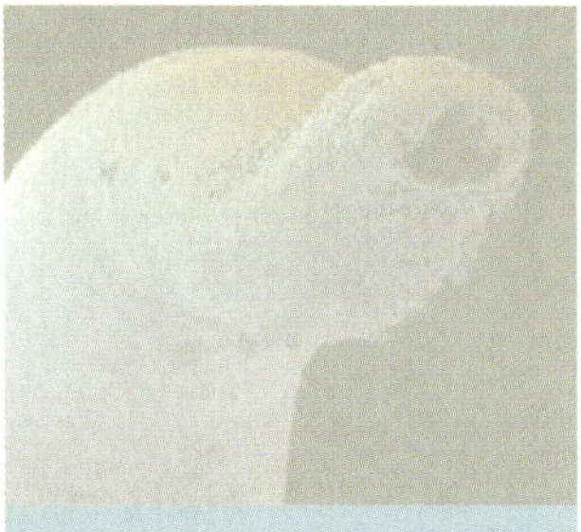

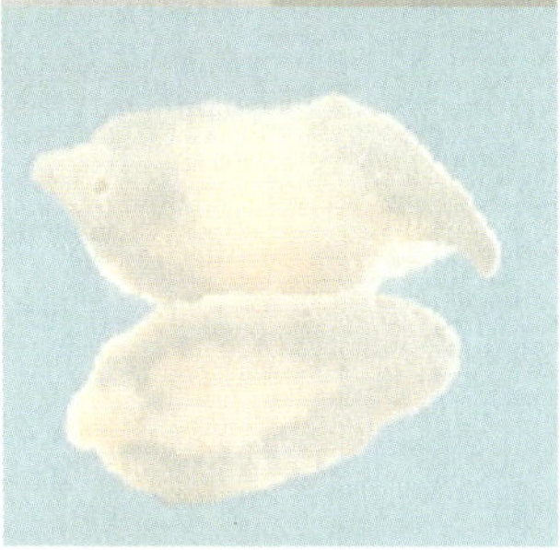

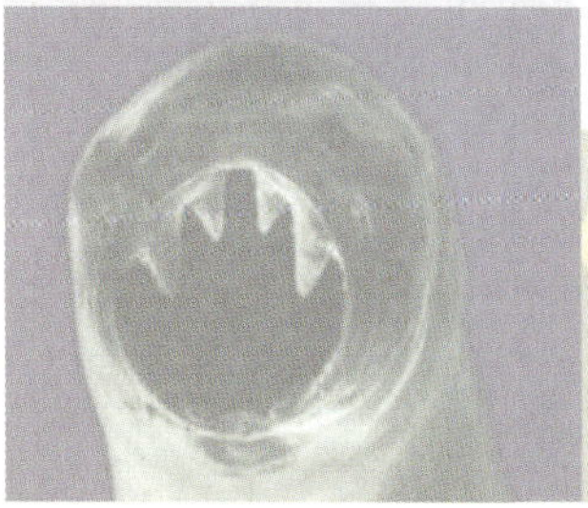

Comment savoir si j'ai des parasites?

La détection des parasites s'effectue normalement par le biais d'une analyse de selles. Toutefois, il arrive souvent que ce test ne soit pas disponible au Canada. Même lors d'une analyse des selles, les parasites peuvent être difficiles à déceler du fait qu'ils ont tendance à se dissimuler dans la muqueuse intestinale et dans les organes. Par exemple, si les parasites se trouvent dans le cœur ou les poumons, ils n'apparaîtront pas dans les selles, quelle que soit l'analyse à laquelle elles sont soumises!

Un médecin peut vous prescrire cette analyse (si vous insistez). Sinon, la comparaison de la liste des symptômes (qui paraît ci-dessus) et des vôtres est un bon moyen d'établir votre propre diagnostic. Plus vous avez de symptômes, plus il est probable que vous souffriez d'une infestation par des parasites.

De plus, les analyses dont on dispose ne s'appliquent qu'à 40 à 50 types de parasites, alors qu'il en existe plus de mille espèces. Un test de laboratoire qui aura donné des résultats négatifs ne garantit donc pas que la personne n'a pas de parasites.

Comment éliminer les parasites

Étant donné que le Candida a tendance à coexister avec les parasites, il est sage de les traiter simultanément. À cette fin, il faut rigoureusement suivre un régime anti-Candida / antiparasitaire qui privilégie les légumes biologiques et qui exclue les glucides raffinés, le sucre sous toutes ses formes (y compris les fruits et les féculents) et les aliments fermentés. Il faudra suivre ce régime pendant toute la durée de la cure antiparasitaire (qui dure en général un à trois mois, selon la gravité du problème).

Quelle que soit la gravité du trouble parasitaire, il est crucial de suivre une cure d'épuration pour éliminer les parasites présents dans l'organisme.

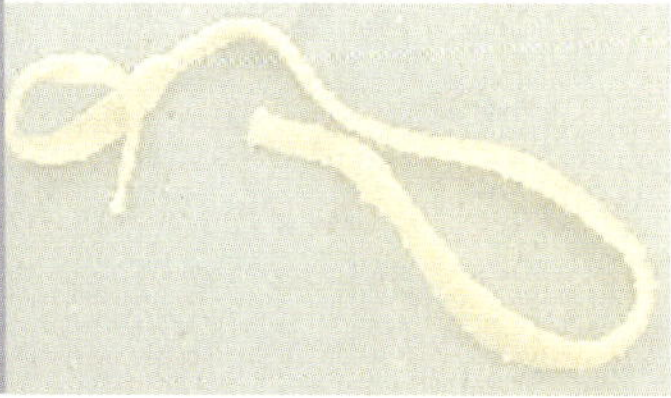

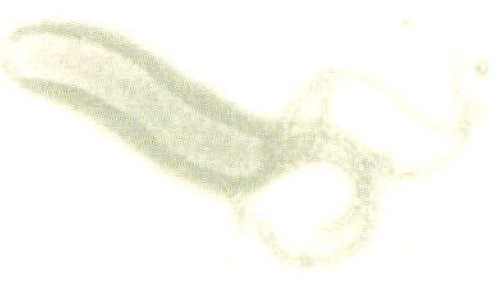

La solution antiparasitaire avancée
ParaGONE • ParaZYME • FibreSMART

1. L'épuration des parasites

ParaGONE est une cure d'épuration antiparasitaire, antimicrobienne et antifongique en 2 parties, formulée pour combattre les parasites ainsi que le Candida. Il peut être utilisé par cycles (selon les indications de l'étiquette) pour détruire les parasites avec efficacité à tous leurs stades de développement. Ses principes actifs comprennent :

L'extrait de noyer noir

L'extrait de noyer noir provenant de la coque verte fraîche contient des alcaloïdes qui possèdent de puissantes propriétés antiparasitaires.

L'acide caprylique

L'acide caprylique a des vertus antifongiques dont les études cliniques ont démontré l'efficacité dans la destruction des parasites (et du Candida).

L'extrait de pépins/écorce de pamplemousse

L'extrait de pépins/écorce de pamplemousse possède de puissantes propriétés antimicrobiennes et antifongiques.

L'extrait d'armoise absinthe

L'extrait d'armoise absinthe détruit les parasites.

Le clou de girofle

Le clou de girofle possède de puissantes propriétés antimicrobiennes et antifongiques qui contribuent à éliminer les parasites et le Candida.

Ces principes actifs sont mélangés à d'autres plantes d'usage traditionnel pour débarrasser l'organisme des parasites.

2. Les enzymes et l'acide chlorhydrique

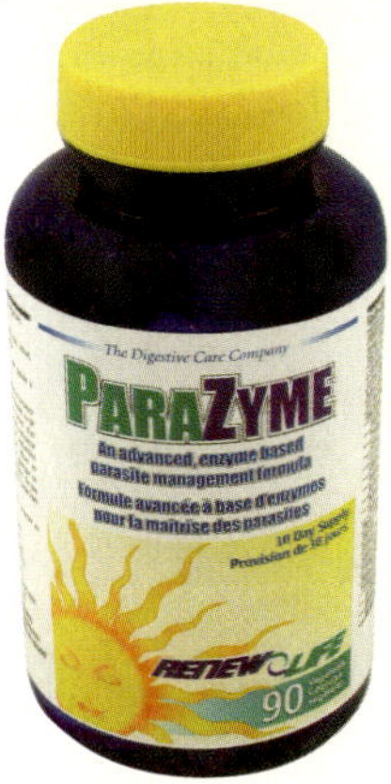

La plupart des sujets atteints de parasites ont des taux bas d'enzymes digestives et d'acide gastrique (acide chlorhydrique). Ces deux substances représentent les défenses naturelles de l'organisme contre les parasites présents dans les aliments et l'eau. ParaZYME est une formule d'enzymes végétales qui contient un puissant mélange d'enzymes digestives et d'acide chlorhydrique.

Les enzymes sont nécessaires pour décomposer les aliments et permettre ainsi à l'organisme d'assimiler leur nutriments. L'alimentation de notre époque, principalement composée d'aliments cuits et transformés, détruit bon nombre des enzymes naturelles présentes dans les aliments. Même si l'on suit le régime le plus sain, les troubles de l'assimilation causés par l'infestation des parasites donnent lieu à des carences en nutriments. Les enzymes végétales agissent pour optimiser la digestion. Les parasites ne peuvent prospérer en présence de taux normaux d'enzymes et d'acide chlorhydrique.

ParaZYME contient aussi de la L-glutamine et de la N-acétyl-D glucosamine : il a en effet été prouvé que ces deux ingrédients soutiennent la muqueuse du tractus intestinal. Une muqueuse intestinale saine empêche les aliments non digérés, les parasites, le Candida et autres toxines de traverser la paroi intestinale et de pénétrer dans le circuit sanguin. Ceci fait de ParaZYME une partie importante de toute cure antiparasitaire.

3. Les fibres

FibreSMART^MC aide à absorber et à évacuer les matières parasitaires mortes et les toxines. L'épuration des parasites peut être intense et provoquer une 'crise' pouvant se traduire par des maux de tête, des nausées et des symptômes semblables à ceux de la grippe. La prise d'un supplément de FibreSMART^MC réduit non seulement la quantité de toxines présente dans l'organisme, mais diminue aussi énormément les symptômes désagréables d'une telle 'crise'. Pour être en bonne santé, il faudrait ingérer trente à quarante grammes de fibres par jour; pourtant, l'alimentation de la plupart des Nord-Américains en fournit aussi peu que dix grammes.

FibreSMART^MC est une formule de fibres à base de lin. Elle contient des fibres de graines de lin qui fournissent les proportions recommandées de 50 % de fibres solubles et de 50 % de fibres insolubles. Ce ratio permet de purifier le côlon de façon efficace et permet aux fibres d'absorber les toxines. De plus, ce ratio ne déshydrate pas le côlon et n'entraîne pas la constipation, comme c'est le cas des fibres à base de psyllium. Les fibres représentent une partie essentielle du processus d'épuration et de désintoxication.

L'entretien après la cure

La solution antiparasitaire avancée composée de ParaGONE - ParaZYME - FibreSMART est conçue pour éliminer les troubles parasitaires. Par la suite, il est bénéfique d'utiliser certains produits d'entretien pour favoriser la cicatrisation des dommages infligés à la muqueuse intestinale par les parasites. Les produits suivants peuvent s'utiliser après l'achèvement de la cure antiparasitaire initiale.

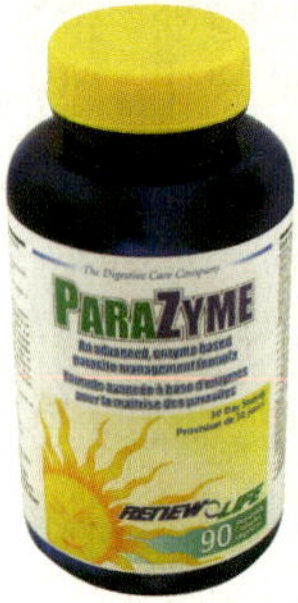

Les enzymes et l'acide chlorhydrique

Il convient de continuer de prendre du ParaZYME après l'achèvement de la cure antiparasitaire. Ceci assurera un milieu intestinal non propice à toute nouvelle infestation par les parasites ou le Candida.

Les probiotiques

Les probiotiques sont les 'bonnes' bactéries qui aident à assurer un équilibre sain entre les 'bonnes' et les 'mauvaises' bactéries du tractus intestinal. Ce tractus exige aussi bien des 'bonnes' que des 'mauvaises' bactéries pour fonctionner de façon optimale. Chez ceux qui ont des parasites, cet équilibre se trouve perturbé, ce qui augmente les taux de 'mauvaises' bactéries. Ceci a pour effet de créer un milieu propice aux parasites et au Candida.

FloraSMART est un mélange breveté de probiotiques qui améliorera tout le processus de digestion et qui réduira considérablement les chances d'une nouvelle infestation de parasites et de Candida. FloraSMART est le seul probiotique sur le marché qui utilise la méthode d'apport 'Bio-Tract'. Cette technologie assure que les probiotiques sont correctement utilisés par l'organisme et ne sont pas détruits dans l'estomac, comme c'est le cas de la plupart des formules de probiotiques.

IntestiNEW

Comme nous l'avons dit, les parasites peuvent infliger des dommages graves à la muqueuse intestinale. Ces lésions permettent aux toxines, aux radicaux libres et aux autres polluants de pénétrer plus facilement dans l'organisme. C'est la première étape qui mène aux affections chroniques. Il est de toute importance d'assurer la cicatrisation de la muqueuse intestinale après l'achèvement de la cure antiparasitaire. IntestiNEW est un produit à dose thérapeutique qui cicatrise la muqueuse intestinale pour lui permettre de rétablir sa fonction normale.

Du même auteur
aux Éditions Sedes

•L'Autre femme

•LUI

•La Fille du magistrat

•Le Dernier procès

•Passion pour alibi

Hélène SÉVIGNY

LASAGNE

L'HOMME DERRIÈRE LE MASQUE

Éditions Sedes

Données de catalogage avant publication (Canada)

Sévigny, Hélène

Lasagne : l'homme derrière le masque

ISBN 2-921140-13-6

1. Cross, Ronald, 1957- . 2. Québec (Province) - Histoire - 1990 (Crise autochtone). 3. Mohawk (Indiens) - Réclamations. 4. Mohawk (Indiens) - Biographies. I. Titre.

E99.M8C68 1993 971.4'04'092 C93-096355-5

Photographie de la couverture
• FRANCINE DUFRESNE
Photographie de la couverture arrière
• FRANCINE DUFRESNE
Photocomposition
• SEDES LTÉE

755, rue Robitaille
Saint-Lambert, Québec, J4P 1C5

Canada 1993
Dépôt légal : lier trimestre 1993
Bibliothèque nationale du Québec
Bibliothèque nationale du Canada
ISBN 2-921140-13-6

Remerciements

Éric Desbiens, pour sa participation dans la traduction et l'entrevue réalisée avec Shaney Komulainen pour les Éditions Sedes.

Francine Dufresne, pour les photographies et l'entrevue réalisée avec Me Julio Peris pour les Éditions Sedes.

Me Julio Peris, pour avoir accepté de lire et de commenter le manuscrit avant publication.

AVERTISSEMENT

Les faits de la Crise d'Oka tels que rapportés ici par Ronald Cross n'engagent en rien la responsabilité de l'auteur ni de l'éditeur.

Table des matières

Remerciements

À tous les partisans, Amérindiens ou non, qui sont restés à nos côtés et nous ont aidés à traverser une crise très difficile. Sans leur aide et leur soutien, il serait presque impossible d'obtenir justice. C'est là un geste que les minorités voient rarement dans une société où les gouvernements ont tendance à oublier que tous les hommes sont égaux et, qu'à ce titre, ils ont des droits.

À ma famille. En particulier à mon épouse et à ma mère qui m'ont apporté leur appui. Je les aime toutes les deux, de tout mon coeur.

À mon autre famille, le «Centre de traitement», qui m'a aidé à me réconcilier avec la vie. C'est un souvenir impérissable.

À tous les compagnons des barricades. Sur la ligne de défense, nous avons donné tout ce que nous pouvions pour la nation Mohawk. Nous ne tomberons jamais dans l'oubli, tout comme notre frère, Tom «le Général», qui a finalement trouvé la paix et la joie parmi son peuple. Son esprit vivra toujours parmi ses frères et soeurs indiens.

À Jimmy McComber, à son épouse et à sa famille pour m'avoir aidé à une autre période difficile de ma vie. Je leur serai éternellement reconnaissant pour l'attention et l'affection qu'ils m'ont prodiguées.

Merci aux avocats Owen Young et Julio Peris qui ont accepté de nous défendre, sans se préoccuper de ce qu'en seraient les conséquences. Peu importe les résultats à venir, je ne connais personne d'autre qui aurait pu mieux accomplir cette mission.

Merci à Hélène Sévigny de m'avoir fourni l'occasion d'exprimer mes sentiments, mes déceptions, mes joies, ainsi que LA VÉRITÉ sur cette crise que je ne pourrai jamais oublier. Je la remercie de m'avoir permis de révéler mes connaissances sur la lutte des peuples indiens.

Malgré mon jeune âge, j'ai beaucoup appris durant ces dernières années. Je comprends maintenant mieux les sentiments des aînés.

Ronald Cross

Merci à Ronald Cross pour m'avoir permis d'entrer dans sa vie, de m'avoir ouvert son coeur, son âme. Il m'a fait découvrir... l'homme derrière le masque.

Hélène Sévigny

Photo Francine Dufresne

TRIBU OU NATION
Peinture des événements de la Crise d'Oka
Louis Hall, 1991

«La formation d'une tribu constitue la première ébauche de l'établissement d'un ordre social. La nation en est le produit final. Depuis des temps immémoriaux, la famille et ses proches vivaient ensemble et s'organisaient en bande pour assurer leur protection. C'est la définition d'une tribu. Plus tard, les tribus se sont regroupées pour former une coalition de nations. Une des définitions de tribu pour qualifier les Indiens: un terme dérogatoire signifiant une classe de gens primitifs et pauvres.
Quand les Européens arrivèrent en Amérique, ils ont conclu des traités avec les Indiens et, ce faisant, ils reconnaissaient les Indiens comme une nation. Seules les nations peuvent conclure des traités. Les lois internationales stipulent que lorsqu'une nation est reconnue comme nation, elle le demeure jusqu'à ce que ce qu'elle se dissolve elle-même...»

Au peuple Mohawk

Tout ce qui a été fait l'a été pour nos enfants et les générations futures du peuple Mohawk. J'espère que nos enfants et nos petits-enfants n'auront pas à supporter ce que nous avons dû subir, et que nous aurons réussi à améliorer leur sort.

J'espère qu'ils nous respecteront, tout comme nous respectons nos ancêtres quand nous pensons à tous les sacrifices qu'ils ont faits pour nous.

Ronald Cross

Photo Francine Dufresne

Peinture Louis Hall

Introduction

Dans la petite pièce réservée à l'avocat et son client, précisément dans la chambre numéro 6 qui m'a été assignée, j'attends le plus célèbre des Warriors, Ronald Cross, dit Lasagne. Dans quelques instants, je serai assise en face de celui que la presse et les caméras de télévision se sont plus à montrer comme un tueur féroce et sans pitié. J'ai le trac.

Malgré moi, une foule de pensées aussi farfelues qu'angoissantes m'assaillent et me terrifient. Pourquoi suis-je ici... Qu'est-ce que je suis bien venue y faire... Ma carrière d'écrivain et d'avocat n'était donc pas assez mouvementée comme ça...

Les Warriors seraient des tueurs de la mafia, ayant pour la plupart connu le Viêt-Nam. Ils auraient la guerre dans le sang et des antécédents criminels. Certains seraient recherchés par la police américaine. Beaucoup d'Indiens s'en méfieraient et seraient malheureux de les savoir chez eux.

Et comme si je ne savais rien faire d'autre de ma vie, c'est à ce genre d'individu que j'ai donné rendez-vous.

Dans le tumulte et le bruit des portes de corridor qui s'ouvrent et se referment avec fracas, je me rends compte que je me suis embarquée pour le meilleur et pour le pire. Il est encore temps de partir. Je pourrais faire volte-face. Lui écrire que j'ai changé d'avis ou que j'ai été demandée ailleurs. Si j'étais intelligente, voilà ce que je ferais. Quelque chose m'en empêche: la fuite ne me ressemble pas. La voilà, la vraie raison!

Je me sens chez moi, ici. Parthenais, j'y suis venue déjà. À chaque fois, j'y ai éprouvé un sentiment indéfinissable. Un silence. Comme si au-delà de ces murs et de ces portes, la vie n'existait pas. Puis, subitement, une grille qui grince, un juron... me rappellent qu'il y a une vie au-delà de ces murs... la vie carcérale.

Les prisons ont une âme. Une âme de tristesse, bien sûr, mais quelque chose qui évoque cette ambiance de monastère où le moindre bruit devient important. Une porte qu'on ouvre, des pas dans le corridor, une grille de fer qui se referme... puis le face à face. Le client qui vous regarde avec ses espérances, ses attentes, ses naïvetés. Oui, je regrette cette époque de ma vie où je représentais les uns et les autres avec mon audace, mon enthousiasme, ma fougue, et parfois même ma folie de croire en des causes impossibles. J'aimais qu'on me dise: «Tu ne gagneras jamais ça.» C'était le mot clé, le mot magique qui me faisait foncer. Oui je regrette cette époque de ma vie, comme un vieillard regrette sa jeunesse, et j'ai le sentiment d'être revenue sur les lieux du crime pour me faire souffrir.

Mais la sentimentalité ne fait pas long feu. Malgré moi, je reviens à mes pensées terrifiantes. «Et s'il fallait qu'il m'étrangle, comme ça, pour le plaisir. Ou qu'il m'insulte, ce qui serait pire.» La veille, je n'ai pas dormi, voyant et revoyant sans cesse l'image du vidéo: celle de Lasagne bravant le soldat ou injuriant le soldat, c'est selon son parti pris. Les minutes sont longues avant qu'il n'arrive. Et si c'était lui qui se dérobait. A-t-il changé d'avis? Veut-il toujours me voir?

Subitement, j'entends crier: «Porte numéro 6.» Il est trop tard, je ne peux plus reculer. Me voilà prise au piège. Dans un instant, lorsque je lèverai les yeux, le «tueur» sera là.

* * *

Chapitre 1

La première visite

Je l'avais imaginé costaud, cruel, arrogant, méprisant... et injuriant. Une sorte de héros de film d'horreur vous défiant de son regard sadique. Un rebelle. Obstiné, entêté.

Chez lui, tout est calme. La démarche, la voix... et jusqu'à sa façon de fumer. Un instant, je doute... Je ne reconnais pas celui qui a fixé le soldat. S'il fallait qu'on m'ait envoyé un autre prisonnier. On m'a déjà fait le coup à Bordeaux.

Ce doit être plutôt vexant pour une vedette ayant déjà fait la page couverture de Maclean's de ne pas être reconnue, mais je demande:

-Are you... Ronald Cross?

-Yes... répond-il simplement avec lenteur... And you... Hélène Sévigny?

Comment peut-il savoir prononcer mon nom...

-Yes! dis-je simplement.

Et la conversation s'installe en douceur. Il est dommage qu'à Parthenais, on m'ait refusé la permission de l'enregistrer. Je sais qu'on n'est jamais deux fois le même. Que selon les circonstances, les événements font de nous un être nostalgique ou un être heureux. Détenu à Parthenais depuis des mois, Ronald Cross, comme tout autre individu, ne s'exprimera jamais plus de la même façon une fois libéré. J'aurais voulu garder le souvenir de sa voix. Écouter, réécouter... pour ne pas le trahir avec mes impressions personnelles et mes émotions. Pour ne pas le trahir en le transcrivant. Pour être bien certaine que la nostalgie que j'ai cru déceler en lui n'est pas due à mon imagination.

J'ai déjà visité d'autres prévenus. Je les sentais nerveux, agités. Ronald Cross, dit Lasagne, lui, débite son histoire sur un ton détaché. Presque neutre. Comme s'il racontait l'histoire de quelqu'un d'autre ou comme s'il décrivait un film banal. Comme s'il ne voulait pas s'enflammer. Ou comme s'il était assez intelligent pour savoir qu'on ne prend pas les révoltés au sérieux.

J'avoue avoir tout mis en oeuvre pour le provoquer. L'avocat a besoin de savoir jusqu'où peut aller son client. Il veut connaître son degré d'agressivité, ses contradictions, sa démesure et son impulsivité, qui le perdront souvent. L'accusé doit réussir le contre-interrogatoire de son propre avocat, sinon il ne passera jamais le grand test, à la barre des témoins. Ce n'est pas en Cour qu'il est temps de découvrir qu'on représente un fou ou un suicidaire capable de nous entraîner avec lui dans sa chute.

Il était si calme que j'éprouvais le besoin de le pousser à bout afin de découvrir s'il jouait la comédie. J'ai risqué des questions qui, s'il avait été un vrai tueur, m'auraient mise hors de combat. Il est demeuré impassible. Flegmatique. Et j'ai presque regretté mon insolence... parce qu'elle ne m'avait menée nulle part. J'ai voulu déclencher une perte de contrôle pour me convaincre qu'il ne pouvait être aussi doux et patient. Sans m'en rendre compte, je cherchais à prouver que les médias avaient raison.

J'avais surtout hâte de voir s'il me fixerait dans les yeux comme il l'avait fait avec le soldat. C'était la seule chose que je connaissais de lui: son regard. Et moi, est-ce que je serais capable de le supporter? Comment fallait-il regarder ce genre d'individu? Droit dans les yeux?

«Quelques Indiens ont confié à la presse qu'ils ne désiraient pas votre présence dans ce conflit... Que vous faisiez partie d'une mafia qui voulait prendre le contrôle de la réserve. Comment pouvez-vous protéger quelqu'un qui vous rejette? Et... comment acceptez-vous d'être emprisonné pour avoir voulu défendre les revendications des Indiens alors que votre peuple n'a aucune reconnaissance pour vous?»

«Les Indiens traditionnels... commence-t-il, sont différents...»

Toujours le même ton neutre et le même regard détaché. J'ai l'impression d'être assise devant *L'Étranger* de Camus. Sans jamais élever la voix, il m'a retourné toutes mes flèches. Une à une. Tel un archer d'élite!

J'ai peine à croire que, quelques mois plus tôt, il ait pu donner l'image d'un homme aussi violent. Je réalise, en l'écoutant, que c'est souvent nous qui prêtons la violence à l'adversaire. Par notre interprétation, notre imagination. Du moment qu'il est contre nos ambitions, notre façon de voir les choses, et surtout s'il menace notre sécurité, il devient illico notre ennemi. Et dès lors, tout ce que dira cet ennemi sera perçu comme une agression, même lorsqu'il ne prétend qu'à sa juste part. Sa force est inspirée par notre peur.

Ronald Cross a-t-il seulement voulu tuer le soldat. L'intimider parce qu'il était sur son territoire, le déloger? Peut-être... Notre imagination en a tôt fait un criminel, en lui prêtant déjà la volonté de poser le geste irréparable.

Il faut dire que les médias nous ont bien endoctrinés. Comment pourrions-nous imaginer un Lasagne paisible et complaisant quand, à la télévision, on nous déclare: «Quinze Warriors qui se trouvent derrière les barricades (...) sont activement recherchés par le FBI de l'État de New York pour différents crimes commis il y a quelques années.»[1] Les autres enchaînent aussitôt: «On dit que certains individus recherchés

(1)L'été des Mohawks, Jacques Lamarche, Éditions Stanké, p. 112 .

Ronald Cross, dit Lasagne… un archer d'élite!

par le FBI sont arrivés à Montréal quelques jours avant qu'éclate le conflit d'Oka.»[1]

Médisance, calomnie... Qui avait intérêt à répandre pareille histoire! Les Blancs? Pour semer la pagaille chez les Indiens ou pour convaincre les Blancs sympathiques à la cause indienne de changer de camp. En temps de guerre, tant de stratégies ont cours. Et si c'étaient les Indiens...

Pourquoi pas... Déjà la Crise d'Oka prend une autre allure. Quant à Lasagne, là devant moi, il a tout pour fasciner un écrivain. L'absence d'émotion, le regard froid mais observateur... On ne peut naître ainsi. C'est comme si au beau milieu d'une page blanche un personnage en sortait pour venir raconter son histoire.

Que ferai-je de lui? Un héros du destin, un sauveur, un Riel, un brigand... et pourquoi pas la vérité: un Mohawk que le hasard et les circonstances ont amené en plein coeur d'une révolte qu'il n'a pas voulue mais qu'il avait pressentie et qui, dans plusieurs années, fera partie de la légende et de l'Histoire... avec sa part de vérités, mensonges et dénigrements.

Ronald Cross est finalement sorti tout droit d'un roman que personne n'a écrit, mais pour l'instant, en ce jeudi 28 février 1991, une seule préoccupation l'assaille. L'avocat qui le représente lui suggère de plaider coupable. Il ne ferait que cinq ans divisés par trois, ce qui signifie vingt mois. Ce n'est pas beaucoup, mais c'est trop quand on n'est pas coupable. Lasagne refuse. Pour lui, ce serait là une façon d'avouer sa culpabilité. Ça, il ne veut pas. Il ne peut pas. Il n'a fait que défendre son territoire, comme tout bon soldat en cas d'attaque par l'ennemi, et on est là à lui faire miroiter les avantages d'un plaidoyer de culpabilité. Coupable de quoi d'abord?

Il explique sa façon de voir le conflit et on comprend qu'il n'a jamais imaginé, qu'il ne pourra jamais concevoir que défendre son territoire puisse constituer un acte criminel. Les

(1)L'été des Mohawks, Jacques Lamarche, Éditions Stanké, p. 112.

siens sont en difficulté, il a le devoir de leur venir en aide. Les Blancs veulent leur retirer ce coin de terre qu'ils leur ont d'abord laissé habiter, pour ensuite décider de le leur reprendre. Que fallait-il faire? Les regarder, subir, se résigner... une fois de plus?

À cela, je n'ai pas de réponse. Lui, si! Tout Indien confronté à ce problème a l'obligation non seulement de protéger la terre, mais de prendre tous les moyens nécessaires pour la protéger. Être Mohawk, c'est d'abord comprendre cette première grande loi.

L'image terrifiante que j'avais de Lasagne s'estompe peu à peu. En prenant congé de lui, je n'arrive pas à croire qu'il ait déjà pu terroriser quelqu'un. Et pourtant, toute la violence de la Crise d'Oka, c'est lui. Mais comment la violence est-elle venue...

* * *

Chapitre 2

La légende de l'Italien vivant à New York

Pour certains, Ronald Cross est né le 11 juillet 1990, en même temps que la Crise d'Oka. Il est à leurs yeux le bandit au mouchoir recherché par le FBI, ayant pour nom de code «Lasagne». Et comme tous les autres Warriors, il a pour seul désir et mission de faire régner la loi de la mafia sur les réserves indiennes.

La vérité derrière ce portrait à rendre jaloux Al Capone lui-même, risque fort de décevoir ceux qui le voient mêlé à tous les crimes et toutes les audaces de la pègre new yorkaise. Ronald Cross est Mohawk de naissance, de coeur et d'âme. La Crise d'Oka est sa première révolte, sa première prise de conscience. C'est ce jour-là qu'il a compris qu'il était Mohawk.

Depuis ce jour, sa vie se passe à découvrir l'oppression du peuple auquel il appartient et à payer de sa liberté, le choix qu'il a fait de faire comprendre au monde entier les injustices que subissent les Amérindiens depuis des siècles.

Un homme peut naître aux yeux des autres le jour d'une révolution, mais l'homme de la révolution, lui, n'est pas né ce jour-là. Pour bien comprendre celui qu'on accuse, il faut tout savoir de lui. De son enfance à aujourd'hui, je ne lui ai rien épargné. La légende a assez duré. Et n'en déplaise à ceux qui le persécutent, son histoire est celle de n'importe quel enfant d'Amérique... de bonne famille!

* * *

Joseph Karentanoron Cross The River s'installe à New York dans les années 20 avec sa famille.

Marie Kaweiennitakhe Montour

Georgiana Walton, de descendance écossaise, née à New York le 1918-11-09. Morte à New York en 1988.

Louis Antony Casalaspro, de descendance italienne, né à New-York en 1919. A servi durant la deuxième guerre mondiale.
Mort en mai 1955.

Joseph Gerald George Awennakenra Cross, né le 22 décembre 1934 à Kahnawake.

Ann-Marie Casalaspro

(Mariage 1955-02-18)

Ronald Cross
né le 1957-11-09
à Brooklyn.

Ronald Cross est né le 9 novembre 1957 dans le quartier de Brooklyn à New York. Des Indiens habitent cette région du centre ville depuis près de cent ans. La plupart se sont laissés séduire par le métier de travailleur de l'acier qui leur ouvrait des portes partout dans le monde et principalement aux États-Unis.

L'origine de la famille Cross à Brooklyn remonte aux années 20. Le grand-père, Joseph K. Cross «The River», bien installé avec sa famille à Kahnawake, éprouve le désir de tenter sa chance aux États-Unis. Toute la famille le suit dans cette aventure. C'est ainsi que son fils, Gerald George Cross, se retrouve dans la ville de Brooklyn, au début de son adolescence. Il continue ses études puis devient à son tour travailleur de l'acier, tout comme son père avant lui.

C'est alors qu'il rencontre Ann Marie Casalaspro, de descendance écossaise et italienne. Elle lui plaît aussitôt et, le 18 février 1955, Gerald George Cross épouse Ann Marie Casalaspro.

«Mes parents en eurent vite plein les bras», précise Ronald Cross. Glenn Gerald né en avril 1955, Ronald né le 9 novembre 1957, Donna-Marie née le 31 mai 1960, Terry et Tracy, les jumeaux nés en 1962, Joseph K né le 5 janvier 1968. Ils sont tous nés à Brooklyn, à l'exception de Darren Guy né le 6 septembre 1976 à Ville La Salle au Québec.

De son enfance à Brooklyn, Ronald Cross n'a que des souvenirs heureux.

«Enfant, j'étais plutôt calme. Ce qu'on peut appeler une nature paisible.» Il poursuit lentement son histoire et je ne veux plus l'interrompre. «J'ai fait mes études primaires, de la première à la sixième année, à l'école Ste-Theresa of Avila, à Brooklyn. C'était une école catholique privée pour garçons, dirigée par des religieuses enseignantes très strictes. C'est là que nous avons été baptisés, que nous avons fait notre première communion et où nous allions chaque semaine pour la

1962 - Ann-Marie Casalaspro devant le Brooklyn Museum à New York.

messe dominicale. Cette école avait l'avantage d'être située tout près de notre appartement.

«Leonard Cross, le frère de mon père, habitait près de chez nous et il y envoyait ses enfants lui aussi. Mes cousins, mes frères et moi étions les seuls Indiens de l'école.

«Nous devions être vêtus d'un complet, assorti d'une cravate. J'étais un bon étudiant et mes résultats étaient parmi les meilleurs de ma classe. J'avais peu de liberté mais je ne m'en plaignais pas; j'aimais beaucoup l'école à cette période de ma vie.

«J'appréciais les moments de loisirs qui me permettaient d'explorer mon environnement. Mes parents étaient toujours en train de me chercher. Je suppose que j'étais comme tous les autres enfants de mon âge qui ont été élevés dans une grande ville. Très curieux.

«Mon père, membre du local 361 des travailleurs de l'acier à Brooklyn, était un travailleur acharné qui faisait très bien vivre sa famille. Nous avons vécu très confortablement. Nous n'étions ni riches ni pauvres. On peut dire que nous faisions partie de la classe moyenne et nous avons toujours eu accès à tout ce que les autres enfants pouvaient désirer. Je dirais que j'ai eu une enfance heureuse.

«Le dernier appartement dont je me rappelle à New York, lorsque j'étais enfant, est une maison à deux étages. Nous vivions au premier plancher. Il y avait trois chambres à coucher. Nous ne pouvions avoir chacun notre chambre privée car nous étions huit. Seule ma soeur avait sa propre chambre, ce qui ne nous dérangeait point. La chambre des garçons était très vaste et nous avions des lits à deux étages.

«Mon père était un homme sobre. Il buvait très rarement et, quand il le faisait, c'était dans des circonstances très spéciales, dans les grandes occasions. Certains prennent de l'alcool une fois de temps en temps, mais lui, c'était moins qu'une fois de temps en temps. Il lui arrivait de sortir avec des

Ronald, Donna, Glenn en patins à roulettes.
New York 1966.

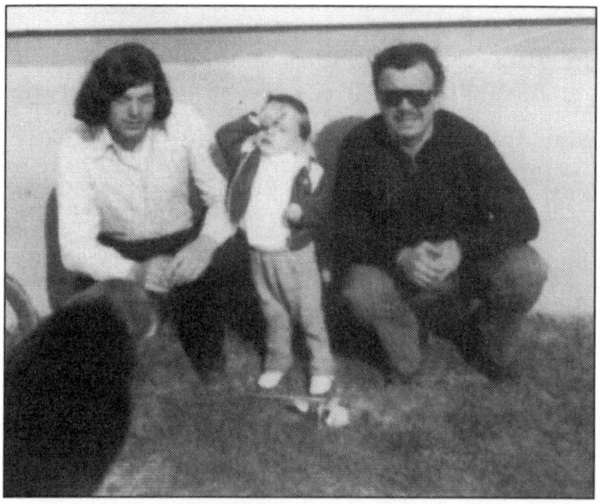

Ronald Cross et son père à Kahnawake.

Ronald Cross à Kahnawake en 1975.

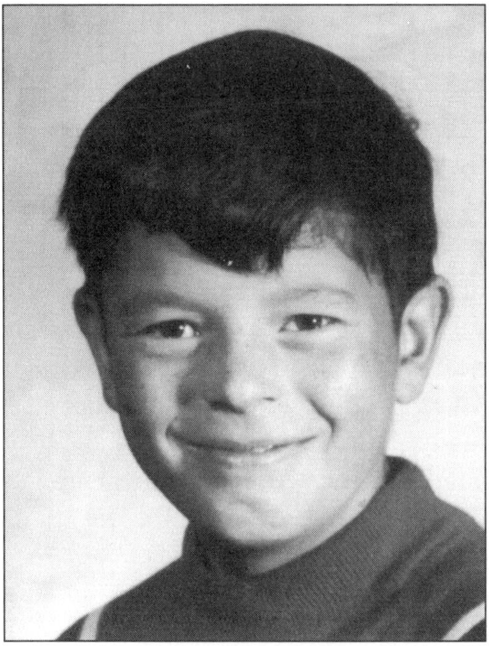

Ronald Cross, 1970.

Ronald Cross, 1975

amis, mais je ne l'ai jamais vu ivre. C'était un bon vivant qui était doué d'une force physique peu commune, très sportif, bon joueur de baseball. Jeune, il avait reçu une offre des Dodgers de Brooklyn. Il a préféré épouser ma mère. Plusieurs de ses amis en parlent encore aujourd'hui et me racontent des histoires de l'époque où il jouait au baseball.

«Plus tard, nous nous sommes retrouvés ensemble dans une ligue à Kahnawake. Il jouait pour les Chevaliers de Colomb, tandis que mon frère et moi étions pour le Moose Lodge. Il était encore un grand joueur, même si à cette époque il n'avait plus qu'un oeil. Cet accident était survenu à New York au début des années 70, mais il demeurait quand même le meilleur dans tout ce qu'il faisait. Il comptait de nombreux amis et tout le monde le respectait.

«J'ai toujours aimé Kahnawake. Lorsque nous habitions Brooklyn, nous venions passer presque toutes nos vacances d'été chez mes grands-parents. La maison de mon grand-père était située près de la route principale, sur la route Malone près du fleuve St-Laurent. J'ai grandi avec nos voisins, les Kane. Monsieur Donald Kane avait six enfants: cinq garçons et une fille. Ils avaient à peu près tous le même âge que mes frères et moi. Nous étions assez proches, ayant passé toute notre vie ensemble.

«J'étais toujours très heureux au mois de juin lorsque l'école était terminée. L'idée de passer l'été à Kahnawake et de revoir tous les amis me remplissait de joie. Nous étions libres. Nous habitions à cent mètres du fleuve et tout était tellement calme. Je passais toutes mes vacances à nager avec mes amis. Les journées n'étaient jamais assez longues pour accomplir tout ce qu'on voulait.

«Outre le fleuve à notre porte, nous avions un terrain de crosse juste en face de notre demeure.

«La crosse est un sport ancien très rude pratiqué par les Indiens. Il se joue avec des bâtons sur un terrain qui ressemble

Terry Cross au terrain de crosse à Oka.

Maison de la famille Cross à Kahnawake, à leur arrivée en 1969.

à une patinoire, avec un filet et un gardien de but à chaque extrémité. Les Indiens y jouent en formant deux équipes. On se passe une balle d'un joueur à l'autre et on essaie de compter un but contre l'équipe adverse. Il y a beaucoup de plaquages, de contacts physiques. C'est une façon d'oublier les frustrations. Je jouais souvent à la crosse quand j'étais jeune et j'y joue parfois encore avec des copains, pour faire de l'exercice.

«Mon grand-père était propriétaire d'une salle de danse qui s'appelait le Joe's Dance Hall. C'était un casse-croûte où l'on servait des hot dogs et des frites. Il y avait une grande salle dans laquelle se trouvaient des tables, un juke-box et des machines à boules. Cet endroit me plaisait beaucoup. J'y travaillais pour aider mon grand-père. C'est comme ça que j'ai passé l'été, l'année de notre arrivée, lorsque nous avons quitté New York en 1969.

«La vie à Brooklyn devenait de plus en plus dangereuse et mon père décida de revenir chez nous, à Kahnawake. Il nous construisit une maison à côté de celle de son père. Il voyageait chaque semaine à New York pour son travail. Les routes et les automobiles rendaient ce voyage, autrefois impossible, maintenant beaucoup plus aisé.

«Autant j'aimais l'école à Brooklyn, autant ce fut le désastre ici. J'arrivais des États-Unis où le système scolaire est d'un an en arrière du nôtre. Leur Secondaire I est l'équivalent de la sixième année au Canada. J'aurais dû faire une autre sixième année, mais on m'a envoyé faire mon secondaire au Howard Billings High School de Châteauguay. J'avais déjà sauté ma quatrième année aux États-Unis pour aller directement en cinquième, car j'étais en avance sur les autres. En m'en faisant sauter une autre ici, c'était devenu vraiment trop difficile. Je n'ai rien dit à personne, mais l'étude était en train de m'enterrer. J'avais deux ans de retard sur les autres et j'ai perdu tout intérêt pour l'école. J'ai commencé à penser à me trouver du travail pour quitter tout ça. Je me suis quand même rendu jusqu'en Secondaire III. Puis, en 1975, j'ai abandonné mes études avec l'idée de devenir un travailleur de l'acier, comme mon père et mon grand-père autrefois.»

* * *

«Mon frère aîné, Glenn, travaillait déjà depuis un an avec mon père à New York. En 1976, nous avons participé, avec plusieurs autres personnes de Kahnawake, à la construction d'un nouveau bureau de poste à Montréal.

«Au printemps 1976, mon frère s'est acheté un bateau de seize pieds de longueur. Au début d'avril, quelques personnes racontaient qu'il y avait de la truite près des écluses à Saint-Constant et nous nous sommes aventurés sur une rivière qui ne nous était pas familière. Ce matin-là, il faisait frisquet et l'eau était encore glaciale. Après quelques heures d'une pêche infructueuse, nous avons pris la décision de nous rendre plus haut sur la rivière. Mais le courant était si fort qu'il nous emporta irrésistiblement vers les rapides de Lachine. L'embarcation, devenue incontrôlable, chavira sans que nous ne puissions rien y faire et nous nous sommes retrouvés à l'eau tous les trois. Nous étions trop éloignés du rivage pour nous y rendre à la nage et nous ne pouvions plus rejoindre le bateau. L'eau nous glaçait le corps et nos vêtements mouillés nous empêchaient de nous maintenir à la surface. Malgré que nous étions tous d'excellents nageurs, le tourbillon des rapides nous entraînait vers le fond. Nous essayions de rester regroupés mais c'était impossible. C'était les rapides qui décidaient. J'ai tout de même réussi à enlever mes bottes et mes vêtements gênants. Je suis parvenu à rejoindre mon frère. Je l'ai aidé à enlever les vêtements qui le gênaient, de même que ceux de mon père. Je ne saurais dire combien de temps nous sommes ainsi restés à l'eau à lutter et à nous battre contre le courant. Je me souviens d'avoir ouvert les yeux et réalisé que j'étais dans un bateau avec un inconnu qui me demanda si nous étions seulement trois personnes dans notre bateau. Il voyait mon frère et mon père. Je lui ai répondu affirmativement et pendant que nous repêchions mon frère, mon père disparut dans l'eau, sous nos yeux, en l'espace d'une seconde. Mon frère et moi étions en état de choc. Je ne comprenais pas ce qui avait pu se passer. J'étais complètement perdu, comme si je ne réalisais pas l'horreur de la situation.

«L'homme nous ramena au rivage, où une ambulance nous attendait pour nous conduire à l'hôpital.

«Le médecin nous dit que c'était un miracle si nous étions encore vivants. Un homme ne pouvait logiquement survivre plus de cinq à dix minutes dans une eau aussi glacée sans mourir d'hypothermie.

«Plus tard, nous avons appris que l'homme qui nous avait sortis de l'eau était un agent de la Sûreté du Québec. Il nous observait du rivage alors qu'il mettait son bateau à l'eau. J'appris également que nous étions restés à l'eau au moins vingt minutes.

«Un mois s'écoula avant qu'on ne retrouve le corps de mon père. De mon côté, tout ce qui s'était passé n'était pas encore entré dans mon esprit. Je suppose que je n'ai jamais vraiment voulu faire face à la réalité. Pour moi, mon père était parti en voyage. Il ne se passe pas une journée sans que je ne pense à lui. Il est toujours dans mon coeur et dans mes pensées.

«Je n'ai jamais revu son corps après qu'il eut été repêché et c'est probablement pour cette raison qu'à mes yeux, il est toujours vivant quelque part. Il m'arrive parfois de le revoir dans mes rêves et quand je le rencontre, je lui pose toujours les mêmes questions: où pouvait-il se trouver dans cette eau et pourquoi nous a-t-il quittés?

«Je me demande souvent ce que ma vie serait devenue s'il était resté parmi nous. Il avait une grande influence sur moi. Je l'admirais. J'admirais sa sagesse. J'aimais sa façon de me parler.

«La mort de mon père a été tragique pour nous tous. Il nous aimait profondément et nous savons tous qu'il aurait donné sa vie pour ses enfants. Ma mère fut très affectée. Elle s'est subitement retrouvée seule pour élever sept enfants. Malgré cette épreuve, elle a pris ses responsabilités vis-à-vis de nous et a fait l'impossible pour que nous soyons heureux.

«Si Dieu devait prendre une autre vie dans ma famille, je préférerais que ce soit la mienne. J'aime mieux me sacrifier pour ceux que j'aime.»

* * *

Après l'enterrement de Gerald George Cross, la famille se réorganise au mieux. Ronald Cross part travailler à Hamilton, en Ontario, avec un ami du nom de Jimmy McComber et ses deux enfants. Ce dernier les prend sous son aile et leur enseigne le dangereux métier de travailleur de l'acier. La moindre erreur en haute altitude dans les chantiers de construction peut être fatale. Comme apprenti, il devient impérieux d'apprendre le métier des meilleurs ouvriers. Il faut en arriver à pouvoir exécuter rapidement son travail tout en respectant les règles élémentaires de sécurité. Jimmy McComber leur prodigue ses conseils jusqu'au jour où il a assez confiance en eux pour les laisser travailler seuls.

«Nous avons travaillé là près d'un an, voyageant toutes les semaines comme le faisait mon père et son père avant lui. Je constituais la troisième génération de la famille dans le travail de l'acier.

«Travailler avec Jimmy m'aidait à me consoler d'avoir perdu mon père. Il m'enseigna non seulement mon métier mais il m'apprit aussi à savoir prendre mes responsabilités. J'étais maintenant capable de voler de mes propres ailes et je pouvais en remercier Jimmy, sa femme Juney que je considère toujours comme ma deuxième mère, et sa famille. Ils m'ont aidé à traverser une période très difficile de ma vie et m'ont toujours traité comme leur fils.»

Joe McComber, fils de Jimmy McComber, Hamilton, Ontario.

Jimmy J.Kevin McComber, Hamilton, Ontario, 1976-1977.

Après son apprentissage à Hamilton, Ronald Cross choisit d'aller travailler aux États-Unis. En 1980, il s'établit à New York, mais il revient chaque fin de semaine à Kahnawake. En 1988, il transfère sa carte de travail du local 711 de Montréal au local 361 de Brooklyn. Les membres de sa famille faisaient partie du local 361 de Brooklyn depuis trois générations. Beaucoup de ses cousins et de ses oncles en ont été membres pendant les dix ans dont il en a fait partie.

Au cours de cette période, sa mère, Ann Marie Casalaspro, rencontre un Indien du territoire d'Oka et décide d'aller vivre avec lui. Ils achètent une maison là-bas. Ronald Cross travaille encore à l'étranger à cette époque. Sa soeur, Donna-Marie, continue d'habiter Kahnawake. Puis elle épouse Louis P. Stacey, un marin de la Marine américaine et ils sont transférés en Écosse.

* * *

Ronald Cross travaille avec ses amis à New York jusqu'en mars 1990. «Nous habitions le même quartier. Nous travaillions ensemble, voyagions ensemble, vivions et faisions la fête ensemble. De 1987 à 1990, je n'ai visité Kahnawake que très rarement. J'avais rompu avec la femme que je fréquentais depuis huit ans. Je n'avais plus de raisons d'y retourner, sachant surtout que j'avais commis une erreur en la quittant.»

C'est à cette époque qu'il commence à consommer alcool, cocaïne, et à causer du trouble. «C'était rendu à un point où je ne pouvais plus boire avec mes amis sans que ça tourne à la bagarre. Je me battais même contre mes amis. J'avais constamment des idées suicidaires. J'étais très dépressif et ça empirait quand je buvais. J'appelais souvent chez moi et ma famille commençait à se douter que j'allais poser un geste désespéré ou stupide. Ils m'ont alors demandé de revenir à la maison.

Ronald Cross, travailleur de l'acier à Manhattan.

Chantier de Manhattan.

«Un jour que je parlais à mon beau-frère, Louis, il a dit qu'il viendrait me chercher. Je lui ai répondu de ne pas perdre son temps, que personne ne pouvait rien faire sans que je n'y consente. Nous avons parlé très longtemps et il savait que je souffrais. Il m'a fait promettre de revenir et je lui ai finalement répliqué que j'allais le faire dans une couple de jours. Et je n'ai plus donné de nouvelles. Puis, un jour, mon beau-frère et mon frère Terry m'ont fait une visite surprise à New York. Je leur ai demandé ce qu'ils faisaient là et ils m'ont répondu: «Puisque tu ne te souviens pas du chemin pour revenir à la maison, nous sommes venus te chercher.» Je savais qu'il était temps de partir. La ville de New York était en train de me détruire et si je ne partais pas maintenant, on me retrouverait sûrement mort. Je décidai donc de rentrer à la maison avec eux et de reprendre ma vie en main.

«C'était en mars 90. J'habitais chez ma soeur à Kahnawake. Malheureusement, ma situation ne s'améliorait pas, car tous mes amis étaient ici et la plupart d'entre eux avaient les mêmes problèmes que moi. Je me retrouvais donc encore en train de boire et de prendre de la cocaïne tous les soirs.

«Le 13 avril 90, j'ai été impliqué dans une bagarre à Upper Lachine Road dans un club disco. J'étais plutôt ivre et j'ai tourné des tables à l'envers. Le portier m'a mis à la porte. Alors que je me rendais à mon véhicule, la police m'interpella pour me poser quelques questions. Je ne me souviens plus très bien de ce qui s'est passé, mais en l'espace de quelques instants on m'avait déjà passé les menottes et couché sur le sol. Je me suis réveillé le lendemain en prison. J'étais accusé de voies de fait contre un agent de la paix. J'ai comparu en Cour le même jour et j'ai été relâché, moyennant une amende de 250 $.

«Après cet incident, je suis allé à Oka pour me retrouver seul. Je voulais sérieusement arrêter de boire et de prendre de la drogue. Je me suis dit que ce serait plus facile là-bas parce que c'était plus calme. Je n'y avais pas autant d'amis et j'étais seul avec ma famille.

«Un jour que je me promenais dans la pinède, j'ai aperçu un groupe de gars dans un camion stationné. Je les connaissais et je me suis arrêté pour leur parler. Ils m'ont raconté qu'ils pratiquaient une surveillance vingt-quatre heures sur vingt-quatre pour s'assurer que personne ne vienne couper les pins et détruire la forêt. J'ai cru que les gens d'Oka voulaient couper les arbres pour avoir du bois, car personne ne m'avait dit qu'on voulait y construire un club de golf. J'ai donc laissé tomber. Ça a clos la discussion et je suis reparti.

«Au début de juillet, il y a toujours un festival au terrain de crosse dans la pinède, pour célébrer le premier juillet. Cette journée-là, je me promenais à bicyclette sur la route 344 lorsque j'ai aperçu plusieurs personnes et des tentes. Je me suis dit qu'il y aurait probablement une grande fête cette année. Je ne m'y suis pas rendu car je ne voulais pas me remettre à boire. De toute façon, je me doutais qu'il y aurait probablement des bagarres à cause de la boisson. Je me suis alors tenu à l'écart. Une couple de jours plus tard, le 3 juillet, je passai de nouveau sur ma bicyclette au même endroit et je m'aperçus qu'il y avait encore autant de monde. Je me demandais ce qui pouvait bien se passer pour que la fête dure aussi longtemps. J'ai repéré quelques-uns de mes amis de Kahnawake et je suis entré dans la forêt pour aller leur parler. Ils m'expliquèrent la situation et je décidai de rester avec eux.»

* * *

Chapitre 3

Souvenirs d'Oka ou souvenirs amers

Du chantier de construction de Hamilton ou Manhattan au rôle de guerrier dans la Crise d'Oka, lequel représente le plus grand danger? Si on parle en termes de liberté, il semble que ce soit en défiant les lois des Blancs qu'on est le plus menacé.

À Oka, la violence s'est organisée avec les moyens du bord. À partir de la simple construction d'une barricade, la suite s'est improvisée au fil des jours.

Tout a commencé un beau jour de mars 1990, lorsque le Conseil municipal du village d'Oka a adopté la proposition de l'agrandissement du terrain de golf de la région. Du coup, la pinède d'Oka et le cimetière mohawk risquaient d'être perturbés.

Pour protéger la terre et le cimetière de leurs ancêtres, les Indiens ont érigé une barricade à cet endroit, question de faire comprendre aux Blancs qu'ils entendaient protéger la terre contre tous les envahisseurs.

Connaissant la force des lois, les Blancs ont riposté en s'adressant à la Cour Supérieure du district de Terrebonne. Le juge Bergeron leur a donné gain de cause et a ordonné l'enlèvement de cette barricade.

À partir de ce moment, le jeu deviendra historique. Que peuvent faire les Indiens dans la légalité... pour empêcher les Blancs de construire leur fameux terrain de golf? Rien... à part négocier, espérer naïvement que quelqu'un quelque part au gouvernement comprendra leurs revendications et leur ressentiment.

Trente ans plus tôt, les Mohawks vivaient le même cauchemar. Ils s'étaient opposés à l'érection du premier golf. Résultat: le golf a été érigé malgré leurs protestations et leurs mécontentements.

Non satisfaits de cette victoire, les Blancs reviennent à la charge trente ans plus tard. Cette fois, ils veulent agrandir ce même terrain de golf. Et une fois de plus, tant pis pour la pinède et le cimetière. Les Indiens s'y opposent? Les Blancs prendront une injonction, gagneront, et les Indiens n'auront qu'à se pousser plus loin dans la forêt.

Quel est le Mohawk intelligent qui ne comprendrait pas qu'on se fiche de lui et que le Blanc aura son terrain de golf s'il en a décidé ainsi.

Mais qu'est-ce donc que cette fameuse pinède et que représente-t-elle pour les Indiens? «Elle est pour eux, dira Jerry Peltier, Grand Chef de Kanehsatake, un lieu précieux, spirituel et sacré; elle est le coeur et l'âme de son peuple. Les anciens y trouvent des médicaments. De plus, les épinettes de la pinède servent à retenir ce sol de sable fin qui, avant la plantation de ces arbres, avait tendance à s'éroder.»[1]

À cet effet, un rapport intitulé «Étude historique sur la forêt du village d'Oka» a été produit en Cour lors de la demande d'injonction concernant la barricade.[2] À la lecture de ce rapport, on peut s'étonner qu'il n'ait pas eu plus de poids en faveur des autochtones. On y lit très clairement que «...fondamentalement, la forêt d'Oka protège ses habitants de l'ensablement.»

---

(1)Extrait du jugement de l'Honorable Benjamin Greenberg.
(2) Extrait du rapport préparé par Michel F. Girard, expert en histoire de l'environnement produit dans le jugement de l'Honorable Benjamin Greenberg.

Une partie du village d'Oka a subi autrefois une avalanche de sable. Et de conclure Michel Girard: «Les coupes d'arbre de la Grande Commune qui seraient nécessaires pour l'agrandissement du golf d'Oka pourraient provoquer, à nouveau, des phénomènes d'érosion et d'instabilité du sol. À moyen terme, le village d'Oka et les terres de la Grande Commune seraient à nouveau menacés d'effondrement de terrain.»[1]

Il y a donc plus d'une raison pour les Mohawks de craindre qu'on touche à la pinède. Mais comment en arriver à se faire entendre? Si seulement les revendications pacifiques menaient quelque part... qui sait si Ronald Cross et tous les autres auraient pris les armes, ce jour de juillet 1990.

* * *

Je vous aurais abattu sans plaisir mais sans regret, parce que c'était la guerre.
Jacques Vergès, Je défends Barbie

Ronald Cross raconte...

«À Oka, on manquait d'hommes, de commandement, et le territoire à couvrir était trop grand. Nous avions beaucoup de difficultés à former des quarts. La plupart des hommes ne pouvaient être remplacés et ils devaient dormir dans des «bunkers» pour assurer une présence vingt-quatre heures par jour.

«Au début, il y avait beaucoup de combattants. Des Mohawks venaient de partout pour nous aider. Nous pouvions alors être remplacés aisément pour nous permettre de se reposer. Après quelques semaines, la situation se dégrada. Il

(1)L'été des Mohawks, Jacques Lamarche, Éditions Stanké, p. 89.

devint de plus en plus difficile d'entrer et de sortir des barricades, avec le résultat que nous ne pouvions plus compter que sur ceux déjà là. Nous avions à nos côtés plusieurs jeunes sans expérience. Il fallait constamment nous assurer qu'aucun d'eux ne fasse une bêtise, car la puissance en armes à feu était très forte autour de nous.

«La tension des deux côtés était très élevée et nous ne voulions pas qu'un jeune sans expérience oublie une balle dans la chambre de son fusil et déclenche un coup de feu par accident.

«Une simple erreur comme celle-là aurait pu coûter plusieurs vies. Les plus vieux devaient garder un oeil vigilant sur ceux qui avaient moins d'expérience. Nous avons formé des équipes de façon à ce qu'il y ait toujours un responsable qui veille à ce que nos hommes comprennent bien qu'ils étaient en situation défensive et non offensive.

«Je faisais équipe avec un groupe d'hommes et nous n'avions aucune position fixe. Il fallait patrouiller le territoire entier nuit et jour, essayer de surprendre les conversations de l'ennemi afin d'avoir le plus d'informations possibles. Nous devions également nous assurer que tout allait bien dans les secteurs, que tous les hommes étaient en bonne condition, et nous renseigner sur les activités de chaque groupe de guerriers.

«Nous devions aussi agir en tant que police sur notre propre peuple afin que personne ne prenne d'alcool ou cause du trouble. Les hommes étaient de faction vingt-quatre heures par jour et, à plusieurs occasions, les femmes remplaçaient les hommes pour qu'ils puissent prendre quelque repos.

«Habituellement, quand nous avions des questions à poser, le chef de guerre répondait. Mais notre chef de guerre a été blessé et est tombé amoureux de son infirmière. Il était rarement disponible. Je me suis alors retrouvé à prendre des décisions que le chef de guerre aurait dû prendre. Très souvent, les décisions devaient être prises sur-le-champ. Après un certain temps, c'était presque toujours les mêmes qui défendaient la région. La plupart des gars de Kanehsatake venaient patrouiller pendant quelques heures puis retournaient à la maison pour aller manger et dormir pendant que les guerriers des autres communautés étaient là vingt-quatre heures par jour. Seulement une poignée d'hommes d'Oka sont restés avec nous. Plusieurs en ont eu ras le bol des gens de Kanehsatake, car ils ne se présentaient pas pour nous aider. Ils nous ont demandé de l'aide et quand la merde nous est tombée dessus, ils sont allés se cacher ou ils ont foutu le camp.

«Il y en a beaucoup qui voulaient négocier. Ils voulaient tous négocier. Mais quand la pression s'est fait sentir, ils nous ont laissés tenir le sac. Bien sûr, ils étaient inquiets du sort de leur territoire, mais ils ne s'inquiétaient pas de l'Histoire et de la fierté de la nation Mohawk. En d'autres termes, c'est sûr que nous ne voulions que personne n'ait à mourir et que nous ne voulions pas davantage de guerre. Mais fallait-il faire honte à notre peuple et se faire honte à nous-mêmes aux yeux de nos ancêtres en abandonnant la partie.

«À travers l'histoire de la nation Mohawk, notre peuple ne s'est jamais rendu à personne. Abandonner signifiait que toutes les batailles livrées par nos ancêtres avaient été inutiles. La décision fut donc prise que nous ne nous rendrions pas, qu'il devait y avoir une autre façon de nous en sortir, ou alors que nous nous battrions jusqu'à la mort.»

* * *

Lasagna... Lasagna...

«On m'avait vu plusieurs fois à la télévision et dans les journaux. Au début, les policiers ne connaissaient pas mon identité. Ils ont surveillé nos communications radios à partir du premier jour du conflit et les mêmes noms revenaient constamment sur les ondes. Ils en ont déduit que Noriega, Nicholas et Lasagne étaient les leaders.

«La police entendait «Lasagna... Lasagna...» sans pour autant savoir qui j'étais. Le 31 août, une journée avant que l'armée soit de la partie, Ronnie Bonspille s'est enfui du territoire d'Oka. Il a donné mon nom à la Sûreté du Québec. La police de Ville La Salle avait une photo de moi et très probablement un dossier depuis l'incident survenu au bar de Upper Lachine Road, quatre mois avant la crise. Mais les seules informations qu'ils possédaient étaient mon prénom, Ronaldo, le nom de fille de ma mère, Casalaspro, et une adresse à New York qu'ils avaient trouvée dans mon portefeuille. Car je n'avais répondu à aucune de leurs questions lors de l'arrestation. Je suppose que c'est pour ça qu'ils ont raconté que je venais de New York.

«J'ai décidé d'enlever mon masque le jour même où ils ont montré ma photo à la télévision. C'était au début de septembre. La photo venait également de Ronnie Bonspille et de Francis Jacobs, les deux Indiens qui s'étaient enfuis d'Oka en août 90.

«Il se trouve des individus qui iraient jusqu'à vendre leur mère. Il y a des traîtres, même chez les Indiens. Certains sont plus faibles que d'autres. Mais il ne faut pas par ailleurs croire que la police ou les gouvernements sont des anges. Ils font des lois qu'ils ne respectent pas. Pour eux, tous les moyens sont bons pour obtenir des informations et, quand ils veulent faire parler, ils sont pires que des criminels: ils deviennent des criminels avec un badge.»

* * *

Être pacifiste, c'est d'abord foutre son poing sur la gueule de celui qui ne veut pas la paix.
René Longeval, Si j'ai tort

Le célèbre face à face!

«Je ne pense pas que nous ayons été les agresseurs. C'est l'armée l'agresseur. Les militaires devaient garder la paix mais ce qui les intéressait, c'était de nous montrer comment ils nous étaient supérieurs. Ils ont fait tout ce qui était possible de faire pour déclencher une bataille à coups de feu avec nous. Ils ont essayé une bonne douzaine de fois de nous provoquer pour nous amener à tirer sur leurs positions, leurs blindés par exemple, ce qui aurait justifié une attaque.

«Si le gouvernement pense que ses forces armées ont montré beaucoup de discipline et beaucoup de retenue, il fait erreur. La plupart des jeunes soldats étaient très disciplinés. Mais les commandants et les hommes en charge des soldats au champ de bataille étaient des instigateurs et des fauteurs de trouble. Ça les démangeait de voir se produire un dénouement dans lequel leurs jeunes soldats auraient pu nous montrer tout leur savoir-faire. C'était immanquablement les plus vieux qui causaient les ennuis. Pas leurs subordonnés. Quand les simples soldats étaient impliqués, c'est qu'ils avaient reçu des ordres. Il n'y a qu'à se rappeler le jour où l'armée s'est avancée dans la forêt et où nous avons dû reculer dans le Centre de traitement. Cette nuit-là, ils étaient en campement près du terrain de crosse. Nous nous étions bien entendus sur le fait que personne ne bougerait. Tout était calme et il commençait à faire noir. Quelques hommes s'étaient regroupés près de l'entrée du Centre de traitement et faisaient un feu de camp. Il y avait des nouveaux venus, des femmes et des enfants assis autour du feu. Subitement, il y a eu une rafale de mitraillette venant de la direction du terrain de crosse. Les balles ont frappé un peu partout autour de nous. La poussière levait et la roche volait partout. Tout le monde s'est couché sur le sol. C'était une rafale de trois coups. Les fusils utilisés par l'armée ont un bouton de sélection sur lequel on peut choisir la position semi-automatique ou automatique en rafale de trois coups. Quand le soldat appuie sur la gâchette, le fusil laisse partir trois balles à la fois.

«Puis, tout s'est calmé. Mad Jap, The Big Red One et moi-même sommes allés sur leur ligne, face à face avec leur sergent pour lui demander ce qu'ils tentaient de faire et pourquoi ils nous tiraient dessus. Le sergent s'est moqué de nous. Il a regardé ses hommes, nous a ensuite regardés et nous a répondu: «Je n'ai pas entendu de coups de feu.» Puis, il s'est retourné de nouveau vers ses hommes et leur a demandé avec un large sourire: «Avez-vous entendu des coups de feu?» Toujours avec ce grand sourire fendu jusqu'aux oreilles.

«Cet homme est supposé être un chef d'escadron, l'officier en charge! Nous lui avons dit qu'ils avaient presque atteint un des reporters, qu'il y avait des femmes et des enfants, qu'ils avaient failli les frapper et que si cet incident se reproduisait, il y aurait sûrement une guerre civile à travers le Canada. Pourquoi ont-ils fait ça, si ce n'est pour nous provoquer?

«Bien que l'armée ait déclaré à la télévision à plusieurs reprises que ses soldats ne tireraient pas les premiers, nous avons dû affronter plusieurs incidents de ce genre. Ils ont fait feu plusieurs fois et, grâce à la télévision, le monde entier les a vus nous tirer dessus. Ils ont ouvert le feu sur un groupe de femmes, d'enfants et d'hommes Mohawks qui n'étaient pas armés, n'ayant que leurs poings pour se défendre. J'ai même un ami de Kahnawake qui s'est fait tirer dans le genou par un soldat armé d'un M-16.

«Je crois que l'armée voulait nous amener à poser des gestes insensés ou regrettables, pour ensuite déclarer à la population qu'elle ne nous voulait aucun mal mais qu'elle avait dû riposter. L'armée voulait pouvoir dire qu'elle était en position défensive. Pour cela, il n'y avait qu'une tactique: nous provoquer à tirer les premiers.

«Si l'armée ne voulait pas provoquer d'histoire, elle avait seulement à ne pas mettre les pieds sur notre territoire, car aucune force extérieure n'a de juridiction sur la terre indienne sans le consentement du peuple indien. Le fait d'envahir les territoires indiens ou d'y entrer sans le consentement du peuple constitue un acte de guerre.

«Le face à face avec le soldat, c'était pour leur montrer qu'ils n'avaient pas d'affaire sur nos terres et qu'ils ne nous intimideraient pas avec leurs armes. Nous avions une cause à défendre et nous n'allions pas partir.

«C'était aussi une guerre psychologique pour leur faire comprendre que ce serait loin d'être facile pour eux. Il nous fallait trouver encore mieux pour se faire respecter. Il fallait trouver un moyen de pression qui puisse les tenir tranquilles. C'est pourquoi nous avons bloqué le pont Mercier. Après quelques jours, la population s'est affolée et s'est mise à s'en prendre aux Indiens. On avait bloqué le pont dont ils avaient besoin pour aller travailler! Mais qui a commencé la guerre... les Blancs ou les Indiens?

«On n'a pas touché au pont Mercier parce qu'on en voulait aux Blancs, mais parce que c'était notre seul moyen de pression. Tant qu'on avait le pont, le gouvernement était obligé de négocier avec notre peuple. C'est d'ailleurs la seule raison pour laquelle il n'y a pas eu de second raid.

«Nous les avions prévenus que s'ils faisaient une seconde attaque, nous ferions exploser le pont. Nous ne voulions pas en arriver là mais, malheureusement, la violence est la seule chose que certains hommes comprennent. Dès lors, tant que nous gardions le contrôle du pont, leurs troupes étaient paralysées. Ils étaient obligés d'écouter nos demandes. Nous savions que nous étions en nombre inférieur et que la prochaine attaque serait majeure. Mais eux savaient qu'on n'était pas des novices, que nous connaissions bien notre région, qu'ils étaient obligés de venir nous chercher et qu'ils perdraient beaucoup d'hommes dans une bataille comme celle-là. Je savais qu'ils ne prendraient pas ce risque. Personne ne veut prendre la responsabilité d'avoir déclenché une attaque et d'avoir fait tuer du monde.»

Les Blancs privés de leur pont n'ont pas compris que les Mohawks se trouvaient eux aussi des victimes dans cette affaire. Les Mohawks n'ont pourtant pas déclenché la Crise d'Oka. Ils ont d'abord été provoqués puis ont riposté. Ils n'ont jamais voulu de guerre ni de bataille ou de tuerie et pourtant, au cours de la crise, ils ont dû endosser toutes les critiques malveillantes. À une émission télévisée de Radio-Canada, Jean Cournoyer résumait la crise d'Oka en ces termes: «Les Mohawks ne sont que dix-huit bandits armés qui ont tenu toute une population en otage.»

Alors que les béliers mécaniques s'apprêtaient à détruire la pinède et le cimetière des ancêtres des Mohawks, que devaient-ils faire? Envoyer un télégramme au Ministère de l'Environnement et apprendre, une fois que le cimetière aurait été chambardé et la pinède détruite, que le gouvernement leur donnait raison. Le gouvernement aurait-il pu faire repousser des arbres centenaires et retourner les morts à leur sépulture...

Au mieux, le gouvernement se serait excusé. Puis, il aurait, selon la coutume, blâmé un ministère qui, lui, en aurait blâmé un autre. Il fallait que les Indiens agissent rapidement et, malheureusement, la violence s'avère la seule alternative pour sortir rapidement les ministres de leur inertie.

Tout le monde l'a dit et reconnu: ce problème traînait depuis des mois. Il a fallu un tel éclatement pour que les gouvernements interviennent. Et quelle intervention! Ils se renvoyaient la balle: l'un disait que c'était du ressort provincial et l'autre, du ressort fédéral. Avec tout ce débat constitutionnel, imaginons un peu ce qui serait advenu du territoire d'Oka si les Mohawks avaient envoyé un télégramme au lieu de prendre les armes.

Lui, l'Indien qui se venge, qui érige des barricades, qui bloque le pont Mercier, ne le fait pas dans le but de provoquer le Blanc ou de s'amuser. Il ne le fait pas parce qu'il aime tenir la population en otage, mais parce qu'il sait que c'est la solution pour rapatrier un ministre en vacances.

On s'est beaucoup énervé parce que les maisons des Blancs avaient été saccagées, et on a raison. Mais pourquoi serait-ce plus scandaleux de piller le bien des Blancs que celui des Indiens...

«Ce qu'on saccage chez nous, conclut Ronald Cross, ça ne compte jamais. Il est malheureux que ce soit toujours la violence qui l'emporte. Mais sans cette violence, sans cette peur de bain de sang, que serait devenu Oka? Qu'aurions-nous pu faire une fois les pins coupés...»

* * *

•Mais c'est le vainqueur qui écrit l'histoire.
Jacques Vergès, Je défends Barbie

«Lorsque l'armée a décidé d'avancer, nous avons décidé de reculer. Il n'y avait pas d'autre choix. Nous ne voulions pas d'une bataille qui risquait de mal se terminer pour les uns comme pour les autres.

«Nous avons toutefois décidé de reculer jusqu'à un certain point seulement en nous disant que s'ils nous repoussaient plus loin, nous allions livrer notre dernière bataille. Nous ne voulions pas nous rendre à la Sûreté du Québec.

«Pendant une ou deux semaines, nous avons essayé de négocier avec l'armée dans le but de conclure une entente stipulant que nous pouvions déposer nos armes sans avoir à nous rendre à la Sûreté du Québec.

«Durant toute la crise, la Sûreté du Québec a torturé, battu des Indiens et arrêté des innocents sans raison. Ils voulaient se venger de l'humiliation qu'ils ressentaient face à leurs erreurs. Il n'était pas question de nous rendre à eux. L'armée était d'accord avec nous: si nous nous rendions, ils ne nous livreraient pas à la Sûreté du Québec.

«La journée précédant notre sortie du Centre de traitement, le 25 septembre, le chef de la Confédération nous a dit que nous avions accompli notre devoir, que nous ne pouvions en faire plus. Il nous a demandé de penser à une façon de nous en sortir et de rentrer à la maison.

«Dans l'Histoire, le peuple Mohawk ne s'est jamais rendu et il ne fallait pas être les premiers à agir ainsi. Il nous fallait donc trouver un moyen de sortir de là sans avoir à nous rendre. Nous avons tenu un meeting sur la question et nous avons décidé d'adopter la stratégie suivante: nous quitterions le Centre de traitement pour rentrer chez nous avec notre costume de combat, mais sans nos armes. Les armes devaient être détruites.

«L'armée savait que nous sortirions du Centre, le 26 septembre. Les Indiens ont fait un gros feu de camp, démonté les armes, jeté tout le matériel de combat dans le feu et détruit toute autre sorte d'objet qui pouvait servir à l'attaque. Les armes ont été brûlées avec les documents et les communications par télécopieur. Toutes les munitions pour les armes ont également été jetées. Quelques-uns des guerriers, dont je faisais partie, avaient d'abord décidé de ne pas sortir du Centre de traitement avant que l'entente ne soit écrite.

«La cérémonie commencée, j'ai changé d'avis. Il n'y avait pas de raison que je reste seul dans le Centre. J'ai pris mon arme et mes munitions, je me suis rendu derrière le Centre de traitement, j'ai jeté mon arme dans le feu et je me suis débarrassé des balles. Tout le monde était ravi que j'aie changé d'idée, bien qu'ils savaient que j'en souffrais profondément. C'était difficile pour moi d'abandonner le combat.

«Tous savaient que lorsqu'ils me mettraient le grappin dessus, j'étais un de ceux qui prendraient la claque. On avait peur que certains d'entre nous se fassent tuer par la Sûreté du Québec. J'étais le numéro un sur cette liste. C'est pour cette raison que quelques-uns d'entre nous n'étaient pas tout à fait prêts à abandonner. Mais il fallait penser aux femmes et aux enfants et nous ne devions pas risquer leur vie pour la nôtre. Nous avons donc décidé d'en finir.

«L'armée avait convenu de nous faire partir dans un autobus en face du Centre de traitement et de nous amener à la base de l'armée à Farnham. Après réflexion, nous avons pensé à une autre stratégie. S'ils nous voulaient, il leur faudrait nous capturer. Ce n'était pas à nous de nous livrer à eux. C'est pourquoi nous avons décidé de sortir du côté est et de nous disperser. Tant mieux pour celui d'entre nous qui réussirait à se sauver. N'ayant plus nos armes, ils ne pouvaient nous abattre; il fallait donc qu'ils nous capturent. Ce qui n'était pas considéré comme abdiquer.

«Nous avons disposé des planches de bois par-dessus leurs barbelés afin de pouvoir sortir du côté est. L'armée a été prise au dépourvu par notre sortie de ce côté-là. Ils avaient placé les «gros bras» du côté de la sortie où ils nous attendaient et les petits soldats du côté où nous ne devions pas sortir. Nous nous sommes donc lancés par-dessus les barbelés, sur les soldats de petite taille. L'armée n'étant pas préparée à un dénouement comme celui-là, nous avons pu facilement sortir, en profitant de la confusion provoquée par notre tactique. Ils ont mis beaucoup de temps avant de réagir et d'envoyer du renfort. Déjà plusieurs d'entre nous étaient rendus au bas de la colline. Un reporter a demandé à Noriega où il s'en allait. Noriega a répondu: «On s'en va à la maison.» L'armée a réussi à nous regrouper et a remis trois prisonniers à la Sûreté du Québec.»

Que s'est-il passé dans les heures qui ont suivi?

* * *

Photo Francine Dufresne

Le Centre de traitement, Oka.

Chapitre 4

Les faits cachés de la Crise d'Oka

Au lendemain de son arrestation, Ronald Cross comparaissait à la Cour de Saint-Jérôme dans un piteux état. Le visage bouffi et tuméfié, il donnait l'impression d'avoir encaissé une sérieuse raclée.

«Lorsque nous avons été pris, dira Ronald Cross, j'étais certain de ne pas être relâché avec les autres. La Sûreté du Québec travaillait de concert avec l'armée. Ils voulaient attraper les grosses têtes d'Oka. C'est pour ça qu'ils ont pris Dennis Nicholas, Gordon Lazore et moi.»

Qu'avait-il pu tant se passer pour que, depuis le moment de son arrestation la veille au soir jusqu'au lendemain matin, il ait une allure aussi lamentable.

«La Sûreté du Québec avait monté une tente dans la pinède, explique Cross. C'est là qu'on nous a amenés lorsque nous avons été arrêtés. On nous a fait mettre à genoux puis on nous a passé les menottes, mains dans le dos. Un homme en habit vert est entré dans la tente et les deux soldats qui nous gardaient sont partis. L'homme en vert est venu vers moi et m'a dit: «Hé boy! T'as plus affaire à l'armée, maintenant tu as affaire à la Sûreté du Québec.» Il m'a montré son badge, m'a donné un coup de pied au visage et m'a roué de coups dans les côtes.

«Quelques minutes plus tard, deux agents de la Sûreté du Québec m'ont fait monter dans une voiture. L'un conduisait et l'autre était à l'arrière avec moi. Le voyage a duré quarante-cinq minutes au cours desquelles l'homme à l'arrière m'a constamment frappé. Il m'a dit que j'étais un homme mort. J'ai crû qu'ils allaient m'amener quelque part pour me tuer. Je n'ai pas réalisé que j'étais maintenant très connu des médias et qu'il leur serait difficile d'expliquer ma mort au reste du monde.»

Ronald Cross s'est ensuite retrouvé à Parthenais où, dit-il, il a reçu plusieurs séances de sévices par un certain nombre d'officiers.

«Nous étions sortis du Centre de traitement à 17 h 30 et je suis arrivé à Parthenais à 19 h 30. Ils m'ont battu jusqu'aux environs de 4 h 30 le lendemain matin. Près de huit ou neuf heures consécutives. Ils me questionnaient et voulaient que je signe des papiers mais je refusais, alors ils me battaient. Ils m'ont dit que ça ne changeait rien. Que j'allais me retrouver en prison de toute façon. Qu'ils allaient porter tellement de charges contre moi que j'allais sûrement en prendre à vie. Ils m'ont montré une pile de papiers et m'ont dit que je n'avais pas fini d'en voir de ça! Vers deux heures du matin, j'ai commencé à avoir de la difficulté à respirer et ils ont dû appeler les Paramédics. Ils ont dit à la Sûreté du Québec qu'il fallait m'amener à l'hôpital. Quelqu'un a appelé mon avocat, Me Pierre Poupart, pour lui demander de se rendre à l'hôpital. Il a envoyé son assistant, Me Guy Cournoyer.

«Après un bref examen médical, ils m'ont ramené à Parthenais. Mon avocat était sur les lieux et nous avons discuté quelques minutes. Je lui ai confié qu'ils continueraient de me battre. Il m'a répondu: «Maintenant que je t'ai vu et que je constate ton état, ils vont cesser de te frapper.» Je n'avais plus de marques sur le visage. Ils m'avaient nettoyé avant d'appeler les Paramédics.

«Ces gens de la Sûreté du Québec qui m'ont battu connaissent les techniques pour frapper sans laisser de traces. Au lieu de frapper directement au visage, ils frappent sur le dessus de la tête et donnent des coups aux oreilles. Ils ont un annuaire téléphonique qu'ils placent sur le thorax ou sur le visage et ils frappent avec une matraque. Ce qui fait très mal mais ne laisse pas de lacérations. À plusieurs reprises, alors qu'ils essayaient de me frapper sur la tête ou sur les oreilles, je me suis retourné brusquement face aux poings pour les recevoir en plein visage pour que ça laisse des traces. Ça a très bien fonctionné sauf que ça les a frustrés encore plus et ils m'ont frappé davantage.

«Le matin suivant, une femme de l'Ambassade américaine est venue me voir, a pris note de mes blessures et du traitement qu'ils m'avaient fait subir. Les policiers m'ont ensuite conduit à la Cour de Saint-Jérôme. Mon avocat n'en croyait pas ses yeux. Il m'a dit qu'il n'aurait pas cru qu'ils continueraient de me battre, mais qu'il devait bien constater qu'ils avaient poursuivi.»

Ainsi se termine le récit de Lasagne sur les heures qui ont suivi sa capture. La police a prétendu que ces marques de blessures étaient le résultat d'une chute qu'il aurait faite dans les buissons alors qu'il s'enfuyait du Centre de Traitement.[1]

À ce sujet, Amnistie Internationale publiait, en mars 1992, deux photographies de Ronald Cross ayant été prises à 12 heures d'intervalle. La première aurait été prise le 27 septembre à 4 h 30 et l'autre, à 17 h 00. L'une des photos montre très clairement l'oedème sous l'oeil gauche.[2]

Le 17 avril 1991, j'ai accompagné Ronald Cross au bureau du Directeur de déontologie au Palais de Justice de Montréal, lequel a promis qu'une enquête serait faite, après que Ronald Cross eut identifié formellement les policiers qui l'avaient battu.

Cette histoire d'un Lasagne tabassé par des agents de la Sûreté du Québec n'a pas aussi aisément fait le tour du monde que la célèbre photo du face à face avec le soldat Cloutier.

(1) This land is our land, Craig Maclaine, Michael Baxendale, p. 93.
(2) Amnesty International, Human rights violations against indigenous peoples of the Americas, March 1992, p.3.

Elle n'a pas semblé non plus alerter outre mesure les journalistes qui, depuis un bon moment déjà, semblaient davantage préoccupés par la rumeur des Warriors enfuis de nuit dans des avions Cessna pour une destination inconnue.

Un beau matin, on nous a dit que les véritables Warriors étaient partis en douce... au nez et à la barbe de l'Armée canadienne et de la Sûreté du Québec! Quelques semaines plus tard, la crise se terminait et tous semblaient, il faut l'avouer, soulagés d'entendre enfin parler d'autre chose.

La Crise d'Oka terminée, le pont Mercier rouvert, que fallait-il demander de plus. L'armée était venue à bout «pacifiquement» de tous ces Mohawks révoltés. À la télévision, on assistait à des louanges et des éloges sur nos ministres, notre armée, quant à cette fin aussi pacifique. Jean Cournoyer, sur les ondes, parlait de son ami Robert... qui n'aime pas les histoires de sang. Comme si les Indiens les aimaient davantage!

Et pour terminer, il fallait rassurer la population. La population blanche, s'entend. Le crime ne resterait pas impuni. Les Indiens qui avaient osé se rebeller contre la dépossession de leur terre, seraient traînés en justice. Comme preuve de cette bonne résolution, on avait arrêté plusieurs Indiens et surtout, on avait capturé le plus visible: Lasagne. Et c'est tout juste si à la télévision, on ne pouvait pas voir les applaudissements des téléspectateurs qui, à la maison, venaient d'apprendre cette bonne nouvelle.

Quelle joie que d'être vainqueurs! La tristesse des Indiens, qui s'en est soucié ce soir-là. Une fois de plus on venait de leur montrer la puissance de l'homme blanc. Son organisation, son armée. Le Québécois, ni bon ni méchant, n'a vu dans cette crise que l'argent qui venait d'être perdu. Et par voie de conséquence, tout ce qu'on prélèvera sur son salaire pour défrayer la crise des Indiens. Tout ce qu'on lui arrache pour payer le prix de cette révolte contribue à lui faire mépriser l'Indien. Mais pouvons-nous espérer que les Indiens nous apprécient, quand ils pensent à tous ces territoires que nous leur avons arrachés?

Dans cette crise, tout est astucieux, jusqu'au nom qu'on lui a donné. Le fait d'avoir appelé cette crise «la Crise des Mohawks», «la crise des Indiens», «la crise de l'été indien»... transférait immédiatement le blâme de cette crise sur les Indiens. N'était-ce pas leur crise?

Si la crise s'était appelée «la Crise de l'Hôtel de Ville» ou encore «la Crise des golfeurs d'Oka», la vision de la crise en aurait été changée. Cette appellation aurait transféré la balle de camp. L'image qui serait alors venue à l'esprit de chacun de nous aurait été la suivante: «Quoi! toute cette guerre, toute cette crise, tout cet argent perdu pour un golf? Qu'ils aillent jouer ailleurs!»

Dans la tête des gens, ça n'aurait plus été les Indiens qui avaient bloqué le pont Mercier, mais ces maudits golfeurs qui avaient causé toute cette querelle avec leur brillante idée de se taper un golf de neuf trous de plus. Les grands responsables de toute la pagaille de l'été indien auraient été les golfeurs du dimanche qui sont allés foutre le bordel chez les Indiens avec qui les gens d'Oka avaient autrefois la paix!

Il aurait fallu que ce soit la bataille des golfeurs et des Warriors: les golfeurs armés contre les Indiens armés, voilà ce qu'il aurait fallu voir. Des golfeurs armés prêts à piétiner le cimetière et la terre sacrée des Indiens pour en arriver enfin à avoir le golf de leur rêve. De l'autre, des Indiens armés tentant de protéger leurs disparus et la terre-mère.

Cette scène aurait provoqué une autre réaction. Les gens auraient sympathisé avec les Warriors. Mais de voir l'armée contre les Warriors en a fait des criminels; dans notre imagination, l'armée et la police s'acharnent contre les bandits, pas contre le «bon monde».

En stratégie de marketing on peut vendre n'importe quoi à n'importe qui. Lorsqu'on veut vendre un produit, il faut savoir le définir pour aller chercher ses adeptes. Appeler cette crise la «Crise d'Oka», les «Indiens d'Oka», nous a amenés à imputer la responsabilité de la Crise d'Oka aux Warriors d'Oka. Les golfeurs étaient invisibles dans ce conflit. Au lieu et place des golfeurs, il y avait l'armée.

Il est tout de même étrange qu'au tout début de la crise, les Blancs interrogés sur la question du golf et de ses conséquences étaient tous du côté des Indiens. Et parmi ces résidents d'Oka, on entendait les commentaires suivants: «Ils sont chez eux, il faut les comprendre...» Quelques jours plus tard, on entendait «les maudits Indiens»; quelques autres jours plus tard, on entendait «ce sont tous des bandits de New York»; et encore quelques autres jours plus tard, certains Blancs voulaient que l'armée vise dans le tas!

De nous montrer une armée qui ne bronche pas a fini par exciter ceux qui voulaient de l'action. Quant aux paisibles, on a su les exciter en leur parlant d'argent. Ils se sont mis à angoisser quand on les a renseignés sur les dépenses encourues dans toute cette affaire. La bonne information au bon moment!

La facture grimpait de jour en jour. Plus les chiffres montaient, plus le ton des Blancs s'envenimait. Il fallait en finir avant que le gouffre financier ne se creuse d'avantage. C'est alors devenu une telle obsession de parler de ce que les Indiens nous coûtent, qu'on a oublié le véritable point de départ de la rébellion.

Serions-nous finalement des manipulés. Il n'est pas rare de rencontrer des gens qui n'ont pas lu un seul livre d'histoire de toute leur vie et qui détestent les Indiens parce que tel animateur de radio les déteste! «Celui-là, disent-ils, il sait de quoi il parle.» Mais si on ne connaît rien, comment fait-on pour savoir que l'animateur s'y connaît?

Un titre comme celui-ci: «Les Warriors ont obtenu des sauf-conduits déguisés», suggère immédiatement au lecteur que... les Warriors s'en sont tirés! Et que nous, les bons Blancs, les bonnes poires, nous les avons laissés faire. Dès lors, nous sommes frustrés à leur endroit.

Mais si on intitule ce même article: «Les Warriors contraints de partir...», cela suggère que l'armée en est venue à bout. Nous devenons alors victorieux et nous sommes heureux. Tant pis, tant mieux pour les Warriors!

Et pourtant, dans les deux cas, les Warriors sont partis. C'est cela que nous appelons de l'information tordue. Tout ce qui n'est pas dit mais qu'on n'a pas besoin de dire pour révolter, créer la panique ou la confusion.

Le 2 septembre 1990, La Presse du dimanche titrait en première page:

Les Warriors ont obtenu des «sauf-conduits déguisés»

> «Les véritables Warriors, ceux de la première heure, les durs parmi lesquels on comptait de nombreux criminels recherchés tant au Canada qu'aux États-Unis, ont profité au cours des derniers jours de véritables «sauf-conduits déguisés» pour fuir à la hâte la région de Montréal avec leur principal arsenal sans être importunés par l'armée ou la police.
>
> Ils ont donc pu partir et quitter la région, emportant avec eux toutes ces armes que l'armée avait décrites publiquement à la télévision la semaine dernière.
>
> En plus des petits avions qui les transportaient on ne sait où, en pleine nuit, depuis la région de Châteauguay, les hommes masqués ont pu quitter également la région d'Oka puisque le territoire n'a jamais été «hermétiquement fermé»,

> ce qui leur permettait de quitter la région, peut-être même à bord d'hydravions, décollant du lac des Deux-Montagnes.
>
> Ces informations privilégiées ont été confirmées hier à La Presse de source gouvernementale québécoise. «Pour éviter un bain de sang, l'armée a procédé avec une infinie prudence, n'encerclant jamais tout à fait les territoires occupés et rendant publique la moindre de ses intentions», a précisé l'informateur de La Presse, soulignant qu'hier il n'y avait plus que des «Warriors de dernière heure», des modérés et des adolescents, voire même des enfants.
>
> De 200 à 400 Warriors détectés par l'armée sur les territoires Mohawks, il n'en restait guère hier qu'une quarantaine à résister encore sur la dernière barricade d'Oka.(...)»[1]

Ainsi donc, quelques Warriors se seraient enfuis par hélicoptère, d'autres par avion, abandonnant sur les lieux certains de leurs compatriotes Indiens, attitude plutôt lâche s'il en est. Comment ces mystérieux Indiens, bandits de New York ou ex-soldats du Viêt-Nam ont-ils pu fuir aux yeux de l'armée et de la Sûreté du Québec sans qu'aucun d'eux n'intervienne?

Le révérend Jessie Jackson lui-même n'a pu entrer et tous ces avions arrivant de je ne sais où ont pu se poser aisément pour repartir tout aussi aisément avec les Warriors à bord. Est-ce à dire que le révérend Jackson, pour être mieux accueilli, aurait dû faire son entrée dans les barricades en avion? Quoi qu'il en soit, cet exploit aurait eu lieu sans que l'armée canadienne et la Sûreté du Québec n'y puissent rien. Plutôt étrange! Et c'est seulement au matin que nous avons été informés de l'escapade des Warriors.

Ce geste-là a choqué les Blancs qui se sont mis à dire que l'armée avait volontairement fermé les yeux, sans doute parce

---

(1)André Pépin, du Bureau de La Presse, Québec.

qu'elle avait reçu des ordres à cet effet. Une sorte de traitement de faveur, gémissait-on, qui trahissait bien notre peur de représailles de la part des Indiens. Dès lors, tous se sont mis à dire qu'on était trop bon pour les Indiens, que si un Blanc avait posé les mêmes gestes, il serait en prison, mais que les Indiens, eux, pouvaient se moquer des lois.

En ce qui me concerne, cette histoire d'hélicoptère, d'avion ou d'hydravion venait de ternir l'image des Warriors, car je ne comprenais pas comment ni pourquoi des gens aussi audacieux avaient pu laisser sur les lieux l'idole même de la crise, celui sur qui toutes les caméras étaient braquées: Ronald Cross, dit Lasagne. C'était comme s'ils l'avaient livré à la police en échange de leur départ. Et pour des tueurs invincibles de la mafia, cela faisait à mes yeux plutôt... peureux! Jouer les durs pour ensuite s'enfuir de nuit, en oubliant Ronald Cross sur les lieux, méritait que je tourmente Ronald Cross sur la question.

«Il n'y a jamais eu d'avion ni d'hélicoptère! répond Ronald Cross.»

Comme j'ai l'air stupéfait, il reprend:

«Il n'y a pas eu d'avion ni de personnes qui se sont sauvées par avion, hélicoptère ou hydravion.

«À Kahnawake, ils avaient peinturé des indications sur la route 138 pour servir de piste d'atterrissage à un petit avion qui devait apporter de la nourriture et des médicaments. Le pilote a essayé de se poser, mais la piste était trop courte. Il a dû abandonner et s'en aller.

«Aucun de nous n'a jamais compté sur un hélicoptère ou un avion pour s'enfuir du territoire d'Oka. Si on avait voulu partir, on aurait pu le faire n'importe quand. Les seuls hélicoptères qu'on a vus étaient ceux de l'armée.

«À Kahnawake, l'armée avait décidé de détruire nos barricades; le temps était à la tempête et des hélicoptères de l'armée se sont posés et envolés plusieurs fois. Il y avait beaucoup de mouvements aériens. C'est alors que l'armée a fait une nouvelle déclaration à l'effet qu'un avion était venu chercher des Warriors avec leur armement durant la nuit.»

Selon Ronald Cross, le va-et-vient d'hélicoptères durant toute la nuit, constaté par les reporters et la population, était une ruse de l'armée pour pouvoir monter un scénario dans lequel elle sauvait son honneur, son image. De la sorte, la population était dorénavant convaincue qu'il y avait un nombre beaucoup plus impressionnant de Warriors qu'on ne pouvait l'imaginer. Ils n'avaient donc pas déplacé l'Armée canadienne et la Sûreté du Québec pour une poignée d'Indiens inexpérimentés, mais pour de nombreux et dangereux Warriors. «C'était leur façon de justifier leur présence vis-à-vis le public, de conclure Ronald Cross.»

Est-ce que Ronald Cross peut fabuler... J'ai rencontré son avocat Me Julio Peris. Là-dessus, Me Peris est catégorique:

-Ça non! Ronald Cross n'est pas un menteur. S'il vous a dit qu'il n'y avait pas d'avion, c'est qu'il ne devait pas y en avoir. De toute façon, ajoute-t-il, pourquoi aurait-on eu besoin d'un avion spécial quand les Warriors pouvaient sortir à tout moment des barricades et s'en aller sans avoir le moindre ennui.

Là j'avoue que ça change les données et que je commence sérieusement à placer les différentes pièces du puzzle autrement. Autrement qu'en prenant pour acquis que tout ce qu'on nous a dit était vrai.

Dans ce même reportage de la Presse, il y est de plus écrit ceci: «Ces informations privilégiées... de source gouvernementale... soulignant qu'hier il n'y avait plus que des Warriors de dernière heure, des modérés et des adolescents, voire même des enfants.»

Mais si cela est vrai, si j'en crois la «source gouvernementale», il ne reste qu'à conclure que les trois Warriors arrêtés, Lasagne, Noriega et Nicholas, sont de moins bonnes captures qu'on le croit! On semblait vouloir nous dire qu'on avait arrêté les «têtes fortes» de la Crise d'Oka et, finalement, ils ne seraient que des Warriors de dernière heure, des modérés...

Qui dit la vérité, qui ment dans cette histoire...

Après avoir déclaré aux médias que les Warriors étaient des criminels recherchés par le FBI, que restait-il à faire aux autorités lorsqu'ils ont compris que leurs têtes fortes, Lasagna et Noriega, n'avaient pas de dossier criminel.

Je ne connais pas les autres Warriors de la Crise d'Oka, mais s'ils sont d'aussi grands criminels que Lasagne et Noriega, alors je comprends que la police a préféré les laisser s'enfuir pour ne pas perdre la face!

Le plus lourd dossier criminel de Ronald Cross et le seul avant la crise, c'est son incident de tables renversées dans un club disco. Quant à Gordon «Noriega» Lazore, il n'avait aucun antécédent criminel avant la crise. Célibataire, il habite avec sa mère handicapée dont il prend soin avec sa soeur.

Comme «fortes têtes» ou bandits, on a vu mieux. Ce doit être assez gênant pour la police de présenter à la population les deux pires Warriors de la crise... au casier vierge ou presque, et dont l'un en temps ordinaire... s'occupe de sa mère handicapée en dehors de ses heures de travail.

Nous sommes loin des gens recherchés par le FBI, qu'on nous avait promis. Et j'avoue qu'à la place des gens en autorité, j'aurais eu un sérieux problème de conscience. Cette découverte, avouons-le, les mettait dans un sérieux embarras. Ont-ils décidé de se sortir du pétrin en prétendant que les véritables Warriors... les dangereux, les recherchés, eh bien, voilà... ils avaient disparu.

Photo Francine Dufresne

Gordon «Noriega» Lazore.

Photo Francine Dufresne

Gordon «Noriega» Lazore et Ronald «Lasagne» Cross

Il n'y avait pas plus habile solution que celle de créer d'autres Warriors, d'en inventer qui soient dangereux et qui soient partis mystérieusement. Sauf qu'ensuite, il fallait trouver une explication intelligente au fait que tout un corps policier et l'armée avaient laissé s'enfuir de tels criminels sans même tenter de les arrêter. Rien de plus simple: ils étaient à ce point dangereux que pour éviter un bain de sang, il devenait préférable de les laisser partir.

Sur les lieux, cette nuit-là, les reporters harcèlent la police et l'armée pour comprendre ce qui se passe, pour avoir du nouveau à offrir au prochain bulletin. Aucun ne répond clairement, ce qui crée un plus grand suspense sur l'affaire, mais qui en même temps amène les médias à interpréter ce qu'ils voient. Des avions qui s'en vont, qui s'en viennent... suggèrent que les Warriors sont en train de plier bagage ou d'envoyer leurs armes en lieu sûr. Comme la police ne fait rien, et l'armée non plus, il en faut moins pour intriguer les journalistes.

Pour justifier l'inertie de l'armée, le capitaine St-Laurent aurait répondu: «Nos soldats sont là pour des opérations militaires terrestres sans mandat d'interception d'avions.»[1] Mais ces avions, ils finissent bien par se poser sur le sol. Alors, ça devient à un moment ou l'autre une opération terrestre!

Quant au lieutenant-colonel Robin, il aurait répondu «que le contrôle de l'espace aérien n'était pas de sa juridiction.»[2]

Faut-il comprendre que si tout ce beau monde avait été témoin d'un avion transportant 1 000 kilos d'héroïne, nul ne serait intervenu, prétextant ne pas avoir le bon mandat ou la bonne juridiction...

Le lieutenant-colonel Robin avait avoué précédemment «ne pas avoir encore aperçu d'armes ou de gens armés sur la

(1) L'été des Mohawks, Jacques Lamarche, Éditions Stanké, p. 152.
(2) Ibid.

réserve.»[3] Finalement, ni la Sûreté du Québec ni l'armée ne semblent avoir dit clairement que les Warriors s'étaient enfuis durant la nuit ou encore qu'ils avaient fait partir des armes, mais on a laissé traîner une rumeur qui, somme toute, faisait bien l'affaire de tout le monde. Et les journalistes se sont empressés de colporter une nouvelle qui venait... d'une source gouvernementale québécoise... non identifiée!

Est-ce que ce sont les médias qui ont créé le scoop... est-ce la police, est-ce l'armée; le fait est que nul n'a démenti cette information sachant très bien que... qui ne dit mot consent!

Tout dans ce dossier s'est terminé en queue de poisson. On a fait plein de déclarations, on a laissé planer des mystères, puis on a menotté trois Mohawks et on a dit: «La crise est terminée». Bref, n'en demandez pas davantage.

Mais voilà, quand un dossier se boucle trop rapidement, c'est que quelqu'un quelque part n'a pas intérêt à ce qu'il reste ouvert. Certains pourraient découvrir les failles qui s'y trouvent.

Il est trop facile de prétendre que les gens aux mouchoirs sont des bandits recherchés par une police quelconque. Pour savoir que la personne au masque est recherchée, cela suppose qu'on sait qui est derrière le masque. Alors qu'on les nomme! Pourquoi les ménager s'ils sont connus?

Ce n'est pas parce que lors d'une crise une personne se cache derrière un mouchoir qu'elle est automatiquement recherchée par le FBI. Lasagne n'était recherché par aucune police et il portait un mouchoir. Simplement parce qu'il ne voulait pas qu'on puisse l'arrêter à la fin de la crise. Dès que son identité a été donnée, il s'est démasqué. Et nous avons pu voir qu'il s'agissait bien d'un Mohawk de Kahnawake, que son travail avait amené à New York.

De nombreux autres Warriors sont partis depuis le début de la crise. Par choix, par peur des représailles, qui sait...

(3) Ibid.

Parmi ceux-là, Francis Jacobs qui a quitté Oka le 31 août. Il n'était pas recherché non plus par le FBI.

Innocents ou criminels, dans cette affaire, nul n'avait intérêt à se démasquer. Dans les deux cas, s'ils n'étaient pas connus ils le seraient rapidement devenus.

«Ils seraient connus et recherchés du FBI», tente-t-on de nous faire croire, et on est là à cacher leur identité comme s'il s'agissait de diplomates.

Si les gens au pouvoir connaissent l'identité et les dossiers criminels de ces Warriors, qu'ils les dénoncent et ce, dans l'intérêt de la population blanche et de la population indienne. Que les Indiens sachent, une fois pour toutes, qui sont ces gens qui les protègent, d'où ils viennent et ce qu'ils veulent.

Certains diront que la police ne pouvait dévoiler leur identité de peur d'être poursuivie, n'ayant pas de preuves. Des gens recherchés par le FBI, qui se cachent, sortiraient de l'ombre pour poursuivre la police? Pour que la police puisse enfin leur mettre le grappin dessus!

Toute cette rumeur de Warrior-mafia n'a qu'un but: terroriser les Indiens pour qu'ils ne se sentent pas en sécurité auprès des Warriors, et qu'ils soient tentés de chasser ceux qui pourraient les aider.

Quel intérêt pouvait donc avoir l'armée et la Sûreté du Québec à laisser partir, durant la crise, de dangereux criminels et à capturer, à la toute fin, ceux qui étaient sans dossier. Ceux de la fin de la crise devenant ainsi plus coupables que ceux du début... mais n'étaient-ils pas, au dire de la Presse, des Warriors de dernière heure, des modérés, des enfants...

Pour la population, il fallait un coupable. On l'a trouvé en la personne de Lasagne. La population est heureuse. Lasagne est un nom connu qui, de plus, inspire la peur.

Ce qui, entre autres questions, me tourmente dans cette affaire d'avion, c'est que, depuis le début, Ronald Cross sait qu'il va payer cher ses heures de gloire lorsqu'on l'attrapera. S'il y a véritablement eu un avion pour venir chercher ces Warriors pour une destination inconnue, pourquoi Lasagne n'en a-t-il pas profité pour s'enfuir avec eux...

* * *

L'affaire Randy Horne

Nos soldats de l'Armée canadienne avaient l'air de soldats de plomb tant ils étaient immobiles. Ils se laissaient pousser, bousculer par les Mohawks et ne bronchaient pas.

Cette remarque a bien amusé Me Julio R. Peris qui s'est empressé de préciser: «Ça, c'était quand les caméras tournaient! Quand les caméras ne tournaient plus, ils battaient des Indiens.»

C'est ainsi que l'Indien Randy Horne a dû être transporté en ambulance du Centre de traitement après avoir été battu par des soldats de l'Armée canadienne... qui n'étaient pas de plomb!

* * *

L'affaire Francis Jacobs

Francis Jacobs est cet Indien battu par d'autres Indiens, durant la crise. Les Blancs assis devant leur téléviseur ne comprenaient plus rien sauf que chacun pensait que, derrière tout ça, il y avait du «Lasagne».

À voir le visage amoché de Jacobs, tous ont commencé à murmurer que ces Indiens-là, c'étaient des «sauvages». Qui est Francis Jacobs et quel était son rôle durant la crise?

Pour Lasagne, Jacobs est le traître qui a donné sa photographie à la Sûreté du Québec après s'être enfui du territoire d'Oka pour passer du côté de la police.

Durant la crise, le rôle de Jacobs consistait, comme plusieurs autres, à patrouiller le secteur pour empêcher les vols, les introductions par effraction et le vandalisme. Malgré tous ces patrouilleurs de sécurité, plusieurs maisons ont été cambriolées et vandalisées, ce qui donnait un très mauvais nom aux Warriors.

Selon Lasagne, Jacobs serait lui-même responsable d'une couple d'introductions par effraction et de vandalismes qu'il aurait par la suite dénoncés comme ayant été commis par des Warriors. Ronald Cross commence à avoir plus d'un motif d'en vouloir à Jacobs. Et pour attiser cette animosité, on montre à la télévision, en soirée, la ferme des Mongeon prétendument saccagée par les Warriors. Le nom de Francis Jacobs est mentionné au cours de ce reportage. De plus, on y montre la motocyclette en feu de Ronald Cross.

Dans la nuit du premier septembre, alors que Ronald Cross est chez son frère Glenn, il reçoit la visite de deux amis. L'idée leur serait alors venue de régler le compte de ceux qui salissent la réputation des Warriors.

La seule description de la violence de Cross à ce moment-là, m'a fait peur. Elle m'a fait découvrir un Lasagne déchaîné que plus rien n'arrête et que je ne connaissais pas. Mais j'ignorais alors tout ce qui opposait Jacobs et Cross. Jacobs semblait avoir été battu simplement parce qu'il ne partageait pas la philosophie des Warriors.

Hors contexte, la vue de ces Indiens sauvagement battus sans raison apparente, renforçait la thèse que les Warriors battaient tous ceux qui n'étaient pas de leur côté. Les Warriors ont commencé à perdre des admirateurs car non seulement ils saccageaient les maisons mais de plus, ils battaient leurs frères. La terreur semblait installée sur la réserve et avait dorénavant pour nom... Warriors et... Lasagne.

La Sûreté du Québec, pour sa part, a prétendu n'avoir aucune raison de soupçonner Jacobs d'avoir commis de tels méfaits. Est-il besoin de préciser que Jacobs est témoin de la Couronne...

Le mot s'est vite transmis que les Warriors étaient de dangereux criminels, et certains Indiens ont déclaré aux médias en avoir peur. Certains auraient dit: «Nous sommes anxieux que les Warriors partent; ils sont de la Mafia. Après la crise, ils vont rester sur la réserve et faire la loi.» Pour sa part, le ministre aux Affaires indiennes, Harry Swain, a traité les Warriors de «criminal organization». Jacques Parizeau, chef du Parti Québécois, les aurait qualifiés de «terrorists». Et Mike Mitchell, chef du Conseil de bande d'Akwesasne, aurait déclaré: «Warriors walking around with guns, declaring war on whoever gets in their way.»[1]

Comment un Mohawk peut-il vouloir protéger des gens qui parlent de la sorte. Et surtout, comment Ronald Cross peut-il accepter de passer une partie de sa vie en prison pour des gens qui, loin de le remercier, l'offensent.

«Aucune des personnes impliquées dans la crise des Mohawks n'avait de dossier criminel, répond Cross. Nous ne sommes pas des criminels.

«Il n'y a qu'une poignée d'individus qui ne voulaient pas que les Warriors viennent défendre le territoire. Ceux qui sont contre les Warriors sont ceux qui appuient le Conseil de bande. Si l'on considère que le Conseil de bande est dirigé par le gouvernement, on a tout compris. Pour choisir un chef et former un Conseil de bande, il faut un vote communautaire. Dans les traditions Mohawks, les Indiens ne votent pas.

«Lorsque tu marches avec le gouvernement, c'est seulement une partie qui prend les décisions: la partie élue. Or, dans les traditions Mohawks, tout le monde doit être entendu à tour

---

(1)MacLean's, extrait du reportage, Dan Burke, pp22-23, August 6, 1990, Vol 103, No 32.

de rôle et c'est la majorité qui l'emporte. Si la majorité est d'accord avec une proposition, la loi décidée par la majorité sera acceptée. En tout temps, c'est la communauté qui décide et non le Conseil de bande ou le Longhouse.

«La grande majorité des Indiens qui vivent sur le territoire sont des traditionalistes. Ceux qui ont vilipendé les Warriors ont pensé à leur propre peau et il n'y en a pas beaucoup de ce monde-là. Ils ne m'ont pas offensé moi; ils se sont offensés eux-mêmes en refusant de respecter les traditions et les lois Mohawks. Ils ont aussi offensé leurs ancêtres qui ont donné leur vie pour que les générations futures puissent survivre. Ils se sont couverts de honte. Les Warriors qui sont aussi des traditionalistes, ont toujours travaillé avec la communauté selon les lois Mohawks, à la manière de nos ancêtres.»

S'ils n'étaient pas recherchés du FBI, avaient-ils au moins fait la guerre au Viêt-Nam?

* * *

En regardant les milliers de croix de bois sous lesquelles dorment des compatriotes, je songeais au sort décevant de ces hommes qui, vingt-cinq ans plus tôt, s'étaient battus avec l'espoir que ce serait la dernière des guerres. Et nous étions de nouveau là, sur le même territoire, combattant pour la même cause.

Honorable Colonel Pierre Sévigny

Le Viêt-Nam

On a bien dit que la plupart avaient fait leur apprentissage à la guerre du Viêt-Nam. Tueur du Viêt-Nam? Ronald Cross n'a jamais fait la guerre. Cette crise indienne est sa première expérience avec les armes tout comme avec la justice.

«Je n'ai pas fait le Viêt-Nam mais je connais beaucoup de combattants qui y sont allés. Ils m'ont raconté la situation qui prévalait là-bas, quelle sorte de guerre ils ont livrée, et j'ai aussi lu plusieurs livres sur le sujet. C'était une guerre raciste, inutile comme toutes les autres, dont le but était d'envahir les terres d'un autre peuple. Même si le gouvernement américain constituait une force supérieure, les politiciens et les bureaucrates gardaient les mains des militaires liées. Sinon les soldats auraient pu repaver tout le pays et planter le drapeau américain en plein milieu.

«J'ai beaucoup de respect pour ceux qui ont servi au Viêt-Nam. Et c'est facile pour moi maintenant d'imaginer ce qu'ils ressentent. Quand tout ce qu'on voit autour de nous c'est la destruction et la mort et qu'on revient à la maison alors que cinquante ou soixante mille autres ne reviendront jamais, il nous reste une question en tête: «Si je suis revenu, est-ce parce que je ne me suis pas battu comme j'aurais dû, que je ne me suis pas battu jusqu'à la mort, jusqu'à l'accomplissement de la mission que j'avais à remplir?»

«Souvent, je regrette être sorti vivant de cette crise. Je suis content que personne ne soit mort et que tout se soit terminé dans la paix. Mais dans ma tête et dans mon coeur, ce n'est pas fini et il se peut que ça prenne beaucoup de temps avant que cela ne le soit.

«Parler du Viêt-Nam, faire croire que certains d'entre nous avaient fait la guerre du Viêt-Nam a été une de nos tactiques pour faire croire à l'armée qu'elle se trouvait en face de combattants qui avaient beaucoup plus d'expérience que ses soldats. Et cela a très bien fonctionné car, de peur de tomber dans des pièges, ils ne se sont pas aventurés à envoyer des équipes de reconnaissance ou des patrouilles. Ils se disaient que les soldats qui sont allés au Viêt-Nam savaient très bien installer des pièges et protéger un périmètre comme personne d'autre ne pouvait le faire.»

Le Viêt-Nam, une stratégie...

Se pourrait-il que finalement cette fable se soit retournée contre eux. Une partie de la population blanche, qui au début était favorable aux Mohawks, s'est mise à regretter sa compassion. On lui prouvait ainsi qu'elle plaignait des «bandits», des habitués de la guerre, des dérangés peut-être. Des recherchés par le FBI, qui avaient déjà fait la guerre du Viêt-Nam, ne pouvaient se battre pour une juste cause. C'était assurément des gens qui aimaient le trouble!

Finalement, si peu de gens connaissent cette autre version de la Crise 1990, que nous pouvons parler de «faits cachés de la Crise d'Oka» se résumant ainsi: pas d'antécédents criminels, pas de Viêt-Nam, pas de FBI, pas d'avion Cessna pour envolée spéciale de Warriors dans la nuit, un Randy Horn battu par l'armée et... un Lasagne battu par la police.

En contrepartie, trop peu d'Indiens savent que nombre de policiers sympathisaient avec eux mais, liés par leur travail, ils n'ont pas eu le droit de laisser intervenir leurs sentiments personnels. Parmi ceux-là, un officier de la Gendarmerie Royale du Canada déclarait avoir éprouvé un sentiment étrange lorsqu'il s'était trouvé de l'autre côté de la barricade. Il avait toujours eu beaucoup de sympathie pour les Indiens, puis il a reçu un appel lui imposant de venir en aide à la Sûreté du Québec.[1]

Aucune police au monde n'aime avoir été possédée par des amateurs. Surtout lorsqu'on est conscient de son image et de sa force. L'incompréhension et parfois le mépris qui existent entre les Amérindiens et les agents de la Sûreté du Québec trouvent-ils leur origine dans une histoire d'orgueil blessé lors de la crise... du golf!

* * *

---

(1) Soldier of fortune, December 1990, p. 43.

Le bandit au mouchoir... n'était pas Lasagne!

Deux... trois... Lasagne? Peut-être plus, mais certes pas moins. À Parthenais, lors de notre première rencontre, Ronald Cross m'avait confié qu'on l'avait très souvent confondu avec d'autres Warriors, de sorte qu'il avait dû parfois endosser les agissements de quelqu'un d'autre.

Tout guerrier de même taille, portant le même déguisement devenait automatiquement... Lasagne. Et toutes ces accusations qui pesaient sur son dos pouvaient bien être les faits et gestes de quelqu'un d'autre. Cette révélation, additionnée à toutes les autres, m'avait stupéfiée. Comment les journalistes qui ont couvert cette crise avaient-ils pu ignorer ou laisser passer inaperçus des faits aussi troublants.

Est-il banal de savoir que la célèbre photo du face à face, du soldat Cloutier et de Lasagne, celle-là même qui a galopé autour du globe et qui a fait la page couverture des plus grands magazines, était en réalité... la photo du soldat Cloutier et d'un Indien du nom de Freddy Kruger!

Si on a pu, ce jour-là, confondre un autre Indien avec Lasagne et qu'on a pu se laisser berner par cette ressemblance au point de la publier, l'écrire, le dire, est-ce que cela ne renforce pas l'hypothèse qu'on a pu lui prêter bien d'autres gestes.

Tous ces incidents gardés sous silence venaient à ce point changer la dimension de la crise qu'un beau matin, je me suis dit que c'était trop gros pour être vrai. Il y en avait trop. C'était plausible, mais était-ce vrai. Et je doutais. Lequel de nous deux était en plein délire de persécution. Lasagne ou moi... Et c'est finalement Shaney Komulainen, photographe de la célèbre photo, qui a mis un point final à tous ces doutes en affirmant qu'il ne s'agissait pas de Lasagne sur la célèbre photo. Voilà donc pourquoi je n'avais pas reconnu Lasagne lors de notre première rencontre!

Et moi, à force de contempler la photo du faux Lasagne je n'avais pas reconnu... le vrai Lasagne!

Photo CANAPRESS/Komulainen

La célèbre photo du face à face du soldat Patrick Cloutier et le Warrior Freddy Kruger.

Le merveilleux métier de photographe[1]

En janvier 1991, plusieurs mois après la crise de l'été 1990, Shaney Komulainen, photographe de la célèbre photo du face à face du soldat Patrick Cloutier et le Warrior Freddy Kruger, se remet à grand peine d'un sérieux accident d'automobile qui a failli lui coûter la vie. Hospitalisée, les deux jambes brisées, éprouvant beaucoup de difficultés à se déplacer, elle apprend alors qu'elle est accusée de plusieurs infractions criminelles: avoir menacé un officier de la paix avec une arme, à savoir une machette; possession d'une arme (machette); possession d'une arme (arme à feu); participation à une émeute et obstruction à un agent de la paix en devoir. Tous ces événements seraient survenus en date du 1 septembre 1990, date de la fameuse photo.

Éric André Keable, sergent de l'Armée canadienne, prétendait avoir été menacé, et trois autres soldats témoignaient dans ce sens: le soldat Michel Chulak, le Caporal-chef Denis Rouleau, et le Sergent Gilles Paradis. Ces témoins ont affirmé qu'elle avait pris des armes qui faisaient partie d'un amas d'armes que le Sergent Keable avait sous sa garde. Elle se serait emparée d'une carabine et d'un revolver Magnum 357 et, le menaçant d'une machette, lui aurait dit de foutre le camp, qu'il n'avait pas d'affaire à être là. Le Sergent Keable a raconté qu'elle tenait la machette d'une façon offensive. Il a aussi prétendu qu'elle l'aurait bousculé en lui proférant des menaces et des insultes. Les autres soldats ont également confirmé avoir été témoins de la scène.

Il est intéressant de noter que le soldat Paradis a déclaré que l'incident s'était produit à peu près au moment même où la fameuse photographie du face a face avec Cloutier était prise, à quelque trois cents pieds plus loin. Les propos de Paradis, spécifiant «à peu près au même moment», laissaient une certaine ambiguïté sur la véracité du témoignage des événements, ce qui a finalement servi la défense. Était-il

(1) Entrevue accordée à Éric Desbiens pour les Éditions Sedes.

possible qu'elle ait pris la photographie puis couru trois ou quatre cents pieds pour s'emparer d'une arme et menacer Keable? C'était fort peu probable. La défense a présenté douze témoins, tous membres des médias sauf un, photographe militaire. Ils ont présenté leurs photographies et des segments de vidéo enregistrés par CTV, CBC, TVA. Sur un des segments de vidéo de CTV, on pouvait clairement distinguer une femme aux cheveux noirs, visiblement une Mohawk, qui ramassait des armes aux pieds du Sergent Keable. Elle n'avait aucune ressemblance avec Shaney, ne portait aucun équipement de photographe et était habillée d'une façon à ne prêter aucune confusion entre les deux personnes.

Les événements enregistrés sur les segments vidéo pouvaient être ceux dont le Sergent Keable parlait. Shaney aurait donc pu se retrouver accusée à la place d'une autre personne dont la seule ressemblance avec elle était... d'être de sexe féminin.

Toutefois, le Caporal Marc Lamontagne, photographe de l'armée, a grandement aidé la cause de Shaney Komulainen. Présent lors des événements alors qu'il se tenait tout près du Sergent Keable, il a témoigné à l'effet qu'il n'avait jamais vu Shaney lors des événements. «Je crois, précise le Caporal Lamontagne, que j'aurais très bien remarqué une femme blonde de six pieds brandissant une machette.»

Étant donné que la journée en question avait été très mouvementée et que Shaney n'était avec personne en particulier ce jour du 1 septembre 1990, il fallait rechercher plusieurs personnes qui auraient pu remarquer Shaney à un moment ou à un autre, de façon à pouvoir reconstituer les faits et prouver qu'elle ne s'était jamais trouvée à l'endroit mentionné par Keable au moment de l'incident reproché. Les douze témoins ont finalement permis de reconstituer fidèlement cette journée du 1 septembre 1990, démontrant que Shaney n'avait jamais pris part aux activités dont Keable l'accusait.

Selon Shaney Komulainen, ses problèmes auraient débuté lorsque, après la crise, la Sûreté du Québec a demandé à tous les soldats présents à Oka et ayant été victimes ou témoins d'actes qui pouvaient être considérés comme criminels, de se présenter à la Sûreté du Québec pour servir de témoins. Ces quatre soldats se présentèrent à la Sûreté pour raconter leur histoire.

Le procès devant jury a débuté en novembre 1991. Il a duré deux semaines et demi. Elle a été acquittée de toutes les accusations.

Les frais astronomiques de plus de 100 000 $ pour ce procès furent heureusement payés par la Presse Canadienne. Il fallait monter une défense solide pour Shaney, qui devait reconstituer une journée très nébuleuse. Il fallait trouver une femme blonde, armée d'une machette, qui aurait pu ressembler à Shaney, ainsi que des témoins, militaires ou journalistes, ou toute autre personne présente lors de cette journée, qui auraient pu se souvenir de quelque chose de particulier pour innocenter Shaney. Il était donc nécessaire d'engager des détectives privés, faire de nombreux appels à travers le Canada, le Japon, l'Italie et à Washington pour discuter avec des photographes, journalistes, caméramen ou autres qui pouvaient contribuer à fournir quelques pièces à ce puzzle.

Plus de cinquante agrandissements photographiques et trois cassettes vidéo furent produits en Cour, en plus de rassembler plusieurs témoins venus de Montréal, Toronto, Ottawa et Washington.

Shaney dit avoir été longtemps bouleversée par l'absurdité de la situation. Au printemps 1992, elle décide de porter plainte contre les différents organismes qui auraient pu éviter qu'un tel drame se produise. Soit la Sûreté du Québec, pour son enquête médiocre des événements relatés par ces quatre soldats. La Commission de déontologie policière a débuté à l'automne une enquête concernant ce dossier. Shaney prétend également qu'un procureur de la Couronne, avant l'enquête préliminaire, a rendu l'accès difficile à un vidéo qu'il avait vu et qui aidait à prouver son innocence. Un segment de ce vidéo était celui où l'on pouvait voir clairement une Indienne s'emparant d'armes que Keable gardait. Keable avait aussi vu ce vidéo mais n'en avait jamais mentionné quoi que ce soit à la Cour. Sachant bien que Shaney n'était pas sur ce vidéo, la Couronne n'avait pas intérêt à produire cette cassette. La dernière plainte a été logée contre les quatre soldats qui ont, de toute évidence, dit-elle, changé les faits d'un incident pour l'accuser. Quant à l'armée, l'intégrité de ses soldats étant menacée, elle a refusé de s'impliquer dans cette histoire en stipulant que cela relevait du domaine provincial.

Photo CANAPRESS/Komulainen

Un soldat inconnu et un «Lasagne» à ce point menaçant... que certains lui tournent le dos et continuent leurs activités.

Chapitre 5

Un héros en prison n'est toujours qu'un prisonnier.

Aujourd'hui, la mélancolie a raison de lui. Et pendant qu'il parle de sa vie, de son enfance à Brooklyn, je n'ai qu'une obsession. Pourquoi lui plutôt qu'un autre Indien... que sont devenus tous les autres?

Ce n'est pas à moi de le révolter contre son peuple. Pour l'instant, je le sens, il en est rendu à croire qu'il ne sortira jamais de cette prison. Voilà pourquoi la nostalgie est si grande lorsqu'il parle de son passé. L'écouter, prendre des notes alors que j'aurais le goût de lui crier qu'il gâche sa vie. Pour une cause qui le mérite sans doute. Mais les autres Indiens ont repris une vie normale après la crise. Pourquoi doit-il payer plus cher que les autres, et quelle naïveté de croire qu'il sert la cause indienne! Il est emprisonné depuis six mois dans le plus grand des silences et le monde entier s'en fiche. À part les Mohawks et quelques gardiens de prison, personne ne sait ce qu'est devenue sa vie. Même moi, je le croyais en liberté tant son incarcération n'a pas fait de bruit.

Pourquoi les Mohawks ne menacent-ils pas de recommencer la crise ou de faire sauter le pont Mercier si le gouvernement ne libère pas leur héros. J'aimerais comprendre comment ils peuvent le laisser dépérir ici. Et lui, comprend-il seulement qu'il a été roulé dans cette affaire.

Lorsqu'il a quitté la réserve de Kahnawake, à l'âge de quatorze ans, il ignorait certes qu'il y reviendrait un jour en habit de guerrier des premières nations. En fait, il n'a jamais vraiment quitté la réserve. Il y venait chaque semaine visiter sa mère et son fils Ryan.

Est-ce que sa liberté ou New York lui manquent?

Sa liberté, oui; New-York, non. C'est une ville dangereuse où, dit-il, il a survécu. La vraie vie, c'est Kahnawake, entouré des siens. Jamais il ne reprendra le métier de travailleur de l'acier à New York. Cette vie de pollution en hauteur est terminée.

Un héros n'a pas de regret, ou du moins ne doit pas le laisser paraître. Du fin fond de sa cellule, maintenant que les plus beaux jours de l'été indien sont terminés, à quoi pense-t-il? Comment sa vie a-t-elle pu prendre un tel tournant?

Dans le feu de l'action, dans la tourmente, quand il a accepté de s'impliquer dans cette affaire, avait-il prévu ce dénouement. Avait-il envisagé une fin plus dramatique pour lui que pour les autres, ou a-t-il été simplement malchanceux.

Une chose est certaine, dans cette étroite cellule, il a tout le loisir de repasser les événements qui l'ont conduit ici. De revivre sans cesse la Crise d'Oka, étape par étape, et de se demander où a été l'erreur. Les bons comme les mauvais souvenirs de cette crise le tourmentent. Comment pourrait-il en être autrement... La solitude du détenu le ramène à son passé, son enfance, et lui donne tout le temps de penser à sa mère, sa femme, ses amis.

À tort ou à raison, certains l'ont comparé à Riel, d'autres à un simple voyou.

Après avoir vécu à New York comme un Américain du Nord, il découvre aujourd'hui qu'il a toujours été d'abord un Mohawk. Le voilà emprisonné pour avoir été un bon Mohawk!

Son silence, son sourire, son apparente soumission commencent à me donner le goût d'une rébellion. On ne peut pas accepter son sort de la sorte. Et malgré moi, j'éclate: «Tu es en prison alors que les autres guerriers sont chez eux. Les Indiens valent-ils le sacrifice de ta vie?»

«Je n'ai aucun doute que ce que nous avons fait était bien. Je n'ai pas de regret. Si nous avions laissé les gouvernements faire à leur guise, on n'aurait plus rien en ce moment. Oui, les Indiens méritent ce sacrifice parce que ça a ouvert les yeux du monde, de la terre entière, et ça leur a fait réaliser comment le peuple de la première nation était traité.»

Enfin il s'enflamme!

«La situation à Oka et à Kahnawake est assez florissante, mais les autres peuples indiens vivent dans la pauvreté et sont entièrement dépendants des chèques de l'aide sociale. Ils sont opprimés par les gouvernements du Canada et des États-Unis. Alors que nous sommes presque en l'an 2 000 et qu'on envoie des fusées dans l'espace à tous les deux jours, il y a encore des gens dans les villages qui n'ont pas d'électricité ni d'eau, aucun système d'aqueduc, pas d'école, et qui n'ont aucun espoir de prospérité économique.

«Il n'y a pas si longtemps déjà, ils étaient riches. Ils vivaient de la terre, et la terre prenait soin d'eux. Les Indiens n'abusaient pas de la terre, ils ne prenaient que ce dont ils avaient besoin. L'homme Blanc a pollué la terre et l'eau au point où presque tout ce qu'on mange ou ce qu'on boit est infesté par les produits chimiques. Il est devenu impossible de pêcher et de chasser à certains endroits.

«Pour moi, ce combat vaut ma vie et je continuerai de me battre pour que nos enfants et les générations futures aient leur place dans la société. Pour garder ce qui nous appartient et ce qui nous est dû. Pour sauver le peu qui nous reste, en protégeant la terre de ceux qui veulent la détruire et qui feraient n'importe quoi pour une piastre.

«L'argent est à la racine de tout le mal, mais un jour il ne sera peut-être d'aucune utilité. Tôt ou tard, la planète sera dévastée. On voudra retourner aux anciennes façons de vivre, mais il ne restera plus rien!»

Qui aurait crû que le sort de l'humanité pouvait déranger Lasagne? Qu'il pouvait se soucier des autres, de ceux qui seront là quand nous n'y serons plus. Si seulement ceux qui le calomnient, pouvaient l'entendre en cette minute! Qui me croira quand je dirai que Ronald Cross a une conscience sociale et humanitaire. Il ne reste plus rien du guerrier brutal de la crise indienne. Pourtant, en Cour, Ronald Cross ne s'explique pas. Il a choisi de se taire. Pourquoi cette stratégie... pourquoi cette démission. A-t-il si peu confiance dans la justice des Blancs? Je sais qu'il aurait la sympathie des jurés. Si seulement il leur parlait comme il me parle à moi. Mais Ronald Cross, c'est le silence. Comme s'il acceptait d'avance le sort qui l'attend en se disant... «C'est votre Justice, pas la mienne.»

Aux journalistes, il ne confie rien. Ou seulement ce qu'ils savent déjà. Sa vie privée, ses sentiments ne regardent personne. Et sa légende de mauvais garçon continue de circuler. Il laisse dire, il laisse faire. Il s'en fiche!

À moi, pourtant, il dit tout. Il va même au-delà de la réponse que j'attends. Il peut parler durant des heures. Lentement. Intelligemment. Sagement. La cause indienne est devenue sa passion. Je n'ose l'interrompre tant il se fait bon professeur d'histoire. Je l'écoute en pensant que le guerrier devient philosophe et qu'il pourrait un jour servir la cause indienne autrement qu'avec des armes. Mais pourquoi persiste-t-il à s'emmurer? Est-ce parce que l'image terrifiante qu'on a de lui le protège... des intrus?

Mais ce jour-là dans la pinède d'Oka, quand armé il faisait l'arrogant, est-ce qu'il réalisait seulement le risque qu'il prenait. Est-ce qu'il s'attendait à un autre dénouement que celui-là, ou est-ce qu'il pensait réellement qu'il pouvait gagner?

«Le risque de ce qui nous attendait ne faisait pas le poids, répond-il. Nous savions qu'il y aurait un prix à payer, bien qu'on ne pensait pas que ça irait aussi loin. Nous étions convaincus qu'il y aurait une entente avec les gouvernements, avant de perdre le contrôle de la situation.

«Notre seule préoccupation était de mettre fin à la destruction de la pinède d'Oka en la protégeant avec des barricades. Par l'injonction qu'il avait réussi à obtenir de la Cour et son intransigeance à la faire respecter par la Sûreté du Québec, c'est le maire d'Oka qui a provoqué la crise. On ne voyait aucune raison à ce que l'équipe S.W.A.T. de la Sûreté du Québec vienne se mêler de la partie, qu'il y ait un ordre de la Cour ou non. Nous étions en pleine négociation et tous savaient que nous n'allions pas abandonner la pinède et le cimetière de nos ancêtres. Sans mesurer l'amplitude de la situation et les conséquences de leurs gestes, ils ont voulu démontrer leur supériorité par une épreuve de force alors qu'il était évident que le peuple Mohawk allait défendre son territoire. Ils ne savaient pas exactement jusqu'où nous irions, et nous non plus. Nous ne nous attendions vraiment pas à une attaque armée, mais nous étions préparés au pire car nous avions pris la décision de ne jamais céder à leur demande pour l'extension du terrain de golf.

«Nous n'avons pas nécessairement cherché à prendre le risque de déclencher une guerre; nous avons seulement voulu protéger nos droits. L'attitude n'était pas d'engager le combat mais plutôt de reprendre possession de nos terres. Nous n'avons jamais cru remporter une victoire militaire contre les forces gouvernementales, mais nous avons au moins fait comprendre aux dirigeants notre état d'âme, notre lassitude de voir reporter toujours plus loin dans leur agenda les négociations concernant nos droits territoriaux.

«Nous savions que nous devions en arriver rapidement à une entente si nous voulions éviter une attaque qui nous laisserait plusieurs victimes à déplorer de chaque côté. Au début, notre désir était de nous concentrer uniquement sur des négociations dans le domaine des réclamations territoriales. Mais, du moment où il y eut de plus en plus de personnes impliquées, il y eut du même coup de plus en plus de litiges à régler et la situation s'est détériorée.»

* * *

La guerre! C'est une chose trop grave pour la confier à des militaires.

Georges Clémenceau

«À Oka, l'Armée canadienne faisait face à environ cinquante personnes et, à Kahnawake, environ deux mille. Ils auraient pu nous anéantir. Mais s'ils nous avaient tués, ils auraient déclenché une guerre civile. Il y a plus d'un million d'autochtones au Canada qui se seraient révoltés contre le gouvernement canadien. Qu'auraient-ils fait ensuite? Tuer tous les autres Indiens? Auraient-ils adopté la loi martiale au Canada, comme dans les États totalitaires? Bien qu'ils aient agi comme des fascistes durant le temps de la crise!

«Il y avait eu une réunion à Kahnawake où les deux cent cinquante chefs présents avaient rendu leur décision publique. Si l'armée attaquait le peuple Mohawk, ce serait considéré comme une déclaration de guerre envers tous les peuples autochtones. Si les gouvernements trouvaient la situation à Oka et à Kahnawake difficile, qu'en aurait-il été s'ils avaient eu à faire face à des milliers d'autochtones?

«Nous avons peut-être perdu une bataille mais nous avons gagné la guerre. Nous avons effectué notre boulot et nous n'aurions pu accomplir rien de plus sans sacrifier de vies. Le monde entier connaît maintenant nos problèmes. Et les gouvernements sont obligés de les régler. Les revendications territoriales et les désirs d'autonomie gouvernementale des peuples autochtones sont dorénavant au haut de l'agenda. Je crois que c'est une victoire pour notre peuple.

«Malheureusement, les seules fois où les gouvernements écoutent ou passent aux actes, c'est quand quelqu'un meurt ou que des vies sont en danger. S'ils nous avaient respectés et s'ils avaient pris nos revendications à coeur dès le début, tout ce gâchis aurait pu être évité.

«Durant la crise, on écoutait la télévision pour voir comment se déroulaient les négociations. Et on espérait que tout allait se terminer bientôt. Les journalistes ont été très honnêtes en ne distordant pas la vérité. Leurs reportages reflétaient avec exactitude nos déclarations faites lors de conférences de presse.

«La Sûreté du Québec a faussement accusé les journalistes de prendre parti pour les Mohawks. Elle était frustrée de ne pouvoir empêcher la présence des représentants de la presse qui étaient témoins de tous leurs abus à Oka ou à Kahnawake.

«Il y avait des reporters de partout à travers le monde, anglais autant que français. Quelques-uns se sont vus refuser l'entrée dans les barricades à cause de l'inexactitude de leurs reportages des faits ou des déclarations. Certains autres n'avaient aucune influence et se sont faits demander de partir. En dehors de ces cas isolés, tous les reporters étaient les bienvenus, mais il fallait les surveiller vingt-quatre heures par jour pour qu'ils ne mettent pas les pieds dans une zone dangereuse.»

* * *

À Parthenais, les souvenirs d'Oka sont encore bien présents. Entre deux commentaires sur la crise et ses réflexions personnelles sur le sujet, il lui arrive parfois de faire dévier la conversation sur son incarcération. Ainsi, raconte-t-il, à son arrivée ici, on lui avait retiré son blouson parce qu'il y était inscrit «Kahnawake», ce qui risquait semble-t-il de créer des incidents. Il en a parlé à son avocat et on lui a remis son blouson. Il ne s'est produit aucun incident. Ici, personne ne lui fait d'histoires.

À chaque visite, il arrive avec des documents, des articles de journaux. Il veut tout savoir, tout apprendre, tout comprendre. Tout l'intéresse. Il lit tout ce qui lui tombe sous la main et dévore tout. Du roman d'intrigues à l'histoire indienne, tout le captive. Les histoires de lois et de points de droit aussi. Le français peut-être... mais ça, c'est difficile, admet-il. Il s'est fait un ami francophone qui ne dit pas un seul mot anglais. Tous deux se débrouillent avec le dictionnaire.

Le document qu'il me refile aujourd'hui répond à plusieurs de mes questions antérieures. Ou plutôt à plusieurs de mes attaques antérieures. Il l'a découpé tout exprès pour moi: «Les Indiens ne paient pas de taxes? C'est un mythe».[1]

L'article mérite qu'on s'y attarde. L'auteur pose avec un brin d'humour la question suivante: «Si vous demandez à un Canadien de vous dire en quoi consiste les droits des Amérindiens, il vous répondra que les Indiens ne paient pas de taxes»; en ajoutant qu'il aimerait bien être Indien, il ne paierait plus de taxes! Mais voilà, précise-t-il, «les seuls Indiens qui sont exemptés de taxes représentent moins de la moitié des aborigènes. De cette moitié, la plupart paient quand même des taxes car ils n'arrivent pas à pouvoir se prévaloir de ce privilège. Il est très difficile pour un Indien d'exercer ces droits en dehors de la réserve.» Et l'auteur explique que le fait d'essayer de convaincre un marchand d'allouer l'exemption

(1)Natives don't pay taxes? It's a myth. Miles Morrisseau, Southam News.

de taxe est en soi un problème. Finalement, le peuple a un droit qu'il n'arrive pas à exercer.

Une autre erreur des Blancs consiste à croire que les Indiens ont tous les droits en matière de chasse et pêche. Alors comment expliquer, demande l'auteur, que des centaines d'Indiens soient arrêtés chaque année.

Puis enfin, l'auteur aborde un dernier point: «On nous remet constamment au visage que nous avons l'éducation gratuite. Nous n'avons pas un droit à l'éducation gratuite, mais un droit à l'assimilation gratuite. Une éducation qui n'a rien à voir avec notre culture, notre histoire et notre langue.»

Et l'article se termine par cette conclusion: «Si les indiens ont tout gratuitement, pourquoi n'ont-ils rien?»

Bien sincèrement, on peut se demander quelle serait la réaction des francophones du Québec si les Anglais les obligeaient à aller à l'école anglaise... en les coupant de leur religion, de leur langue et en ayant l'audace de dire qu'ils sont bien bons avec eux: ils leur donnent l'éducation gratuite!

Bien assise chez moi au coin du feu, la lecture de ce document que m'a remis Ronald Cross a non seulement répondu à toutes mes questions, mais m'a définitivement servi un cocktail au scorpion!

Ronald Cross, c'est tout ça. La patience d'attendre sa victoire. Je me revois encore lors de notre première rencontre, lui jetant au visage, sans façon et tout de go: «Au fait, vous, les Indiens, à part vous laisser vivre par notre gouvernement, qu'est-ce que vous aimez?» Impassible, il m'avait demandé de définir ce que j'appelais «laisser vivre». Puis des mois plus tard, alors que je croyais cette vieille histoire oubliée, il avait découpé pour moi un texte qui pouvait, disait-il, m'intéresser.

Est-il bien nécessaire de dire que je ne lui ai jamais parlé du texte signé Miles Morrisseau. Ni lui non plus. En fait, il n'a même jamais cherché à savoir si je l'avais lu.

À sa place, j'aurais torturé ma victime. Lequel de nous deux est finalement plus indien que l'autre... Mais Ronald Cross, ce n'est pas ça. C'est une force bien différente de la mienne. Il sait que je sais. Cela lui suffit.

Et j'en suis à me dire que Ronald Cross n'est pas en détention pour rien. Malgré l'injustice qu'il y a pour lui à être ici, lui plus qu'un autre, peut-être est-il de tous ces autres Indiens impliqués dans la crise celui à qui ce séjour profitera le plus. Cet arrêt dans sa vie, il a su l'organiser au mieux. Quand il a compris qu'il n'y avait rien à faire, il a fait en sorte d'en tirer le meilleur parti. Bien sûr qu'il n'aime pas être là et qu'on n'enferme pas les gens sous prétexte que ça pourrait leur être profitable sur certains plans, mais tant qu'à y être, Ronald Cross en profite pour lire, apprendre, se documenter sur son Histoire.

C'est comme si le bon élève, premier de classe à l'école Ste Theresa of Avila, venait de se réveiller et voulait rattraper le temps perdu sur les chantiers de construction. Car à part le fait d'y avoir gagné sa vie, il n'a pas rassasié sa curiosité intellectuelle... dans les gratte-ciel de Manhattan.

* * *

Saint-Jérôme

Une salle vide. Désespérément vide. Dans le box des accusés: Roger Lazore, Gordon Lazore et Ronald Cross. Je m'attendais à une salle comble, à une meute de journalistes. Rien. Personne ou presque. Il y a plus d'agents de la Sûreté du Québec que de spectateurs. Des héros oubliés? Au troisième banc, une journaliste de La Gazette; au quatrième, le chauffeur privé de monsieur le Juge; à l'arrière, deux agents de la Sûreté du Québec; éparpillés ici et là, deux ou trois Indiens, et au prétoire, cinq avocats.

Et pendant que ces derniers semblent jouer leur honneur et leur vie sur l'interprétation d'un article du Code criminel, j'essaie de comprendre comment une semblable histoire peut se dérouler dans une telle atmosphère d'indifférence. Il est vrai que la Cour de Saint-Jérôme, en plein hiver, risque d'attirer beaucoup moins de personnes et, par voie de conséquence, beaucoup moins de publicité que le Palais de Justice de Montréal. C'est sans doute ce que les autorités voulaient. Quant aux Indiens, pourquoi feraient-ils les frais d'un tel voyage chaque jour, risquant d'affronter une tempête, pour venir entendre des avocats se chamailler des heures durant, sur des points de droit. Je comprends tout cela, mais je suis quand même déçue pour lui.

Dans cette Cour de Saint-Jérôme, Ronald Cross n'y a pas sa place. On a voulu rendre anonyme ce qui aurait dû paraître au grand jour.

Au retour, un souvenir de l'histoire me hante: «Napoléon était trop grand pour la France et trop petit pour l'Europe.»

* * *

Chapitre 6

Une Blanche sur la réserve

Lorsque vous êtes Blanche et que vous arrivez à Kahnawake, ce coin de terre isolé du reste du monde, vous éprouvez une impression étrange. Vous n'êtes vraiment pas chez vous. Et tout a été pensé pour que vous ayez envie de faire demi-tour.

Les affiches du genre «Nous n'oublierons pas...», la crise bien entendu, vous rappellent que la vengeance est douce au coeur de l'Indien. Et vous pensez, malgré vous, à tout ce que l'histoire du Canada vous a appris sur les Iroquois et, quelque brave que vous pensiez être, la peur vous tenaille. Cela dit, c'est surtout lorsque vous avancez de plus en plus dans les bois, vous éloignant de la route principale, de la civilisation, que vous prenez subitement conscience d'être coupé de toute aide extérieure. Vous êtes sur une terre étrangère et aucun Blanc ne pourra plus vous venir en aide ici.

Pourtant, il y a bien des meurtriers chez les Blancs. Comment expliquer qu'ici, au milieu de ces Indiens, un Blanc qui sortirait de la forêt m'apparaîtrait comme un sauveur.

Il faut dire que la veille, on a tenté d'abattre des Blancs qui passaient en voiture sur le territoire des Mohawks. «Restez chez vous!» semblait le message de cette fusillade. C'est du moins l'impression que j'en ai retenue lors du bulletin de nouvelles.

Bien sincèrement et sans vouloir de mal à Ronald Cross, je préférais le visiter à Parthenais. Mais voilà, il est libre. Ou plutôt, libéré. Tel que je le lui avais prédit à ma dernière visite. Une sorte de pressentiment en le voyant entrer dans la pièce.

Certains jours, le détenu ne coopère pas. Ou alors il vous dort en plein visage, ou alors vous sentez qu'il a des fourmis dans les jambes et qu'il préférerait aller faire vingt kilomètres à bicyclette.

Ce jour-là, il faisait tout pour surmonter sa somnolence. J'ai remis les documents dans la mallette car nous perdions notre temps, l'un et l'autre. Tout était au ralenti chez lui et je lui ai fait remarquer qu'il avait sûrement mal dormi la nuit précédente.

-Non, je crois que c'est dans la nourriture.

-Quelle nourriture? demandai-je.

Et là, il se met à me raconter que les habitués de Parthenais lui avaient dit de se méfier de la nourriture. Que pour venir à bout d'autant de détenus violents, il n'y avait pas d'autre choix que d'ajouter quelques assaisonnements de tranquillisants.

J'ai beau essayer de le convaincre qu'une telle pratique se saurait rapidement dans le public, il n'en demeure pas moins qu'il est apathique. Alors, nous avons parlé de sa demande de cautionnement qui approchait.

-C'est la dernière fois que je te vois, lui dis-je. En prison s'entend. La prochaine fois, tu seras dehors.

Il a esquissé un sourire du genre: «Si les avocates se mettent à lire dans les boules de cristal, on n'est pas sorti de prison!»

-Cela fait je ne sais combien de fois que mes avocats essaient de me faire sortir et ça ne marche jamais. Ça fait six mois que je suis ici.

-Eh bien, cette fois sera la bonne!

Et je lui ai servi mille et une recommandations pour qu'il ne se retrouve pas de nouveau incarcéré le lendemain de sa remise en liberté. Il souriait. De compassion ou d'espoir, je n'en sais rien.

Dans ma tête, c'était chose faite: il était déjà libéré. Je l'ai prévenu que si j'étais policier et que je le détestais, je ferais en sorte de le ramener en prison par des moyens très subtils. «Tout le monde connaît ta faiblesse, l'alcool, lui dis-je. Il est très facile d'acheter un autre Indien pour qu'il t'amène à boire. Avec un Blanc, tu te méfieras. Avec un autre Indien, tu tomberas dans le piège. Et puis, ivre, tu commettras une bêtise qui te ramènera... ici!» Il a alors juré que si ce jour de liberté arrivait, aucun ami ne l'amènerait boire.

Deux jours plus tard, il obtenait son cautionnement. Le vendredi soir, le 15 mars 1991, il était libéré. Tout le monde a pu le voir à l'écran, souriant et détendu. Il était sur toutes les chaînes de télévision et, le lendemain matin, dans tous les journaux.

Après sa libération, comme convenu, il m'a téléphoné pour me donner rendez-vous. Et me voilà sur cette réserve pour laquelle Ronald Cross et tous les autres Indiens donneraient leur vie.

Le Mohawk à la guérite n'a rien de rassurant. Décidément, les Indiens ont fait comme l'armée, ils ont mis les «gros bras» à l'entrée. Je n'ai jamais été aussi heureuse d'exhiber ma carte d'avocate et je n'ai jamais été aussi empressée de dire le nom de mon client. Ronald Cross, Lasagna, devient le mot de passe. Enfin, plus rien à craindre.

Lorsque Ronald Cross arrive dans sa Jeep, les portes de ma voiture sont verrouillées et la clé est restée dans le démarreur, en cas de retraite précipitée. Mon regard devait être quelque peu apeuré puisque sa première question a été: «Voudrais-tu m'expliquer de qui et de quoi tu peux bien avoir peur ici? Les Indiens ne font de mal à personne. Ils sont de faction à l'entrée pour surveiller. C'est tout.» Je crois comprendre que les Blancs en question étaient ivres et avaient refusé de s'identifier à l'entrée, ce qui avait provoqué les ennuis que l'on sait.

Je ne veux pas porter de jugement sur la tentative de meurtre de la fin de semaine mais le fait est, qu'en sa présence, la peur a disparu et, dans les heures qui suivent, j'aurai un cours d'histoire sur les us et coutumes des Mohawks.

N'empêche que je ressens une impression étrange de circuler librement sur ce territoire mohawk et, plus insolite, de faire ce trajet en compagnie de Lasagne!

* * *

En une fraction de seconde, la coupure d'avec le présent a été très nette, presque brutale. Et si cette expérience est bouleversante pour moi, elle doit certes l'être pour les Indiens lorsqu'ils viennent chez nous. Doit-on s'étonner qu'ils s'obstinent à vouloir vivre selon leurs coutumes et traditions. À quelques pas seulement de Kahnawake, c'est le rythme de vie infernal du monde informatisé des Blancs, entouré d'édifices de béton et d'acier gigantesques. Ici, c'est le cloisonnement. Une sorte de camp de concentration avec le droit d'entrer et de sortir. Pendant que je circule au milieu de la réserve, j'ai du mal à imaginer que je serai bientôt de retour sur une autoroute bruyante, filant à toute allure vers ma demeure. Quelques heures seulement m'auront séparée du passé et du présent, de leur façon de vivre et de la mienne.

Comment un individu, qui a vécu dans le grand New York, peut-il être heureux ici dans ce village emmuré de 5 000 habitants? Mais ça, il semble que ce soit ma vision de Kahnawake, pas la sienne. Ronald Cross, lui, a connu les deux mondes et il a choisi de reprendre racine ici, sans aucune hésitation. Il ne comprend pas, chez moi, cette obsession de New York. «Nous avons tout, ici», se plaît-il à répéter, comme pour me faire comprendre qu'il ne manque de rien. Et pendant qu'il parle de tout ce qui fait l'essence de son peuple, on le sent vraiment chez lui à Kahnawake.

Malgré ces rues sans nom, la structure sociale est bien organisée avec un hôpital, le Centre hospitalier Katheri, et l'école Katheri où les Mohawks peuvent étudier jusqu'au secondaire. Le Kahnawake Survival School offre le cours secondaire. Les institutions ont été ainsi nommées en souvenir de Katheri Tekakwitha, morte à l'âge de vingt-quatre ans à Kahnawake en 1680. On retrouve une église, un Palais de Justice et le Longhouse, une longue cabane de bois où se réunissent les Mohawks pour discuter et prendre leurs décisions.

Le conseiller spirituel des Mohawks, Louis Hall, artiste-peintre et philosophe, habite juste à côté du Longhouse. Très modeste, il ne veut surtout pas qu'on lui attribue de titre quelconque. Il est vrai de dire qu'un artiste se trahit toujours dans ses oeuvres. Les peintures de Louis Hall reproduisent son univers autochtone.

Au Palais de Justice, les juges sont des Mohawks ayant reçu leur formation juridique d'avocats. Bien sûr, ils n'entendent pas les affaires de meurtre, assure Ronald Cross. Ils s'occupent des causes telles que les infractions au code de la route, la conduite en état d'ébriété, la violation de la paix ou les voies de fait, le vol à domicile. Très souvent, la peine infligée sera une amende. Les causes de meurtre relèvent de la Sûreté du Québec.

Autrefois, avant l'arrivée des Blancs, les Indiens instruisaient même les affaires de meurtre. Les Mohawks en discutaient dans le Longhouse devant les clans et les chefs de clan. Ils entendaient les témoins. Chaque clan devait rendre sa décision. Pour que l'individu soit trouvé coupable, il fallait que deux clans sur trois en viennent à cette conclusion. Une fois la décision rendue et l'individu trouvé coupable, les trois clans discutaient de la sentence.

Photo Francine Dufresne

Ronald Cross, Hélène Sévigny devant le Longhouse.

Photo Francine Dufresne

Louis Hall, auto-portrait.

Photo Francine Dufresne

Ronald Cross, Hélène Sévigny en compagnie du célèbre peintre amérindien Louis Hall.

«Le Longhouse a été établi il y a bien longtemps, explique Ronald Cross, quand les Indiens étaient les seuls habitants du pays. Eux aussi avaient des disputes territoriales. Le territoire attribué à chaque tribu était parfois contesté par d'autres tribus et des guerres étaient ainsi engendrées. Un Indien est alors venu et il a fait la grande loi de la paix. Il a rassemblé cinq nations indiennes pour former le Longhouse. C'est là que désormais les chefs de chaque nation viendraient discuter de leurs problèmes.

«Lors des réunions au Longhouse, tout le monde peut exprimer son opinion, poursuit Ronald Cross. Il suffit de demander la permission au chef qui nous laisse alors parler à tour de rôle. Celui qui se lève donne son point de vue et se rassoit. Puis c'est au tour du suivant. C'est comme au Parlement: la personne exprime son idée et, lorsqu'elle a terminé, se rassoit. Si ça devient trop bruyant, le chef de guerre rétablit l'ordre, il calme l'assemblée.

«Il y a trois assemblées par semaine au Longhouse. Un premier meeting pour les hommes seulement. Un deuxième pour les femmes seulement. Le dernier meeting s'adresse à la communauté toute entière pour discuter des sujets abordés lors des deux réunions précédentes. C'est la façon de gouverner des Mohawks depuis qu'ils sont réunis. Nous avons été le premier gouvernement au Canada et aux États-Unis. La constitution américaine et la constitution canadienne sont basées sur le même système que le nôtre. Mais nous, c'est comme ça qu'on s'y est toujours pris.

«C'est également au Longhouse que nous tenons nos débats politiques. Il y a trois différentes sections dans la maison. Chaque clan a sa section et il y a trois chefs par clan de même qu'une mère de clan. Il y a aussi le chef de guerre. C'est lui qui préside le meeting, même s'il joue plusieurs rôles dans la communauté. En temps de crise, il dirige les hommes. Rotiskenraketc, c'est ainsi qu'on appelle les hommes. Tous les hommes sont nés guerriers, mais «guerrier» est un mot Blanc. Les guerriers sont sous l'ordre du chef de guerre. C'est le peuple qui décide qui sera élu chef. Quand il y a un meeting de clan, les débats sont mis sur la table et chaque clan expose son point de vue jusqu'à ce que tous les clans s'entendent sur une solution au problème.

«Les Mohawks se divisent en trois clans: le clan des loups, le clan des ours et le clan des tortues. On hérite du clan du côté de la mère. Ce système existe depuis le début des tribus mohawks. On ne peut épouser quelqu'un du même clan que soi. Ainsi lorsqu'on fait partie du clan des ours, on ne peut marier une femme du clan des ours.» Cela, précise-t-il, pour éviter les problèmes génétiques reliés à la consanguinité.

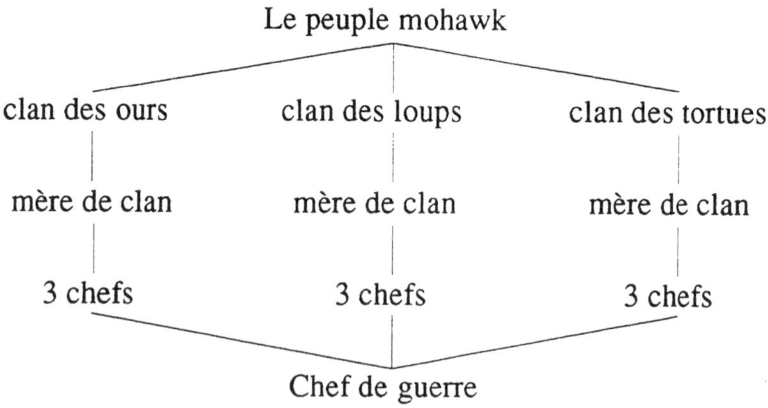

«En temps de crise comme celle qu'on vient de subir, nous avons nos propres lois à suivre et chacun a un rôle à jouer. On a nos chefs, nos mères de clan, les hommes qui sont les défenseurs de la terre, et il y a le peuple.

«Durant le temps de la crise de 90, il y avait un chef de guerre qui s'occupait de la stratégie et le mot se passait jusqu'aux guerriers. Les hommes recevaient les ordres du chef de guerre, qui lui prenait les siens des chefs de clan qui procédaient alors à des meetings avec la communauté.

«Quand la décision a été prise d'aller en guerre, il a fallu penser d'une façon militaire. Il y a toujours une stratégie à adopter lorsqu'on défend un territoire. On pense à la grandeur du terrain qu'on veut protéger, on considère la force de l'adversaire contre lequel on aura à se battre, puis on tente de deviner quel sera le point d'attaque probable pour envoyer des groupes de guerriers qui auront à défendre un secteur à tour de rôle. Un leader, qui devra prendre les ordres du chef de guerre, est désigné pour chaque quart de garde.

«Il faut préparer différentes «surprises» pour prévenir toute violation du périmètre. Nous devons placer des dispositifs autour des périmètres pour nous prévenir de l'intrusion d'étrangers. Il y a aussi des patrouilles formées de trois ou quatre personnes qui vont prendre des informations sur l'ennemi, compter le nombre de combattants présents de l'autre côté du périmètre et savoir quelle sorte d'armes ils utilisent.

«Une vraie patrouille devrait être invisible à l'ennemi mais, avec la technologie actuelle, il est impossible de ne pas être détecté. Il existe des lunettes à infrarouges pour voir dans la noirceur.

«Lorsqu'on est dans une position défensive, on a un certain avantage parce qu'on connaît la région à défendre. L'ennemi tombe alors souvent dans les pièges de l'adversaire.»

* * *

L'alcool, une tradition?

Mais nous ne devons pas oublier que la majorité des autochtones vivent en milieu urbain et continuent à souffrir d'alcoolisme et de toxicomanie; nous ne devons pas oublier les malheurs d'un peuple qui, en perdant sa culture, s'est perdu lui-même.

Carol Geddes, cinéaste autochtone[1]

Tous les peuples abusés s'enivrent aux frais des gouvernements. C'est à ce prix que les dirigeants achètent la paix.

Nous reprochons régulièrement aux Indiens de ne rien faire de leur vie. Il est facile de traiter un peuple de paresseux qui s'enivrent. Au cours de l'Histoire du Canada, les Français et les Anglais ne s'entendaient-ils pas sur un point? Enivrer les Indiens pour mieux les voler! Leur alcoolisme nous plaisait bien en ce temps-là... quand on pouvait en tirer quelque profit.

«Pour en obtenir quelques chopines, les sauvages donnaient des ballots complets de peaux de castor. L'alcool les attirait et les aveuglait. Les trafiquants cupides et sans conscience abusaient de cette passion incontrôlable. Indifférents aux ravages moraux et physiques causés par les boissons enivrantes, ils en distribuaient aux chasseurs indiens et s'enrichissaient ainsi rapidement et à peu de frais.

«Les autorités civiles admettaient les inconvénients de cette malheureuse coutume, mais ils la considéraient comme un mal nécessaire. Si on refuse de donner aux Indiens ce qu'ils réclament avec le plus d'avidité, affirmaient les traiteurs, ils iront porter leurs fourrures chez les trafiquants anglais moins scrupuleux. Même le sage Talon estimait qu'il fallait

(1)Madame au foyer, octobre 1990, Une enfance autochtone, page 114.

maintenir ce commerce, considéré comme indispensable à la prospérité de la colonie.»[1]

Bien des hommes d'église ont essayé d'empêcher cette traite de l'eau-de-vie. Une lettre de Mgr Pontbriand, signée le 22 août 1742, témoigne vivement de sa désapprobation à cet égard: «Il est notoire... que les sauvages ne savent point boire modérément et que, quand ils sont maîtres, ils en boivent toujours ou presque toujours jusqu'à s'enivrer, et même qu'au lieu de la partager, ils s'en privent volontiers, pour que quelqu'un d'entre eux puisse se mettre dans cet état malheureux.»[2]

Mgr Pontbriand, très malheureux de ce commerce, voudrait qu'on ne puisse absoudre ceux qui se prêtent à ce jeu.

C'est durant le régime français, rapporte Jean O'Neil, que se racontent les pires histoires sur l'ivrognerie des Indiens. Pour sa part, il préfère croire que sur cette question, les Indiens ne sont ni mieux ni pires que les autres. «Le problème est exactement le même avec l'introduction dans la société occidentale de drogues comme le haschisch et la cocaïne. Où trouvent-elles preneurs? Surtout chez les individus les plus mésadaptés à la culture de leur société.» Et l'auteur conclut ainsi: «Quand toute une société et quand toutes les cellules de cette société sont axées presque exclusivement sur les notions de profit et de produit national brut, ceux que ces idéaux n'intéressent pas sont amenés à décrocher tôt ou tard.»[3]

Comme l'Indien est un parfait exemple de peuple à qui on a enlevé sa culture et que de plus, avant notre arrivée il n'avait aucune notion du mot argent et impôt, il nous reste à tirer nos propres conclusions sur son légendaire problème d'alcool.

---

(1)Neuve-France, Mgr Albert Tessier, Éditions du Bien public, p. 154.
(2) Oka, Jean O'Neil, Les éditions du Ginkgo.
(3) Ibid.

Quant à Ronald Cross, il n'hésite pas à reconnaître qu'il a un problème d'alcool et de drogue. «Il m'est arrivé, confesse-t-il, d'être impliqué dans des histoires de violence parce que j'avais trop bu. Bon gars quand j'étais sobre, je devenais une terreur quand j'étais ivre. Mon père me disait alors: «Tu n'as pas besoin de chercher le trouble, il va venir à toi. Et quand ça se produira, tu seras un bien meilleur homme si tu es capable de tourner le dos et de t'en aller.»

«J'essaie toujours de négocier jusqu'à la fin, mais si rien ne va et que la dernière alternative est la violence, je vais me défendre.»

Ronald Cross n'est pas le seul dans cette situation. Pour avoir rencontré récemment plusieurs prisonniers aux prises avec des problèmes de violence, il me faut reconnaître que la plupart avaient bu avant de se livrer à des voies de fait. Ils tentent des thérapies sur la violence alors qu'à jeun, ils sont doux comme des agneaux. Ont-ils un problème de violence ou d'alcool...

Beaucoup se ferment volontiers les yeux sur ce dernier problème car ils voudraient pouvoir continuer de boire sans devenir violents. Voilà le genre de thérapie qui leur ferait plaisir!

Quant aux Indiens, on est très conscient sur les réserves que l'alcool est devenu un véritable fléau. La plupart ont leur Centre de désintoxication. Ce que nous appelons ici le Centre de traitement est en réalité le Centre de désintoxication d'Oka. Au cours de la crise 1990, il était le point de ralliement des guerriers d'Oka.

Sur une réserve éloignée qui offrait peu d'emploi aux jeunes et peu de perspectives d'avenir, on a rapporté qu'il y avait quatre cents «sniffers» de colle sur une population de neuf cents habitants.[1]

---

(1) Readers'Digest, Boyce Richardson, Healing Time in Native Canada.

Pour sa survie, le peuple indien a intérêt à comprendre que l'alcool peut détruire une nation tout aussi sûrement que les étranges maladies importées d'Europe des débuts de la colonie.

* * *

L'Indien et la prière

Cet homme a honte de prier, mais il n'est jamais parvenu à détruire en lui le besoin de la prière.

Nicole Jetté-Soucy, L'homme délogé

«Le Longhouse est aussi la maison des prières. C'est un endroit sacré où nous prions le Dieu créateur et où nous le remercions de tout ce qu'il nous a donné pour survivre sur la «terre-mère». Nous pratiquons nos cérémonies et nos festivals dans le Longhouse.

«La prière est un acte de générosité pour les Indiens. Lors de la Crise d'Oka, alors que nous étions dans les tranchées, nous ne priions pas pour que Dieu punisse les soldats ou qu'il anéantisse l'armée et les Blancs, mais pour que les Blancs comprennent que notre seule préoccupation était de sauver la terre. Ils ne demandaient pas le malheur de ces hommes-là, mais ils voulaient que le Créateur leur fasse comprendre la situation et les éclaire à prendre les bonnes décisions.

«Les Indiens ont aussi prié pour que le Créateur puisse guider le juge et le jury dans leurs décisions. Ils n'ont pas prié pour me sortir de prison, mais pour faire en sorte que le jury comprenne que la mission des Indiens était de protéger la terre.»

À la fin de cette randonnée avec Ronald Cross, c'est médusée et incrédule que je l'entends me dire qu'il faut souhaiter le bien aux autres... Il me regarde, heureux d'être enfin en liberté, et de pouvoir remercier le Créateur de ce beau soleil qui nous réchauffe, de cette eau potable qu'il nous donne et de ce décor merveilleux qui nous entoure. «C'est chaque matin, en se levant, poursuit-il, qu'il faut penser à le remercier. Simplement parce que l'univers qu'il a créé pour nous émerveiller est encore là.»

* * *

Chapitre 7

Lasagne, héros ou victime?

Par deux fois, dans ma vie, j'ai voulu changer ma route et rejoindre la société et ses lois avant d'atteindre le chemin du non-retour. J'ai échoué...

Jacques Mesrine, L'Instinct de mort

Quand le sort s'acharne, ou la fin de la liberté

Quand on scrute l'existence de Ronald Cross, on se demande qui écrit son destin. Chaque fois qu'il prend de bonnes résolutions, il se retrouve sur une voie imprévisible et combien catastrophique.

Revenu de New York en mars 90 avec de sérieuses intentions de se prendre en mains et de se désintoxiquer, il se voit propulsé en plein coeur d'une crise indienne et devient le héros d'une révolution! Et au lieu de la vie paisible rêvée, il se retrouve incarcéré et projeté en plein milieu criminel, lui qui n'avait pour tout dossier antérieur que le crime d'avoir renversé des tables, un soir d'ivresse. Comme si le destin ne voulait pas pour lui d'une vie tranquille.

Libéré en mars 91, et bien décidé cette fois de ne plus boire avec personne, il décide d'épouser Nadine Montour le 25 mai 91. Encore là, il poursuivait de nobles ambitions: devenir un bon mari et un bon père. Les amis voulant célébrer cet événement par le traditionnel enterrement de vie de garçon, Ronald Cross devient, bien malgré lui, le souffre-douleur de la fête. Et comme une telle célébration consiste à boire et à faire boire son héros ou sa victime, Ronald Cross est retenu dans ce tourbillon entre les mains de ses bons amis.

Enterrement de vie de garçon de Ronald Cross.

Plusieurs bières plus tard, ils se retrouvent tous ivres. C'est alors qu'une idée merveilleuse les anime: faire libérer le beau-frère de Ronald Cross qui a été arrêté pour avoir conduit sa voiture avec les facultés affaiblies. Ensemble, ils décident d'aller plaider sa cause chez les Peacekeepers.

Mais voilà, rendus sur place, nos plaideurs aux facultés aussi affaiblies que leur client, n'arrivent pas à convaincre les

Peacekeepers de relâcher leur ami. En moins de deux, les Indiens équipés de «Walkie-Talkie» sur la réserve, apprenant ce qui se passe, s'amènent au poste et ils se retrouvent bientôt une centaine de personnes.

Devant ces faits, les Peacekeepers s'emparent de bâtons pour disperser la foule. La situation dégénère et Ronald Cross, encore une fois, est impliqué dans des accusations de voies de fait contre des Peacekeepers, pour avoir prétendument lancé une radio à la tête de l'un d'eux.

Les événements de la cause de Longueuil ont eu lieu, explique-t-il, parce qu'ils étaient plusieurs à avoir trop bu et ils ont perdu la tête. L'incident, dont il n'était pas le seul responsable, n'aurait pas pris de telles proportions s'ils n'avaient pas pris tant d'alcool, déplore Ronald Cross. Mais il ne croit pas que la brutalité des Peacekeepers était justifiée. Ils sont venus en nombre et la bousculade a éclaté. Ils ont utilisé la force envers Lasagne et il s'est défendu. Un des policiers est venu vers lui avec un bâton et a voulu le battre. Que fallait-il faire? Se laisser frapper pour ne pas avoir d'ennuis...

Résultat: loin de libérer le beau-frère, il s'est retrouvé lui-même arrêté.

* * *

Lasagne... romantique

Ce soir-là à Radio-Canada, un Indien, batelier lors de la crise 1990, confiait en entrevue qu'il avait conduit à de nombreuses reprises, notre légendaire Ronald Cross, du territoire d'Oka à la réserve de Kahnawake. «Il lui arrivait de s'offrir de petites vacances...», avait-il ajouté.

Un Lasagne s'esquivant en douce d'une révolution pour aller rejoindre une fiancée dans les bois, faisait de lui un Gatsby le magnifique! Que de personnages sous le masque...

Pas un instant, je ne l'ai imaginé transportant des armes, des vivres ou des renseignements. J'imaginais plutôt un Lasagne romantique. Un guerrier las de combattre qui, la nuit venue, filait vers une amazone conquise.

Ce récit, tout beau qu'il est, a bien amusé Lasagne. Il n'a jamais confirmé ni infirmé cette histoire d'escapade en bateau, se bornant à sourire devant mon imagination romanesque. Mais je persiste à croire qu'il est bien plus romantique qu'il n'y paraît. Plus romantique ou plus compliqué...

* * *

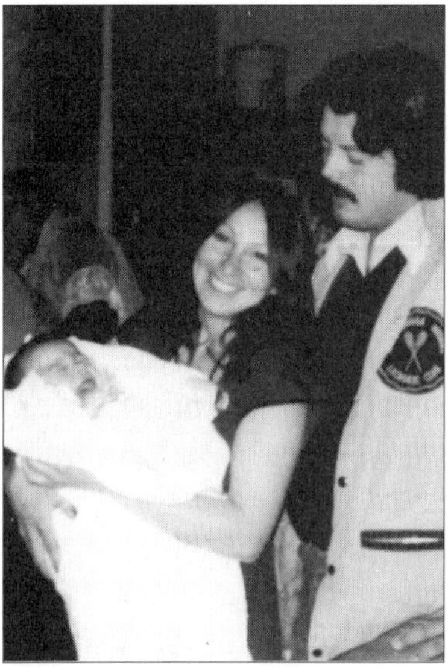

Darleen Stacey, Ronald Cross et leur fils Ryan, né le 22 février1980.

Ryan Cross, collation des diplômes au High School.

Son fils, Ryan Cross, est né le 22 février 1980. À cette époque, il fréquentait déjà depuis quelques années, Darleen Stacey, une Indienne de la réserve de Kahnawake. Ils se sont séparés puis il est allé travailler à Détroit dans le Michigan. À son retour, elle était enceinte. Elle l'était déjà depuis un mois avant qu'il ne parte pour Détroit.

«J'ai passé un peu de temps avec Ryan quand il était bébé. Après, j'étais souvent parti et je ne l'ai presque pas vu pendant plusieurs années. Nous nous sommes retrouvés après la crise, quand j'ai été relâché de prison. Je regrette de ne pas l'avoir vu grandir, mais j'étais jeune et je ne réalisais pas ce que je faisais. J'ai quand même encore la chance de me reprendre car il est encore jeune et c'est un très bon fils. Darleen est une excellente mère et Ryan a la chance d'avoir un beau-père qui l'adore. Nous nous entendons tous très bien.»

Après avoir laissé Darleen, il a rencontré Nadine Montour qu'il a fréquentée plusieurs années puis, de nouveau, c'est la rupture. «J'ai vécu avec une autre à New York pendant trois ans. Elle avait un appartement à New York et une maison à Miami, en Floride. C'était ce qu'on appelle la meilleure femme au monde, et pourtant... je regrettais Nadine. Je réalisais que ma rupture avec elle était une erreur. Nous nous sommes séparés en mars 90, juste avant la crise, et elle savait que, de retour à Kahnawake, j'essaierais de revoir Nadine. Nous étions plus des amis qu'autre chose et d'ailleurs, nous le sommes toujours. Elle mérite le meilleur des maris.»

Il a repris avec Nadine Montour. Il a profité de sa remise en liberté sous cautionnement pour l'épouser et faire un voyage de noces aux chutes Niagara. Son tatouage au bras gauche indique la date de son mariage, le 25 mai 1991. Il vit sur la réserve de Kahnawake avec sa femme Nadine et leur fils, Jerry, né le 5 décembre 1991.

* * *

Nadine Montour, Ronald Cross.

25 mai 1991: mariage de Ronald Cross et Nadine Montour. De gauche à droite, Louis-P. Stacey, Ronald Cross, Nadine Montour, Donna, soeur de Ronald Cross.

Ronald Cross, Nadine Montour et leur fils Jerry.

«Mes frères sont plus jeunes et, lors de la crise, je leur ai dit que je ne voulais pas les voir dans ce conflit. Je pensais à ma mère et je me disais qu'elle avait bien assez de risquer de perdre un fils. J'ai donc demandé à mes frères de rester en dehors de la Crise d'Oka. D'ailleurs, j'avais bien assez de mes problèmes sans avoir à me faire du souci pour les plus jeunes.

«Malgré cela, deux de mes frères ont été arrêtés durant la crise. Mon frère Terry a été arrêté par la Sûreté du Québec pour possession illégale d'armes et a passé une fin de semaine en prison. Il a été un des premiers à se faire harceler et arrêter à Oka.

Tracy Cross (3ième de la gauche, debout), le jumeau de Terry, sergent dans les Forces Armées Canadiennes.

«Après la crise, mon plus mon jeune frère, Guy, s'est fait arrêter à son tour lors d'une fête. L'accrochage était prévisible. Cory Jacobs, témoin pour la Couronne, donc témoin contre les Indiens durant la crise, se trouvait à la même fête. Ils avaient bu tous deux et ont eu un argument. Mon frère a été arrêté par la Sûreté du Québec pour avoir proféré des menaces à un témoin de la Couronne. Le juge l'a condamné à six mois de prison à Saint-Jérôme. Mon frère avait dix-huit ans et n'avait aucun dossier antérieur. Il ne s'était jamais fait arrêter auparavant. Bien que les deux étaient en état d'ébriété, seul mon jeune frère a été arrêté.

«Durant la crise, je pense que mes frères avaient peur pour moi et qu'ils voulaient m'aider. Mais en même temps, ils savaient que je pouvais m'en sortir et prendre soin de moi-même. Pendant plusieurs années après la mort de mon père, j'étais souvent parti et mes frères ont grandi sans moi. Ils m'ont toujours respecté comme étant le plus vieux. Quand j'étais là, ils me demandaient conseil. Ils savent comment je suis. Chaque fois qu'il y a un problème, ils peuvent compter sur moi. Je ne les ai jamais laissés tomber. Si ma mère avait des difficultés avec eux, elle m'appelait et nous cherchions une solution ensemble.

«Les gens de ma famille à New York se sont occupés de promouvoir la crise amérindienne aux États-Unis. Je crois qu'on avait interdit la diffusion des informations sur le sujet, dans les journaux et à la télévision, jusqu'à ce que je prenne l'initiative d'appeler un journal de New York. J'étais derrière les barricades et j'ai fait en sorte que la journaliste puisse entrer en communication avec mes tantes à Brooklyn. Ils ont alors publié notre histoire.

«Mes tantes se sont ensuite rendues à l'Union des travailleurs de l'acier qui se sont rassemblés pour protester à l'Ambassade canadienne dans Manhattan à New York. Plusieurs manifestations se sont déroulées et plusieurs articles ont été publiés dans les journaux. Les membres de ma famille de New York ont rencontré une organisation de Noirs pour demander au Révérend Jessie Jackson de servir de conciliateur pour le peuple amérindien.

«Les gens de ma famille ont fait tout ce qu'ils pouvaient. Ils ont communiqué avec des ambassades, des sénateurs, des membres du Congrès, des chefs de file à New York. Ma mère s'est aussi beaucoup dévouée. Elle s'est occupée de la publicité au Canada pour que le public sache exactement ce qui se passait.

«Ils ont tout mis en oeuvre pour ramasser des fonds afin d'assurer notre défense. Ils ont contacté tous ceux qui supportent notre cause et qui essaient de nous aider.»

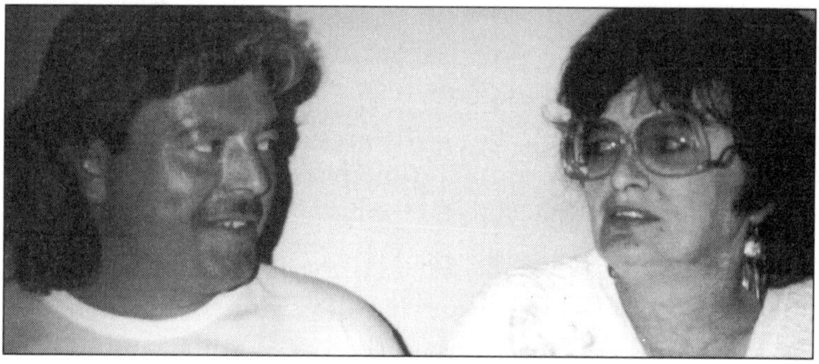

Photo Francine Dufresne

Ronald Cross et sa mère, Ann-Marie Casalaspro.

* * *

N'est-il pas vrai que les gens à qui rien n'arrive (...) nous agacent par leur manque de suspense.

E.P. Farrow, Psychanalysez-vous vous-même.

La vie d'un héros

C'est la fin d'avril 92. Avec Ronald Cross, on peut dire que ça bouge! Libéré le 15 mars 91, il est mêlé, deux mois plus tard, précisément le samedi 11 mai 91, à cette histoire de voies de fait contre les Peacekeepers de Kahnawake; ce qui l'a amené tout droit au Palais de Justice de Longueuil.

Il s'est retrouvé incarcéré à la prison de Saint-Jérôme pendant environ un mois au cours de l'été, puis de nouveau remis en liberté. Son procès a commencé en septembre 91 à la Cour de Saint-Jérôme et, quelques jours avant que la cause ne se termine, le 8 janvier 92, il a omis de se présenter. Et il a fallu que je fasse le trajet Montréal-Saint-Jérôme précisément ce jour-là!

La Sûreté du Québec s'est lancée à sa recherche et il a été ramené en Cour le lendemain matin. Suite à cette escapade, il a été de nouveau incarcéré à Parthenais où je lui ai rendu visite presque tous les jours avant qu'il ne soit transféré à Sainte-Anne-des-Plaines.

Écrire un livre sur Ronald Cross, c'est toute une aventure. Il faut ajouter à cela qu'il a eu le temps de se marier, faire un voyage de noces et avoir un enfant. Pour le suivre dans ses multiples péripéties, il faut aimer les imprévus et les rebondissements. Car il se peut que vous alliez lui rendre visite à Parthenais alors qu'il est à Saint-Jérôme, ce qui m'est arrivé, ou que vous alliez à Saint-Jérôme par une dure journée d'hiver alors qu'il est quelque part dans la nature, ce qui m'est également arrivé.

Par moments, j'aurais voulu l'étouffer! Et le pire, c'est qu'il est toujours rempli de bonnes intentions. Au fond, comment pouvait-il savoir que j'irais au Palais de Justice de Saint-Jérôme, ce jour-là précisément, puisque ça faisait deux mois que je ne donnais plus signe de vie. J'écrivais. Bien enfermée chez moi.

En ce beau jour de printemps, il est déjà plus facile de me rendre à Sainte-Anne-des-Plaines. Au moins, aujourd'hui, une chose est certaine, il sera là! Et il aura sûrement travaillé à son livre. Quand il se retrouve incarcéré, il écrit. Lorsqu'il est en liberté, il promet d'écrire. Sa vie de tous les jours prend le dessus. Il travaille, il voit sa famille, et il se rend à la Cour de Saint-Jérôme chaque jour. Résultat: il a un horaire assez chargé pour perdre le goût des confidences.

* * *

L'homme le plus inquiet d'une prison est le directeur.

Georges Bernard Shaw, Maximes pour révolutionnaire

Si on pouvait choisir sa prison! Parthenais ou la «Guilty House».

«Cela fait un bout de temps que je suis enfermé, environ onze mois en tout. Dans ce qu'on pourrait appeler la sécurité maximum.»

Et dire que s'il avait plaidé coupable, c'en serait déjà fini. Voilà où mènent les principes...

«C'est beaucoup plus difficile de faire du temps dans un centre de détention comme Parthenais qu'ici au pénitencier. J'ai connu les deux endroits. Je suis dans cette institution fédérale depuis six semaines et je suis fatigué d'être ici, mais je dois admettre que les prisons fédérales sont beaucoup mieux. Les prisons provinciales, c'est dégueulasse!

«Dans une prison fédérale on a plus de liberté. Je peux aller dehors quand je veux: une heure de l'après-midi jusqu'à huit heures le soir. On peut y jouer au volley-ball, tennis, et soulever des poids et haltères. Trois salles de télévision sont à notre disposition: une pour les Français, une pour les Anglais et une où on ne projette que des films. Les Alcooliques anonymes viennent même nous rencontrer.»

Après onze longs mois de détention et d'emprisonnement, entrecoupés de libertés qu'il a rapidement perdues,

Ronald Cross livre ses impressions et commentaires sur le système carcéral, le monde des avocats, des juges, des prisonniers. La Justice vue en des termes peu élogieux...

«Durant un procès, on est gardé dans la prison située la plus près du Palais de Justice. Par exemple, si on va en Cour à Montréal, on est détenu à Parthenais. Et si on nous refuse le cautionnement et que le procès se trouve reporté, des fois quelques mois plus tard, on peut t'envoyer dans n'importe quelle prison du Québec.

«Parthenais, on pourrait l'appeler la maison des coupables, la «Guilty House», parce qu'après y avoir été incarcéré pendant quelque temps, un accusé va avoir tendance à plaider coupable ou accepter un marché, juste pour en finir au plus tôt. Cette prison a été pensée pour que tu aies envie de plaider coupable. Fais-moi confiance, c'est une maison de fous. Il n'y a pas de place pour respirer, pas de place pour bouger, pour avoir la paix, se retrouver seul. Vraiment, aucune liberté. On ne peut même pas aller dehors prendre l'air. Une heure par jour, on a le droit d'aller au gymnase, et c'est tout. En vingt-quatre heures, on sort environ sept heures d'une cellule de six pieds par huit pieds. Deux heures hors de la cellule, deux heures dans la cellule. Ça porte à la dépression. Tu es donc enfermé dix-sept heures dans une pièce minuscule. J'ai fait six mois dans ces conditions.

«Le système a de bonnes façons de t'avoir. Ces gens-là savent comment jouer avec la tête des prisonniers pour rendre le séjour pénible. La Justice, la Cour, tout ce système-là sait comment laisser traîner en longueur pour que tu te fatigues, pour que tu n'aies plus d'argent et qu'ensuite tu ne puisses plus te défendre.

«Il y a l'Aide juridique. Là, c'est certain que tu vas rester en dedans. Je pense qu'un avocat sur cinquante de l'Aide juridique pourrait prendre ton procès à coeur. Pour les autres, c'est une affaire d'argent et un trip de pouvoir. Tout le monde connaît tout le monde dans le système. Tu peux avoir les mêmes accusations qu'un autre. Pour le même procès, tu vas pouvoir sortir si tu engages tel avocat. Avec un certain autre avocat, tu croupis en dedans. Ce n'est pas uniquement une question d'argent. Ça dépend aussi du juge que ton avocat veut avoir pour le procès. Les avocats savent comment se retrouver devant un juge de leur choix. Et cela, ça fait toute la différence.

«La Justice, c'est un groupe d'avocats, en train de manger leur lunch, qui disent que l'avocat Untel est allé en face du juge Untel et que ce juge-là déteste l'avocat pour une raison quelconque reliée au passé; que le juge a vraiment tapé dans la face de l'avocat et a donné le double de la sentence à l'accusé pour montrer à l'avocat que c'est lui qui a le gros bout du bâton.

«Combien de personnes ont payé plus cher uniquement parce que le juge et l'avocat amènent leur vie privée avec eux au tribunal. Je suppose que la population en saurait plus sur la justice si ces avocats écrivaient des livres sur la manière de déjouer le système judiciaire pour gagner en Cour. Mais ils ne le feront pas parce que ça ruinerait leur réputation et ça les empêcherait de gagner leurs causes futures.

«De deux avocats qui s'engueulent et ne s'entendent pas, l'un d'eux un jour peut devenir juge et se retrouver en face de celui avec lequel il ne s'entendait pas. Il lui fera aisément comprendre... «Maintenant, c'est moi qui suis juge et je peux te faire prendre ton trou.»

«Le système judiciaire c'est comme tous les autres systèmes, c'est plein de corruption; un système contrôlé par l'argent. Je reconnais qu'on a besoin du système judiciaire et de la police. La violence, les meurtres, les viols, les vols ou tout autre crime doivent être punis et je pense que les personnes coupables doivent être punies pour ces crimes.

«Beaucoup de gens seraient surpris d'apprendre qu'il en coûte près de 50 000 $ par année pour garder une seule personne dans un pénitencier. Quand on enferme deux cents ou trois cents personnes dans une prison et qu'on calcule combien il y a d'institutions à travers le Québec et le Canada, on réalise que ça représente beaucoup d'argent!

«Quand un individu est emprisonné après avoir commis des actes répréhensibles, il peut essayer d'apprendre à se corriger pour ne pas recommencer, mais il se peut aussi qu'il devienne plus mauvais qu'avant et qu'il tienne la société responsable de ce qui lui est arrivé. À sa sortie, il va représenter encore un plus gros risque pour le public. Il est faux de prétendre que le système est axé sur la réhabilitation: huit prisonniers sur dix sont des récidivistes. Ils sont en prison pour la deuxième fois. Il doit pourtant y avoir moyen de faire un programme qui ne les rendrait pas haineux et amers envers la société.

«J'ai parlé et je me suis fait bien des amis ici, car il y en a plusieurs qui sont très sympathiques. Ça faisait longtemps que je n'avais pas rencontré des gens comme ça. Je me demande souvent ce qu'ils font ici. On investit tellement d'argent pour garder enfermés des individus qui ne feraient pas de mal à une mouche. Ça fait des mois que je suis avec eux. Pas une seule fois je les ai vus violents, ou frustrés, ou choqués, ou méchants. Je ne leur ai pas demandé pourquoi ils étaient en dedans, mais je crois que ça aurait probablement rapport à la drogue ou... une façon illégale de faire de l'argent.

«Ils ne sont pas une menace pour la société, ils ont simplement besoin d'être aidés.»

* * *

Le bouc émissaire!

Lasagne comprend qu'il a été choisi pour être le bouc émissaire de toute la crise de l'été 1990. C'est lui qui a été désigné par les autorités pour prendre tout le poids de ce qui s'est produit.

Je lui parle de tous les autres Indiens qui auront leur procès plus tard.

«Ils vont tous être acquittés! dit-il.»

Je le regarde et je me demande s'il commence à jouer les victimes ou les misérables. Veut-il m'attendrir sur son sort? Il renchérit:

«Le juge a rendu son jugement en disant: «Les gouvernements du Québec et du Canada ont été ridiculisés par ces événements.» Leur image a été ternie et ils ont passé pour des incompétents à la face du monde. Quelqu'un doit payer pour cela.

«Les gouvernements ont dépensé beaucoup d'argent à cause de la Crise d'Oka et quelqu'un doit maintenant subir un châtiment. J'ai été choisi pour servir d'exemple. Le juge a également dit: «Il y a des années, la Cour pendait des gens qui volaient les chevaux pour faire un exemple. Les autres Indiens ne voleraient plus de chevaux.» Ils ont fait la même chose pour moi. C'est pour que les autres Indiens ne se rebellent plus qu'ils m'ont puni.

«La Sûreté du Québec voulait absolument me pincer, même si je me doute bien qu'elle sait que je n'ai jamais été impliqué dans les affaires de la société des Warriors. Mais il fallait que les gros noms deviennent des boucs émissaires pour tenir le reste du peuple en laisse.

«Quand les gens au pouvoir constatent qu'un individu a beaucoup d'influence sur le peuple Indien ou Mohawk, ils voient à le faire taire. Ils le font disparaître, ils l'emprisonnent.

Ils savent que les personnes influentes sont une menace pour le gouvernement parce qu'elles n'abandonneront pas la partie et qu'elles ont le pouvoir d'entraîner le peuple dans leur décision.»

* * *

Bien qu'il n'ait jamais exprimé le moindre regret d'avoir participé à la crise indienne, il reste qu'au moment où il porte le blâme de toute cette histoire, bien des choses lui semblent confuses, ou pour le moins difficiles à comprendre. En particulier à ce qui a trait à l'aide qu'on lui apporte du point de vue politique.

«Il aurait pu y avoir beaucoup plus d'Indiens pour nous supporter et aider nos avocats à se battre en Cour pour faire de cette affaire une histoire constitutionnelle. Il aurait fallu que cette affaire prenne une orientation politique plutôt que criminelle. Comment la Cour a-t-elle pu considérer comme un acte criminel le fait d'avoir protégé et défendu nos territoires? Nos avocats ont essayé de donner à cette cause un sens politique et le juge n'a jamais rien voulu savoir.

«Je ne comprends pas ce qui s'est passé. Il y a pourtant eu des négociations entre les Mohawks et le gouvernement. L'incident serait donc politique et non criminel. Durant la crise, il y avait des observateurs internationaux, la Ligue des droits de l'homme et la Convention de Genève. Que sont-ils devenus une fois mon procès commencé? Pourquoi n'ai-je pas été protégé par ces conventions? Pourquoi n'avons-nous eu presque aucune aide de la part de ces observateurs?»

J'ai presque envie de lui dire qu'ils sont venus donner leur «show». Des paperassiers qui sont rentrés chez eux maintenant que les caméras de télévision sont parties et qui se montreront de nouveau lors d'une prochaine injustice mondiale afin de projeter sur les écrans du monde entier leur visage consterné devant l'injustice. Quand s'apitoyer devient un métier!

Agissent-ils ainsi pour se donner bonne conscience, justifier leur salaire auprès de leurs organismes? À tout le moins, ces causes-là les font voyager.

Je savais depuis le début que Ronald Cross avait été abusé. Que quelque part, il se sentait roulé, piégé. Durant toute cette crise, comment aurait-il pu se voir comme un criminel quand tant de gens instruits venant de tous pays prenaient position pour les Indiens. Comment aurait-il pu prévoir leur silence après son incarcération?

Comment toutes ces gens qui parlaient de la juste cause des Indiens ont-ils pu disparaître aussi sournoisement après que la police lui ait mis le grappin dessus. De toute évidence, Lasagne ignorait que les observateurs... observent! Ils ne font pas de campagne, ils ne deviennent pas des porte-parole; ils regardent et prennent des notes.

À la demande du gouvernement du Québec, vingt-quatre observateurs de la Fédération internationale des droits de l'homme ont dû quitter Oka et Kahnawake le 27 août 1990.[1]

Ronald Cross s'est battu comme les autres Indiens et aujourd'hui, le voilà incarcéré dans un pénitencier à sécurité maximum. Comme s'il devinait mes pensées, il précise:

«J'ai fait ce que j'avais à faire et je n'ai aucun regret. Le traitement abusif du gouvernement envers les peuples autochtones dure depuis trop longtemps et il est temps que cela cesse.»

Nous sommes fin avril 92. Il est bronzé. Dehors, il fait un temps superbe. Mis à part le fait que le vent est trop fort. Cette prison est située en plein coeur d'un champ de verdure. Tout autour, des kilomètres et des kilomètres de terrain plat. J'ai hâte de quitter ces lieux. Lui, il est rempli de projets. Lorsqu'il

(1) L'été des Mohawks, Jacques Lamarche, Éditions Stanké, p. 137.

partira d'ici, il ira passer six semaines dans un Centre de désintoxication.

La prison n'est pas, comme certains pensent, le meilleur endroit pour se désintoxiquer. À Parthenais, il m'avait déjà confié à ce sujet: «Ici, tu peux tout avoir... sauf de belles femmes!»

Il semble heureux aujourd'hui. Qu'est-ce qui le met dans cet état? Sa confiance dans un prochain cautionnement, le parloir qu'il vient d'avoir avec sa femme et son fils juste avant mon arrivée, ou tout simplement le printemps. Il parle avec un tel enthousiasme de ce Centre de désintoxication que je n'ose lui dire que cette expérience peut s'avérer plus cruelle que la prison.

À ce propos, il me refile une série d'articles parus dans le Reader's Digest, abordant franchement le problème de l'alcoolisme dans les réserves.[1] Sa décision est prise. Il ira au Centre de désintoxication d'Akwesasne. Puis, il revient à ses préoccupations: «Le gouvernement canadien refuse d'admettre que la crise indienne est une affaire politique. Il s'obstine à dire que c'est une affaire criminelle. Je considère que c'est une affaire politique. On ne peut pas nier qu'il y a eu une guerre. Dans ce cas, je suis un prisonnier de guerre. Pas un criminel.»

Et comme je ne réponds pas, il insiste: «Ils ont envoyé l'armée. C'est une guerre!»

En prison, Ronald Cross a parlé à beaucoup de monde: des travailleurs sociaux, des psychologues et tous considèrent qu'il est un prisonnier de guerre. Mais en prison, ça ne change pas le traitement.

Il a été jugé en tant que criminel et c'est comme tel qu'il est traité, même si lui ne se considère pas comme un criminel.

---

(1) Reader's Digest, Boyce Richardson, Healing Time in Native Canada, Dealing with the demon drink.

«Quand tu as une histoire de violence dans ton dossier, tu vas à la sécurité maximum.

«Si tu fraudes, tu vas faire cinq ans dans une prison à sécurité minimum. En sécurité minimum, il n'y a pas de barrière, ni de clôture. Tu pourrais prendre un taxi et t'en aller. La violence, la drogue, c'est à la Sécurité maximum.»

* * *

«Dans cette cause, nous avons été approchés par de très bons avocats indiens.

«Un avocat et écrivain du nom de Bruce Clark voulait nous représenter sur la question de la souveraineté du peuple Indien. Il étudie depuis vingt ans les causes indiennes, la question de souveraineté et les implications politiques de la souveraineté. Malheureusement, ces avocats ne peuvent nous être de grand secours en ce moment, car il s'agit d'accusations criminelles et non d'un débat constitutionnel sur la souveraineté. Ils dépendent aussi de notre stratégie de défense. Après que le premier Mohawk, Dennis Nicholas, eut accepté de plaider coupable, moyennant une remise de peine, la Couronne avait le droit de porter des charges criminelles contre tous les autres. Le précédent était créé pour que la Cour puisse nous juger en tant que criminels. Nos avocats auraient dû agir immédiatement, prendre dès le début les requêtes appropriées pour nous protéger de cette injustice. Le plaidoyer de culpabilité de Dennis Nicholas n'avait pas à se retourner contre nous.

«Nous n'avions aucune expérience en Cour. Les avocats et la stratégie de la défense étaient entre les mains du peuple. C'est le bureau de la Nation qui a amené Me Owen Young en Cour. Me Julio R. Peris a été choisi par un comité formé d'un représentant de chacune des trois communautés, Joe David de Kanehsatake, Joe Deom de Kahnawake et Lorren Oakes d'Akwesasne. Ces avocats ont fait du bon travail. Lorsqu'ils sont arrivés au dossier, il était trop tard pour réparer les bévues de ceux qui les avaient précédés. Owen Young et Julio Peris ont pris notre cause à coeur. Ils ne l'ont pas fait pour grossir leur compte en banque comme les autres avocats que nous avons eus auparavant.

«Je n'arrive pas à imaginer combien de fois le juge a couvert ses gaffes. Il rendait jugement sur ses propres erreurs. Lors de son exposé au jury, il a donné des instructions qui favorisaient la Couronne. Il a ainsi terni notre défense et notre avocat a demandé qu'on ordonne un nouveau procès. Le même juge a eu à décider si ses instructions avaient influencé le jury en faveur de la Couronne au point d'ordonner un nouveau procès. Bien sûr, la requête a été rejetée!

«Comment un juge peut-il se juger lui-même et rendre une décision sur ses propres erreurs? C'est comme si on me demandait à moi de décider si je suis coupable ou non.

«Avant que le procès ne débute, la Couronne se doit de divulguer toutes les preuves à la défense pour que la défense puisse se préparer en conséquence. Dans ce procès, rien de tel n'a été respecté. Ainsi, en plein milieu du procès, la Couronne arrivait avec de nouveaux enregistrements, de nouvelles photos qu'elle disait avoir tout juste reçus de la Sûreté du Québec ou de l'armée. Les déclarations des témoins étaient utilisées en Cour sans même que les témoins ayant fait ces déclarations à la Sûreté du Québec, ne soient présents. De la sorte, nous étions privés de notre droit de contre-interroger ces personnes sur leurs déclarations. Cette irrégularité s'est produite à de nombreuses reprises et le juge rejetait toujours les requêtes de notre avocat en faveur de la Couronne. Les points de droit qui nous favorisaient étaient toujours rejetés.

«Durant ce procès, notre avocat présentait régulièrement des requêtes pour communication de preuve. La Couronne répliquait par des nouvelles preuves sur lesquelles notre avocat n'avait aucune connaissance préalable.

«Un jury composé de Blancs qui jugent trois Indiens, on n'avait pas grand-chance. La Cour a dit que nous allions être jugés par nos pairs. Mes pairs sont les Indiens et non les Blancs. Tous les membres du jury ont lu les journaux ou ont vu la crise à la télévision. Ils connaissaient tous Lasagne et Noriega. Aucun d'eux ne pouvait ne pas avoir eu connaissance de la crise ou ne pas avoir entendu parler de nous. Je ne crois pas qu'une personne puisse faire abstraction de toute cette publicité et nous donner un procès juste.»

* * *

Lorsque Ronald Cross affirme que ses pairs sont des Indiens et non des Blancs, il n'a pas tout à fait tort. Les mentalités des Indiens et des Blancs sont si différentes que ce qui aide la défense de l'un peut couler l'autre. Je cite à titre d'exemple le témoignage d'Angus Nelson dans l'affaire Francis Jacobs.

Angus Nelson est Indien et sympathise à la cause des Warriors. C'est lui qui, dans la nuit du 1 septembre 1990, a conduit Cross et Lazore chez Jacobs en vue de lui parler. Sur les lieux, Nelson ne s'est mêlé de rien. Il a vu la bataille mais n'y a nullement participé. Ce n'était pas son affaire.

Il a donc témoigné en Cour sur ce fameux soir du règlement de compte entre Cross, Lazore et Jacobs. Au cours de son témoignage, le voilà qui se met à décrire un Jacobs qui pleurait comme un enfant et qui suppliait ses bourreaux d'arrêter de le battre.

Angus Nelson est censé être l'ami de Cross et Lazore et, de plus, il sympathise à la cause indienne. Qu'est-ce qui lui prend de s'acharner à les décrire tous deux de la sorte! Et surtout à insister sur le fait que Jacobs pleure et se lamente comme un enfant, sans même tenter de se défendre.

Nul n'aurait voulu à ce moment-là être l'avocat des accusés. Ce témoignage venait définitivement de les perdre. Jamais il ne viendra à l'idée d'un Blanc que Nelson était très bien intentionné à l'égard des accusés, et pourtant c'est le cas. Nelson n'avait aucune intention de nuire à Cross ou Lazore. Au contraire...

Dans la mentalité indienne, un homme n'est pas un homme s'il pleure et supplie qu'on lui vienne en aide au lieu de se défendre et d'encaisser les coups. Dans l'esprit d'un Indien, celui qui pleure comme un bébé dans une pareille occasion mérite non pas qu'on arrête mais qu'on continue de le battre afin qu'il apprenne ainsi à devenir un homme.

Cette conception différente de la virilité s'est retournée contre les accusés car ils avaient affaire à un jury blanc. Personnellement, en tant que Blanche, j'ai beaucoup de mal à sympathiser avec cette interprétation de la virilité et le jury a sûrement éprouvé ce même malaise. Pour nous, la pire lâcheté consiste justement à continuer de frapper quelqu'un qui est déjà à terre.

Malgré la tentative de Me Julio R. Peris d'expliquer tout ceci au jury, c'était peine perdue. Le jury blanc s'était formé une opinion sur la violence des accusés et il n'y avait rien qu'un plaideur puisse faire pour le ramener à de meilleurs sentiments vis-à-vis de ces autochtones.

* * *

Ronald Cross, vu par Me Julio R. Peris

Photo Francine Dufresne

Me Julio R. Peris, un des avocats de Ronald Cross.

Un homme libre et sans peur[1]

Mais qui est donc Ronald Cross dit «Lasagne»? Pour l'un des avocats, délégué par le Longhouse de Kahnawake, Me Julio R. Peris, Ronald Cross, qu'il prénomme familièrement parfois de «Ron» dans ses propos, «est sympathique, drôle, intelligent et peu exigeant. Il n'est pas criminalisé. Il possède une façon de penser assez logique. Et ce n'est pas un homme qui a peur.»

Par ailleurs, «Ronald Cross a un problème d'alcool et de drogue, mais il est le premier à l'admettre. Je l'aime bien», dit-il en souriant.

Dans l'étude légale de Me Peris, lors d'une journée étouffante du mois d'août 1992, nous sommes bien loin de l'image éculée d'un Lasagne flyé et fanfaron. Des témoignages de soldats ont d'ailleurs confirmé le fait que Ronald Cross n'est pas un homme de nature arrogante.

Quant à la célèbre photo qui a fait le tour du monde, il a été prouvé, hors de tout doute, lors du procès de Saint-Jérôme, que ce n'était pas Ronald Cross... mais un guerrier inconnu.

L'espèce de tendresse et de gentillesse avec lesquelles Me Peris parle de son célèbre client ont quelque chose de touchant. Cela s'explique non seulement par la personnalité même de Ronald Cross, qui semble attachante, mais également par la compréhension des dimensions historique, politique et légale que possède le jeune juriste, de ce que le monde a appelé la «Crise d'Oka».

Au delà de l'image triturée, distorsionnée et fabriquée de toutes pièces par les médias, Ronald Cross, «l'homme véritable est un être libre». En anglais, ils disent «an affront to authority. Il n'est pas un "bon petit Indien" bien assimilé. Il n'a pas peur et son absence de peur est perçue comme un soufflet

---

(1)Entrevue accordée à Francine Dufresne pour les Éditions Sedes.

par l'autorité. C'est ce qui expliquerait toute l'énergie qui a été déployée pour l'incarcérer.»

Une créature des médias donc?

-Oui.

Un bouc émissaire?

-Oh! Oui.

Lors d'une rencontre ultérieure avec l'auteur de ce livre, Ronald Cross, tout en insistant sur son rôle de bouc émissaire, avait prédit que tous les autres Indiens seraient acquittés. Trente-neuf Mohawks le furent en effet, le vendredi 3 juillet 1992, parce que, choix important et fondamental, le jury a privilégié le «concept de nation à nation».

En d'autres mots, le jury en acquittant les Mohawks, a clairement indiqué que toute cette affaire ne relève pas du droit criminel, mais est essentiellement une affaire politique qui doit être réglée par une négociation de nation à nation et ce, malgré la volonté des autorités de criminaliser les événements.

Voilà dix millions de dollars en fonds publics qui auraient pu être utilisés plus judicieusement. D'autant plus que, selon un communiqué Mohawk diffusé le 3 juillet 1992, «... les questions du golf et autres développements dans la pinède d'Oka ne sont toujours pas réglés.»

Propos qui donnent d'autant plus de poids aux perceptions, raisonnements et conclusions du juge Benjamin J. Greenberg, de la Cour Supérieure, Division Criminelle, tels qu'émis dans son jugement du 19 février 1992.

> «In regard to their actions of opposition to the wider non-native community, which, in the case of Ronald Cross resulted in the convictions enumerated above in the second group of counts, I am satisfied that he was not motivated by greed or reasons of personal gain. He acted out of a deep anger, rage, desperation and a sense of hopelessness, all the

> result of the systematic discrimination and racism against his people over several centuries.
> «Also, if the media featured him prominently -as «Lasagna»- during the Oka Crisis, his public image as such is purely a creation of the media.
> «For years, decades, even centuries, the aboriginal people of this country have endured, at best, indifference, neglect and unfairness and, at worst, open hostility, contempt, discrimination and racism.»

Mépris, discrimination et racisme. Les voilà lâchés les vrais grands mots qui sont au coeur de toute cette crise. Et le racisme ne croît-il pas sur le fumier de l'intolérance? Les peuples autochtones occupent une place importante dans la société canadienne. Ils sont les premiers habitants de ce pays, que dis-je, de ce continent.

N'y a-t-il pas de quoi sourire, lorsqu'on entend ensuite dans les salons certains individus se glorifier d'être des Québécois de vieille souche? Comment être de vieille souche avec trois cents ans d'histoire?

Tandis que le présent est là, ouvert, généreux. Et comme le souligne si bien le juge Greenberg: «... Nous vivons ici dans une société ouverte, libre et démocratique; probablement un des pays les plus libres du monde.»

Mais, à la réflexion, la Crise d'Oka aura peut-être servi d'exutoire au racisme larvé d'une société qui a vécu trop longtemps repliée sur elle-même et qui méconnaît, sous le masque du mépris et de l'indifférence, ses plus proches voisins.

Me Peris a, depuis le début de ses rapprochements avec la communauté indienne, réfléchi sur les choses et les êtres. Comment, par exemple, l'ignorance ou la méconnaissance de l'autre peuvent être à l'origine de bien des quiproquos.

C'est ainsi que Me Peris aime bien raconter la première visite de son jeune fils de six ans au Longhouse de Kahnawake, un soir de fête. Lorsqu'il est arrivé avec son fils dans la salle où il y avait déjà sûrement deux cents personnes, l'enfant s'est exclamé: «Papa où sont les Indiens?»

L'enfant ne connaissait d'Indiens que ceux véhiculés par le cinéma américain. Par conséquent, pas de plumes, pas d'Indiens. C'est ainsi que naissent les préjugés et les méprises, fils et filles de l'ignorance et... ultimement du racisme.

Évidemment, les Indiens, qui adorent les enfants, ont trouvé cela très amusant. Mais Mathew Peris, lui, a reçu ce soir-là une première grande leçon de vie. «Il a découvert que les Indiens sont des gens comme nous.» Des gens comme vous et moi qui avaient le cimetière de leurs ancêtres à protéger. Un cimetière qu'on a voulu transformer en terrain de golf. Des gens comme vous et moi... qui voulaient crier leur refus d'être assimilés, protéger leur culture, leur art de vivre, leur terre... et de l'autre, dans toute l'histoire du pays, la Compagnie C du deuxième Bataillon du vingt-deuxième Régiment Royal, le plus grand mouvement de l'Armée canadienne... en temps de paix. Un siège armé de soixante-dix-huit jours, dont vingt-six, soit du 1er au 26 septembre 1990, autour d'un enclos de trois cents mètres de barbelés, où étaient emprisonnés des gens comme vous et moi.

Et dans tout ça, un homme comme les autres, Ronald Cross, un homme qui n'avait pas peur. «Il n'avait pas peur. Le voilà l'affront à l'autorité. En fait, la Couronne n'a jamais digéré la libération de Cross le 13 mars 1991. Et depuis, elle a tout fait pour l'incarcérer de nouveau. S'il n'y avait pas eu l'affaire avec Francis Jacob, Ronald Cross aurait été acquitté depuis longtemps», insiste Me Julio Peris.

Mais en attendant, on prépare la requête en appel pour les beaux jours de l'année 1993.[1]

(1)Fin de l'entrevue accordée à Francine Dufresne, août 1992.

Chapitre 8

Ronald Cross

«500 years... It's beginning to piss me off!» «Christophe Colomb a tué autant de monde que Hitler... Est-ce que quelqu'un dans le monde célèbre l'anniversaire de Hitler? Comment osez-vous célébrer l'anniversaire de Christophe Colomb?»

La découverte de l'Amérique par Christophe Colomb

À l'heure où tout l'Occident s'apprête à célébrer la grande découverte de l'Amérique par Christophe Colomb, un peuple fier qui l'avait découverte avant lui, se sent volé et ridiculisé.

C'est pourquoi, aujourd'hui, Lasagne m'accueille avec un T-shirt qui montre son humour et son état d'âme. Libéré de nouveau, vraisemblablement désintoxiqué, ainsi apparaît Lasagne à son arrivée au poste de contrôle de la réserve de Kahnawake. Il a cet air joyeux que je lui connais bien. Pourtant, tout au fond de son coeur de Mohawk, quelque chose ne va pas.

Malgré le grand sourire de Lasagne, l'inscription « 500 years. It's beginning to... piss me off!» me barre la route et l'esprit. Il a fallu que j'arrive en face d'un Amérindien pour me souvenir tout à coup que Colomb n'a pas inventé l'Amérique. Du moins, il arrive en deuxième! Et je me sens aussi honteuse et coupable que si je venais de voler le brevet de quelqu'un.

Si j'étais Indienne je comprendrais que, l'usurpateur, loin de se repentir, continue de nier qu'avant lui, sur ces terres qu'il habite en maître, j'existais. J'existais et je vivais.

Au-delà de l'injure, il y a tout le mépris que cet anniversaire signifie. C'est dire à la face du monde que le peuple amérindien n'existe pas et n'a jamais existé. Car si, à nos yeux, nous reconnaissions la moindre importance à ce peuple, nous ne fêterions que notre arrivée sur ce territoire et non pas notre découverte de ce territoire.

Célébrer Colomb, c'est tout bêtement nier que les Indiens occupaient déjà l'Amérique avant l'arrivée du grand Conquistador. C'est venir jeter au visage de tous les Indiens d'Amérique ce qu'ils efforcent d'oublier pour vivre en paix.

«Colomb n'a pas découvert l'Amérique, précise Ronald Cross. Il est venu en Amérique! Et de plus, il y est venu pour massacrer les Indiens.

«Comment pouvez-vous célébrer Christophe Colomb, s'exclame-t-il, indigné. Il a tué autant de monde que Hitler. Est-ce qu'un peuple dans tout cet univers oserait célébrer l'anniversaire de Hitler? Alors, comment pouvez-vous célébrer Christophe Colomb!»

Soudain, il arrête son exposé, comme s'il venait de se rendre compte que ce n'est pas moi qui ai payé la caravelle de Colomb ni nourri son équipage.

Il est vrai que lorsqu'on a du coeur, il y a des anniversaires qu'on ne célèbre pas. Du moins, pas au champagne! Je n'ai pour ma part jamais voulu être à Paris pour la grande fête de la prise de la Bastille. Je ne comprends pas qu'on puisse pleurer à l'écran devant l'histoire de la révolution française et, du même coup, aller participer à une orgie de festivités dans les rues pour célébrer le souvenir de tant de massacres inutiles. Cela ne me réjouit pas de savoir qu'on a déjà promené la tête de la noblesse au bout d'une pique. Cette histoire renforce ma conviction que nous devrions nous regarder avant de porter un jugement sur la barbarie des peuples dits «sauvages».

Tout cela pour dire que les limites de la bêtise humaine sont franchies et joyeusement célébrées dans la plupart des pays du monde et que le peuple ignorant de son histoire se laisse ballotter à la fête. Tout pourvu qu'il prenne un verre! Au nom de Cartier, au nom de Colomb, au nom de Napoléon... que certains Français marient à Marie-Antoinette!

* * *

«Au nom du roi de France

...et au nom du Christ qu'il représente, nous prenons possession de ces terres.»

Un beau jour, un étranger, parlant une langue jusqu'alors inconnue, débarque en Amérique et commence à planter des croix un peu partout. «Si ça l'amuse...», pensent sans doute les Indiens qui ne comprennent rien à toutes ces simagrées. Un fou, doivent-ils penser! Jusque-là, ses croix ne font de mal à personne... Ce cérémonial semble faire partie de ses dévotions et toutes ces incantations au nom du roi de France les laissent stupéfaits.

Comment les Indiens auraient-ils pu deviner que le fait de planter un drapeau ou une croix pouvait rendre l'étranger propriétaire de la terre qu'il touchait.

Que dirions-nous si, un beau matin, un hurluberlu se présentait dans notre cour avec son drapeau et déclarait qu'au nom du roi de France, il est chez lui! Vous penseriez bien des choses de cet énergumène sauf... qu'il est sérieusement en train de prendre possession de votre terrain et qu'on lui donnera raison. Aussi farfelue que cette histoire puisse paraître, elle est le fondement de notre découverte de l'Amérique et de notre implantation sur ce territoire.

Il faut dire qu'à cette époque, les notaires étaient rares. L'histoire de Cartier plantant ses drapeaux à gauche et à droite, et prenant possession de toutes ces terres qu'il trouvait à son goût nous éblouissait. La sainte Église nous apprenait comment voler autrui sans pécher.

Louis Hall, grand peintre et philosophe mohawk de Kahnawake, confiait à ce propos: «L'Histoire est écrite de telle sorte que les Européens paraissent des héros. Ils sont là, ils pillent et saccagent les terres des Indiens, mais c'est leur droit reçu de Dieu que de le faire et les Indiens ne doivent rien tenter pour les en empêcher, ils sont censés aimer cela...»[1]

Nos grands découvreurs affrontaient vents et marées, orages et scorbut, pour épater nos rois. Leur courage était glorifié tout autant que leur campagne de séduction vis-à-vis des «sauvages».

Comment les si bons Indiens qui s'étaient dévoués à sauver l'équipage de Cartier du scorbut, alors qu'il leur aurait été si facile d'empoisonner tous ces marins, comment ces mêmes Indiens avaient-ils pu, du jour au lendemain, se mettre à leur arracher les ongles! Comment le bon Indien hospitalier avait-il pu ainsi se transformer en méchant Indien. À la page 50 de notre vieux manuel d'histoire du Canada, ils étaient généreux, hospitaliers, et subitement, à la page 70, ils devenaient de véritables sauvages dévoués au culte du massacre. Nous aurait-on caché certains faits...

Il y a tout un cheminement entre l'amour et la haine. Toute violence est l'aboutissement d'une frustration. L'individu comprend que sans cette violence, on ne l'écoutera pas.

J'ai souvent dit à Ronald Cross, en plaisantant, que l'erreur des Mohawks à Oka avait été de mettre des barricades en signe de propriété. C'étaient des drapeaux ou des croix, au nom du roi de France, qu'il fallait planter! Il eut été fort intéressant de voir comment les tribunaux auraient traité l'affaire.

* * *

---

(1) Pour une auto-histoire amérindienne, Georges E. Sioui, Les Presses de l'Université Laval, p. 56

«Tous les peuples ont un pays. Quel est le pays des Indiens? Tous les Blancs sont des Européens. Les Français viennent de France, les Anglais d'Angleterre, les Italiens d'Italie, les Espagnols d'Espagne, les Polonais de Pologne, les Russes de la Russie. Tous ceux qui sont ici viennent d'ailleurs. Mais les Indiens ne viennent pas d'ailleurs. Ils étaient là. Lorsque Christophe Colomb est arrivé, les Indiens étaient là. Il a découvert quoi? Un pays déjà occupé par des Indiens.

«Nous avons été trompés depuis le premier jour où nous avons accueilli Christophe Colomb sur nos territoires. Nos ancêtres ont été bernés et leurrés par des traités et des promesses qui n'ont jamais été tenues. Nous obéissions aux traités que les Blancs ne respectaient pas. Les Indiens apprirent d'une façon très dure qu'on ne pouvait avoir aucune confiance en l'homme blanc. Il parlait avec une langue fourchue.

«Les Blancs ne comprenaient pas notre façon de vivre et nous n'avions pas notre place dans leur monde. Bref, nous étions sur notre territoire et nous les gênions. Ils savaient que nous ne voulions pas donner notre territoire et nos terres. Nous n'avons jamais abdiqué devant personne ni aucun gouvernement. Nous n'avons jamais signé de document comme quoi nous acceptions de céder nos terres.

«La seule façon de ravir ce que nous possédions était d'exterminer les nations indiennes. Ils ont amené la guerre et la mort. L'homme blanc nous a enseigné à le détester. Il a volé notre pays, nos terres, tué nos femmes et nos enfants, a brûlé nos villages et nous a appelé les «sauvages». Comment pouvons-nous oublier toutes ces choses quand on nous dupe encore aujourd'hui et que rien n'a changé.

«Nous avons accueilli les Européens à bras ouverts et nous voulions partager nos connaissances avec eux. Ils ont répondu en nous donnant des couvertures infestées par la petite vérole, espérant ainsi tuer nos tribus et s'approprier nos terres. Ils firent aussi un massacre dans les troupeaux de buffle. Ils réussirent presque à les exterminer et à provoquer la famine chez les peuples indiens. Il y a des milliers de livres écrits sur le sujet, mais les gens entendent seulement ce qu'ils veulent entendre et lisent seulement ce qu'ils veulent lire, sans oublier que le gouvernement permet aux enseignants d'enseigner seulement ce qui est approuvé par le gouvernement.»

Nous, les Blancs, tuer leurs femmes et leurs enfants? Il m'apparaît de plus en plus évident que Blancs et Indiens n'ont pas eu les mêmes manuels d'histoire. Les barbares et les cruels, tout le monde sait que c'étaient les Indiens. Les ongles arrachés, les têtes scalpées en guise de trophée, c'étaient les Peaux-Rouges, plus particulièrement les Iroquois. Et dans tous les westerns américains de mon enfance, il y avait toujours, cachés derrière des buissons ou sur le flanc d'une montagne, quelques Indiens jouant habilement de la flèche, tuant ainsi une partie de la caravane... blanche!

Lasagne connaît beaucoup mieux son histoire qu'on le croit. Colomb se serait livré lors de ses voyages à la traite des Indiens.

«Colomb, dans son Journal, justifie les premières prises par l'obligation d'avoir avec lui des guides et des interprètes: «Il conviendrait bien de prendre quelques-uns de ces Indiens du bord du fleuve (le fleuve des Mers) pour les amener près des rois afin qu'ils apprennent notre langue et puissent nous renseigner sur tout ce que l'on peut trouver dans ces terres encore inconnues...»

«Cette obligation d'avoir à tout moment quelques guides du pays pour l'exploration des côtes conduit forcément à ces actes de violence ou aux duperies, aux captures et même aux poursuites. Il paraît de plus en plus naturel que l'Indien soit pris et emmené, au mieux pour quelques semaines, le plus souvent jusqu'en Espagne.

Mais ces prises d'otages ou d'interprètes ne peuvent en aucun cas (...) s'apparenter à une véritable traite. Celle-ci ne commence qu'au deuxième voyage(...)»[1]

«Cette traite et le véritable esclavage sont nés des exactions de Diego Colomb, de Pedro Margarit, de Hogeda qui, lors de leurs campagnes lancées en 1494 dans l'intérieur des terres, infligent toutes sortes d'affronts et de dommages aux indigènes; ils confisquaient l'or et les vivres, enlevaient les femmes dans les villages.

«(...) des bandes de soldats perdus terrorisent tout le pays. D'où les embuscades contre les Espagnols; des révoltes même. Et les Colomb réagissent avec une rare violence, par de terribles raids de représailles qui ramènent à Isabela près de 1 500 esclaves indiens, hommes et femmes. Une terrible chasse aux fugitifs (...) Le 24 février 1495, cinq cents captifs se trouvent entassés dans d'effroyables conditions sur les quatre caravelles qui regagnent l'Espagne sous le commandement d'Antonio de Torres. Ce fut la première grande traite des Indiens du Nouveau Monde: un voyage par malheur interminable, passé à louvoyer entre les Antilles d'abord. Dans les derniers jours entre Madère et Cadix, près de deux cents meurent de froid, «car ils n'étaient pas du tout habitués à la rigueur de cet air-là. Nous les jetions à la mer (...) puis nous arrivâmes à Cadix où débarquèrent tous ces esclaves, la moitié d'entre eux bien malades.

«Ainsi, dans cette année 1495, l'Amiral pense-t-il très sérieusement à organiser un grand trafic des Indiens vers l'Espagne...»[2]

Qui osera maintenant prétendre que Lasagne ne connaît pas son histoire!

---

(1) Christophe Colomb, Jacques Heers, Hachette, pp. 240 et 241.
(2) Ibid.

Dans un autre ouvrage, on peut lire: «les Indiens connurent le même sort, la même servitude et le même désespoir qu'avaient connus, au commencement de la conquête, les peuples agriculteurs de la Méso-Amérique, Aztèques, Mayas...»[1]

Il faut dire que toutes les conquêtes ont leur histoire de barbarie. Lorsque Cortez a décidé de conquérir l'Amérique, ses hommes essayaient leurs couteaux sur les bébés des Aztèques. À Hawaï, on prenait les bébés, on les balançait à bout de bras jusqu'à ce que le crâne leur éclate sur les murs de pierre. Et l'auteur précise, sur la jaquette de son livre, que la maladie était l'arme secrète des conquérants espagnols. Elle a détruit la plupart des Indiens et leur culture, elle a facilité la conversion au christianisme des survivants...[2]

Mais avant l'arrivée de Cortez et de sa bande, la cruauté existait déjà. L'empereur des Aztèques lui-même sacrifiait son peuple au dieu du soleil. Croyant que son dieu avait besoin de sang pour être fort, il faisait arracher le coeur des Aztèques. En une semaine, il sacrifia 200 000 vies humaines. Deux cent mille Aztèques moururent le coeur arraché.

Lorsque les Aztèques virent arriver les bateaux des conquérants espagnols, ils crurent que les dieux qu'ils priaient, arrivaient enfin. Ils donnaient tout à ces dieux. Voulaient-ils l'or? Ils l'avaient. Mais l'attitude des Espagnols qu'ils avaient d'abord pris pour des dieux, les amena rapidement à douter. Des dieux ne pouvaient agir ainsi. Ils étaient là, pillant tout, massacrant les Aztèques, uniquement intéressés à prendre l'or. Certains comprirent que ce n'étaient pas des dieux. D'autres se dirent que leur propre dieu les avait abandonnés. Ils changèrent de religion se disant que ces dieux-là étaient plus puissants que les leurs.

---

(1)Terre indienne, Autrement, Le chemin des larmes, p. 19.
(2) La Capital, Jonathan Kandell, Random House, New York.

Et l'auteur se demande, tout comme nous, qui au cours de l'histoire a été le plus cruel, l'empereur qui faisait arracher le coeur des gens de son peuple ou les conquérants espagnols...

* * *

Kanehsatake, Akwesasne, Kahnawake...

Dire que, quelques mois plus tôt, je plaignais et j'enviais tout à la fois ces journalistes qui devaient dire sans bafouiller et dans une même phrase tous ces noms indiens de Kanehsatake, Akwesasne et Kahnawake. Ils semblaient avoir prononcé ces mots-là toute leur vie et je les soupçonnais de s'être pratiqués durant des heures avant d'affronter les caméras.

Kanehsatake: territoire voisin d'Oka habité par 1 550 Mohawks[1]

Kahnawake: réserve située près de Châteauguay: 5 200 Mohawks[2]

Akwesasne: la partie québécoise, près de Valleyfield la partie ontarienne la partie new yorkaise Au total: 15 000 Mohawks[3]

Un rapide coup d'oeil sur le passé nous apprend que les Mohawks n'ont jamais pu vivre en paix sur «leurs terres» et que finalement, ils se sont constamment retrouvés chassés, délogés, expropriés. Leurs territoires ont été régulièrement redéfinis, revendiqués.

En 1889 à Kahnawake, le Canadien Pacifique construisait un pont sur le Saint-Laurent; en 1930, le gouvernement du

(1) Nations autochtones du Québec, Gouvernement du Québec.
L'été des Mohawks, Jacques Lamarche, Éditions Stanké.
(2) Ibid.
(3) Ibid.

Québec procédait à la construction du pont Mercier et des autoroutes devant passer par Kahnawake; en 1955, le gouvernement du Canada construisait la Voie maritime du Saint-Laurent.

Non seulement les meilleures terres agricoles furent sacrifiées pour la réalisation de ce projet, mais une fois la Voie Maritime terminée, on a compris que c'en était malheureusement fini pour les Indiens des célèbres rapides de Lachine.[1]

À Oka ou Kanehsatake, les Mohawks ont été constamment ennuyés par les Sulpiciens revendiquant la propriété de ces terres. Pour des hommes de Dieu ayant fait voeu de pauvreté... cela se passe de commentaires! Le royaume des cieux qui leur a été promis ne les a pas empêchés de convoiter les biens terrestres et il apparaît évident qu'ils auront du mal à convaincre Saint Pierre qu'ils n'ont pas été corrompus par le matérialisme d'ici-bas.

À maintes reprises, on a dit que les Indiens étaient paresseux parce qu'ils ne cultivaient pas la terre qu'on leur avait donnée. Comment peut-on donner une terre à celui à qui elle appartient déjà! Et si on l'a donnée, comment peut-on la revendiquer à tout moment.

Les Mohawks peuvent-ils avoir envie de cultiver une terre qu'ils risquent de se faire enlever n'importe quand? Pourquoi mettraient-ils tous leurs efforts à défricher et cultiver... pour le plaisir de se faire enlever cette terre lorsqu'elle sera belle et prometteuse. Dans un contexte pareil, ils ne seraient plus des paresseux mais des exploités consentants!

Dans d'autres cas, on s'est emparé des meilleures terres agricoles pour réaliser de grands projets. Qui cela peut-il intéresser d'exploiter une terre stérile ou difficile?

Ce n'est pas là toute l'histoire des ennuis des Mohawks, mais elle peut contribuer à expliquer pourquoi le commentaire

---

(1) Nations autochtones du Québec, Gouvernement du Québec.

qu'émettra l'Honorable Benjamin Greenberg dans son jugement, paraîtra naïf: «Les revendications territoriales des Mohawks d'Oka-Kanehsatake sont peut-être bien fondées en droit, mais aussi, peut-être pas. La présente cause ne requiert pas que je fasse enquête sur ce sujet.»[1]

La difficulté est justement là! Car si les Mohawks sont bien fondés en droit , cela change absolument toute l'affaire. Et si on s'était d'abord acharné à débattre de cette question, on aurait été obligé de laisser tomber les accusations criminelles vis-à-vis des Cross et Lazore, comme on le fera plus tard pour tous ces autres Mohawks acquittés au Palais de Justice de Montréal. Si les revendications des Mohawks étaient bien fondées en droit, il devient alors extrêmement difficile, voire odieux, de parler de banditisme dans les circonstances, et d'oser juger l'affaire comme étant une affaire criminelle.

L'Honorable juge enchaîne ainsi: «Néanmoins, ces revendications ne doivent pas être réglées à la pointe d'un fusil mais par des négociations faites de bonne foi, d'une part avec un représentant autochtone et d'autre part avec des représentants des gouvernements. Si cela devait échouer, il y aurait toujours le recours devant les tribunaux.»[2]

J'aurais aimé, pour la compréhension du texte, que cet Honorable juge aille plus loin dans son jugement. Qu'il énumère par exemple toutes les causes dans lesquelles les autochtones avaient recouru aux tribunaux et le nombre de fois qu'ils avaient gagné.

De ces procès qu'ils avaient gagnés, s'ils en ont gagné, j'aurais également aimé savoir combien d'années toutes ces procédures et ces démêlés en justice avaient duré.

Si je me fie par exemple à la cause de Ronald Cross, il a été arrêté en septembre 1990, et en 1993... il est toujours

(1) Extrait du jugement de l'Honorable Benjamin J. Greenberg, C.S. No 700-01-000009-913
(2) Ibid.

devant les tribunaux. Et si, en 1993, la Cour d'appel rend son jugement, cela ne veut pas dire pour autant que la cause sera terminée. Les procureurs ayant le droit de se rendre en Cour Suprême, il se pourrait que Ronald Cross voit la fin de son calvaire en 1994 ou en 1995.

Est-il normal qu'une personne ne puisse plus travailler pendant cinq ans pour assurer sa présence constante en Cour. Si elle est coupable, cela n'est que la juste conséquence de ses actes, mais si elle ne l'est pas... Qu'est-ce que cela donnera à Ronald Cross d'apprendre dans cinq ans... qu'il est innocent?

Pour juger une histoire, il faut en connaître tous les faits. Et autant un juge peut, comme Ponce Pilate, se laver les mains d'une affaire en disant : «La présente cause ne requiert pas pour moi que je fasse enquête sur le sujet», autant d'autres ont besoin de tout savoir avant de laisser crucifier quelqu'un. Que la présente cause requiert ou ne requiert pas, la conscience, elle, requiert... Pourquoi la justice est-elle ainsi compartimentée!

J'aimerais également que le juge énumère toutes les sommes d'argent qu'ont été obligés d'investir les Indiens pour revendiquer leurs droits, que ce soit par l'entremise du conseil de bande ou autre; bref, ce qui leur en a coûté en honoraires, sans compter la perte de leur salaire, pour témoignage en Cour, et ce qui leur reste financièrement en caisse pour continuer de se défendre et recourir aux tribunaux afin de trancher leurs éventuels litiges. Et là seulement, je commencerai à me permettre de juger du bien-fondé ou non de la Crise d'Oka.

Il est facile de dire que les Indiens peuvent recourir aux tribunaux. C'est ce qui s'appelle penser... Blanc! Comme la plupart de ces cas de revendications territoriales viennent de l'un ou l'autre des gouvernements ou de grosses compagnies, on réalise que du côté des Blancs, il n'y a pas d'inquiétude à avoir du côté des honoraires. Ils sont même prêts à mettre le paquet! Qui chez les Indiens est aussi gros financièrement que Canadien Pacifique ou le ministère de l'Environnement. Je ne dis pas que ces gens-là achètent la justice. Ils n'ont pas besoin de le faire. Ceux-là auront les moyens de se rendre jusqu'au bout des procédures.

J'aurais également aimé que monsieur le Juge, comme tous les autres qui auront à toucher ce dossier des autochtones, soient informés que «...seulement 38 des 506 revendications territoriales apparaissant au répertoire fédéral sont résolues. Plusieurs d'entre elles qui s'étirent ou qui attendent encore leur tour remontent au début du siècle... À Oka, par exemple, les Mohawks attendent leur tour pour négocier avec le gouvernement fédéral depuis plus de quinze ans...»[1] Sachant cela, comment un peuple peut-il garder confiance dans les moyens légaux d'obtenir justice... de son vivant!

Cette lenteur des tribunaux à rendre justice ne donne-t-elle pas envie parfois de vouloir reprendre ce qui vous appartient... à la pointe du fusil? Cette justice-là ne paraît-elle pas plus rapide...

C'est souvent la frustration d'un peuple qui est à la basse de sa violence. A-t-on le droit d'exiger des autochtones une si longue patience... La patience d'attendre les interminables décisions de tous ces jugements, de toutes ces Honorables Cours!

* * *

(1) Maîtres, volume 2, No 7, septembre 1990, p. 12.

Chapitre 9

Quand le sang Mohawk coule dans les veines

Photo Francine Dufresne

«J'ai toujours eu le sentiment qu'un jour j'allais me retrouver dans une bataille comme celle-ci avec mes copains. Je savais qu'un jour on n'y échapperait pas, qu'il faudrait nous soulever et nous battre pour nos terres. Nous le savions tous. Malgré tout ce que les Mohawks et les autres Indiens ont fait pour essayer de protéger nos terres et notre culture, le gouvernement en est toujours sorti vainqueur.

«Nous n'avons pas les moyens financiers ni les connaissances juridiques pour gagner en Cour contre les gouvernements. Cela fait cent ans que nous essayons de résoudre les conflits des terres et rien n'a jamais été réglé.

«L'Amérique du Nord était la terre des Indiens. Les États-Unis et le Canada ne pourront jamais compenser pour tout ce qu'ils nous ont pris. S'ils admettaient qu'ils nous ont volés et qu'ils devaient nous remettre tout ce qu'ils nous ont subtilisé, le prix à payer serait trop grand. La perte de territoires pour les deux pays serait immense.

«Les élus des gouvernements savent que s'ils s'assoient pour discuter, ils devront nous redonner nos territoires. Et c'est pour ça qu'ils ne nous écoutent pas.

«Nous réclamons en vain nos droits et nos terres depuis trop longtemps. Si nous les avions laissés envahir la pinède d'Oka, demain que nous prendraient-ils? Le temps est venu pour les Indiens de prendre une décision. Si les Blancs veulent nos terres, ils devront nous tuer.»

* * *

Les ambitions de l'homme blanc

«Les Blancs sont prêts à tout détruire pour de l'argent. Ils anéantissent notre planète pour le pouvoir et l'argent. Qu'il ne reste rien pour nos enfants, ils s'en fichent. Notre peuple pourrait très bien s'accommoder de vivre avec les Blancs, les Français ou les Anglais. Les conflits viennent des gouvernements qui ne seront pas satisfaits tant qu'ils n'auront pas soutiré tout ce qu'ils avaient à prendre de nous. Ils n'admettront jamais que ce qu'ils ont fait n'était pas bien.

«Si les citoyens blancs croient que les gouvernements nous donnent de l'argent pour rester à rien faire, ils se trompent gravement. Il suffit d'imaginer toutes les ressources extraites sans discernement de cette terre qui nous a été arrachée. Nous avons tout perdu sauf notre fierté d'être Indien, et Dieu sait qu'ils ont essayé de nous enlever ça depuis très longtemps. Mais notre esprit est fort et nous ne serons jamais brisés. Les prêtres et les moines ont essayé de nous convertir et d'effacer notre culture pour nous transformer en Blancs.

«J'aimerais que le gouvernement nous explique de quel droit il a donné à l'Église assez de pouvoir pour vendre nos terres et régner sur les réserves. Comment se fait-il que, du jour au lendemain, nos terres sont devenues la propriété des prêtres?

«Les Mohawks ne demandent pas d'avoir des terres. Elles sont à eux. Les Indiens étaient sédentaires et habitaient l'Amérique du Nord bien avant l'arrivée des Européens. Ils étaient ici les premiers. Les Indiens étaient heureux d'accueillir Christophe Colomb, mais les Blancs sont arrivés en nombre toujours plus grand en changeant tout et en poussant de plus en plus sur les Indiens. C'est cela une invasion.

«Les Indiens ont réalisé que les Blancs voulaient seulement conquérir et détruire et que leur seule ambition était la richesse, l'argent. Je n'ai pas étudié l'histoire mais je le sais.

«Quand les Indiens vivent sur des terres où il y a du pétrole, les gouvernements les déplacent comme du bétail pour prendre le pétrole et faire de l'argent. Ils n'ont pas le droit de faire cela, conclut Ronald Cross en colère.»

Sur ce dernier point, Me James O'Reilly raconte que les autochtones d'Alberta ont trouvé du pétrole sur leurs terres. Ils ont reçu pas mal d'argent, dit-il, mais le gouvernement fédéral refuse de leur donner le contrôle de leur propre argent. Ils ont dû intenter des poursuites.[1]

---

(1) Natalie Boisseau, Un choc des cultures, Maîtres, septembre 1990, vol. 2, No 7.

Dans une autre affaire en Alberta, il s'agit de «cinq ententes que le Fédéral a signées pour dire ensuite qu'elles n'étaient pas valables, sous prétexte qu'elles manquaient de précisions, que les sceaux du gouvernement n'y figuraient pas... Vous comprenez, conclut Me O'Reilly, que toutes ces affaires font enrager les autochtones.»[1]

Voilà à quoi je faisais allusion lorsque je disais que l'Honorable juge Greenberg aurait dû aller plus loin dans son jugement en consultant la jurisprudence autochtone. Ainsi aurait-il pu constater que chaque fois que l'Indien avait recouru aux tribunaux, c'était pour mieux se faire «avoir»! Et que dans les circonstances, dire aux autochtones qu'il existe des tribunaux pour régler les conflits, c'était leur dire en termes polis d'aller se faire foutre!

«Personne n'a le droit d'être propriétaire de la terre, poursuit Ronald Cross. Ni les Blancs ni les Indiens. Les Indiens veulent en prendre soin sans qu'elle n'appartienne à personne. Nous sommes tous égaux. Il n'est pas juste qu'un individu soit propriétaire de plusieurs âcres de terrain et qu'une autre n'en possède pas. Tout cela a rapport à l'argent. De l'argent qui devient encore plus d'argent, au point qu'une seule personne finit par en avoir tellement qu'elle ne peut même plus s'en débarrasser. Les pauvres deviennent plus pauvres et les riches, plus riches.

«Les Indiens ne sont pas davantage intéressés par les modes de vie des Blancs. Ils veulent garder leur façon de vivre. Ils ont leurs lois, leur religion. Ils sont différents. Plusieurs personnes croient que nous devons remercier les gouvernements de nous donner de l'argent, mais nous croyons qu'ils ne nous donnent rien, ils nous le doivent. Ils utilisent nos ressources, nos arbres, notre eau. L'argent qu'ils nous donnent provient des taxes qu'ils collectent en utilisant nos terres; ce sont des profits faits à partir de produits fabriqués à même nos ressources.

(1) Natalie Boisseau, Un choc des cultures, Maîtres, septembre 1990, vol. 2, No 7.

«Les Mohawks ne sont contre personne. Ils ne veulent pas qu'on touche à leurs terres. Beaucoup d'Indiens travaillent avec des Français et avec toutes les nationalités. Nous n'avons rien contre les Blancs ou les Français ou les Anglais, nous en avons contre les gouvernements qui ne respectent ni les Indiens ni les Blancs. Votre société ne dirige pas les gouvernements, ce sont les gouvernements qui vous dirigent. Nous, on n'aime pas ça. C'est là le problème.»

-Qu'est-ce que vous voulez? Qu'on retourne tous en Europe? Mais dans cent ans, on n'aura pas encore fini de déménager tout le monde! Et il n'y a pas que ça, lui dis-je. Moi aussi, je suis victime d'injustice. Parce que ces terres, je les ai payées! On ne m'a pas fait de cadeau. Si vous me retournez en Europe et que je n'ai plus aucun droit ici, alors on m'aura volée plus que vous. Vous, la terre vous l'avez eue gratuitement. Moi, je l'ai payée.

«Nous ne voulons le départ de personne, répond Ronald Cross. Mais trouvez un moyen équitable de régler la question.

«Vous circulez sur nos terres et vous avez le culot de dire que vous allez nous en donner une partie. Si quelqu'un vous volait et qu'il vous disait par la suite: «Je te redonne une partie du butin volé, me trouves-tu généreux?», quelle serait votre réponse?

«Les gouvernements ne devraient pas avoir de contrôle sur les nations indiennes et sur le peu qu'il nous reste de nos terres. Nous constituons une nation distincte et nous avons nos gouvernements et nos lois. Nous n'avons jamais perdu notre statut de nation souveraine. Pour le perdre, il aurait fallu que nous acceptions de le perdre ou que nous ayons été défaits lors d'une bataille.»

* * *

Le plus grand reproche que les Blancs adressent aux Indiens, c'est l'éparpillement de leurs revendications. Certains veulent revenir en arrière, d'autres se plaignent que les gouvernements laissent certaines tribus sans électricité. Et comme je voudrais bien comprendre, j'ai osé une autre question... offensante: «Vous vous plaignez que l'argent est la racine de tout le mal, mais lorsque les gouvernements vous donnent de l'aide sociale, vous la prenez. Et finalement, nous ne savons pas ce que vous désirez réellement. Des terres pour chasser ou des universités sur la réserve?

On a pollué vos lacs, vos rivières, mais vous utilisez les voitures. Faites-nous un portrait réel du genre de civilisation qui vous intéresse. Est-ce que les Indiens rêvent de retourner dans des huttes?»

«On ne peut plus retourner dans le passé, tranche Ronald Cross, nullement embarrassé par cette question. Il faut vivre dans le futur. Il faut grandir avec le futur, mais ça ne veut pas dire qu'il faille abandonner nos traditions et notre culture.

«Les Indiens, de nos jours, veulent aller à l'école, apprendre des choses, étudier. Il y a cinquante ans, ce n'était pas le cas. L'école était réservée aux Blancs. Nous faisions notre éducation dans la nature. Une éducation par rapport à la tradition et non une éducation par rapport à l'argent.

«Les Indiens vivaient des ressources de la terre et ils n'avaient aucun besoin d'argent. Ils devaient apprendre à respecter la terre et leur environnement pour que ça reste une source inépuisable de nourriture et d'abri. C'était ça, l'éducation. La pauvreté n'existait pas, la famine non plus. La richesse n'existait pas davantage. Les Indiens n'avaient besoin de rien d'autre pour être heureux que d'apprendre comment leurs ancêtres s'étaient rendus jusque-là, pour ensuite transmettre la tradition à leurs enfants.»

Je l'écoute en espérant que les Mohawks ne nous rejoindront jamais dans nos erreurs et nos précipitations à démolir pour construire plus grand, plus gros...

Aujourd'hui, en pensant à toutes ces «grosses écoles» qui forment des gens qui ne savent plus écrire, on peut se demander aux besoins de qui nous avons répondu. Qui à part les architectes et les constructeurs ont vraiment trouvé leur compte... dans cette aventure. Nous aimons bien les gros buildings, nous! Nous nous impressionnons nous-mêmes en les construisant, en les regardant et... en les payant!

Nous sommes un beau jour devenus très gros, très rapidement. Le seul besoin auquel nous avons véritablement répondu a été le besoin de changement. On n'a pas pensé à améliorer l'éducation, on a pensé à la changer.

Du jour au lendemain, l'école est devenue une hiérarchie si compliquée qu'on ne sait plus qui fait quoi et qui est responsable de quoi. Les professeurs n'éduquent plus, ils enseignent. Il serait triste que les Indiens pensant améliorer l'éducation des autochtones copient notre système là-dessus.

Il serait normal que les enfants qui vont à l'école soient heureux de s'y rendre. Et pourtant chaque matin, dans nombre de maisons, les enfants doivent se fouetter pour aller à l'école et les professeurs en font autant. Il est vrai qu'à la télévision, on ne nous montre que ceux qui ont de quoi se plaindre et qu'on nous cache l'histoire des gens heureux, mais lorsque les enseignants prennent l'antenne de télévision pour parler de leur carrière, c'est pour nous dire qu'ils frôlent le burn-out et que les trois mois de vacances payés ne leur suffisent pas pour refaire leur énergie.

Devant ces faits, je me demande ce que notre Ministère de l'Éducation peut proposer aux autochtones. Allons-nous leur vendre notre savoir ou nos résultats...

Chez les Blancs, beaucoup de professeurs enseignent le stress. Le stress face aux résultats, le stress face aux examens, le stress face à l'avenir, le stress face à eux... Celui qui ne s'inquiète pas les énerve. Dans le système de l'éducation où nous reprochons constamment la nonchalance des Indiens, avons-nous seulement quelque chose à apprendre aux autres peuples?

* * *

«Quand les Européens sont arrivés, il y a bien longtemps, les autochtones ont accepté de partager leur territoire avec les Blancs. Leur but: que les Blancs aillent de leur côté et les Indiens du leur et qu'ainsi tout le monde soit heureux sans se marcher sur les pieds. C'était le premier traité. Les Indiens ne gouverneraient pas les Blancs et les Blancs ne gouverneraient pas les Indiens. Ce traité existe. Il a été signé à Ottawa. Il spécifiait que les Blancs et les Indiens allaient vivre côte à côte sans interférer dans la vie de l'autre. Chacun aurait son gouvernement et sa façon de vivre. Les Blancs avaient accepté. Tout le monde aurait pu vivre en liberté. On voit où on en est rendu!

«Les Blancs ne veulent pas comprendre notre façon de vivre ni accepter le fait que nous constituons une nation. Ce serait comme un Québécois qui arriverait en Allemagne et qui déciderait que les lois allemandes ne sont pas correctes.

«Les Québécois veulent être reconnus comme une nation distincte. Les Mohawks revendiquent le même droit. Nous ne sommes pas Québécois, nous sommes Mohawks.

«Nous ne voulons pas faire partie des débats politiques du Québec. Nous sommes une nation, tout comme le Québec. Nous avons nos propres gouvernements et nous ne voulons pas d'un autre gouvernement pour nous gouverner. Nous avons notre propre système et nos lois. Nous n'acceptons pas qu'il y ait un gouvernement au-dessus du nôtre. Nous ne sommes pas prêts à le reconnaître.

«Les Indiens veulent être responsables de diriger leur communauté, tout comme votre société est dirigée par le gouvernement. Mais le gouvernement est en train de vouloir changer notre communauté pour la rendre comme la vôtre.

«Si les États-Unis et le Canada décident d'aller en guerre, c'est leur affaire. Ils ne peuvent pas nous forcer à l'enrôlement obligatoire, parce que la guerre des Blancs n'est pas notre guerre. Les seules guerres qui nous intéressent sont celles qui concernent notre peuple.

«Maintenant, constate Ronald Cross, il faut s'adapter. Il y a des véhicules, de l'argent. Ça prend de l'argent pour tout faire. Il faut que les Indiens s'adaptent à cette nouvelle façon de vivre, mais ce n'est pas donné à tout le monde de pouvoir s'intégrer. Il y a beaucoup d'Indiens qui, incapables de s'adapter, se sont mis à boire parce qu'ils se sentaient inutiles. Ils n'arrivaient pas à se trouver une place dans ce genre de société.

«Parce qu'ils ont été enfermés sur des réserves, ils ont le sentiment qu'ils ne servent plus à rien. Ils sont isolés. Ils sont sur leur réserve, ils boivent, ils ont des enfants. Cette attitude est maintenant ancrée en eux. Depuis plusieurs générations. Très peu ont la chance de s'en aller et de faire quelque chose de leur existence.

«Les nouvelles générations ont fait la même chose que leurs parents. Si les parents sont alcooliques et sont sur le bien-être social, les enfants font de même. Bien sûr, il y a de la pauvreté sur les réserves, mais ce n'est pas partout comme ça. Les Indiens ne sont pas tous pareils. Les Cris, par exemple, sont très instruits. Ils sont une des tribus les plus riches et les plus instruites. Ils ont réussi cela sans être obligés de sacrifier leurs traditions ou leur culture.»

Et pendant qu'il parle de la pauvreté des Indiens avec indignation, je me rappelle subitement un voyage fait il y a longtemps en Californie. En plein désert de Joshua Tree, on voyait au loin quelques huttes et cabanes. La désolation. La misère. Je n'arrivais pas à croire qu'on pouvait encore en ces temps modernes, vivre de la sorte. Laisser naître des enfants sur une terre stérile et abandonnée. La misère engendre la misère. Au milieu de ces cactus, le temps ne s'était pas écoulé comme ailleurs. En plein coeur de cette Amérique, on y vit un voyage dans le temps, qui nous laisse au coeur un sentiment de tristesse et de désespoir.

Ronald Cross, lui, continue tranquillement son exposé.

«Nous avons nos médecins, nos avocats; nous avons nos écoles, nos garages, nos autobus et nos hôpitaux. Nous avons tout ce qu'il faut pour être capables d'être autonomes et beaucoup d'Indiens sont devenus riches en étudiant.»

Soudain, ces Indiens que je craignais m'apparaissent sans défense. Il est tout naturel qu'il y en ait parmi eux qui se révoltent. Parce qu'ils ont plus mal que d'autres.

Il y a plus triste encore que la façon dont nous les avons traités ou exploités. Nous les avons détruits. Nous n'avons pas détruit la nation indienne en tant que peuple ou nation, mais nous avons détruit son individualité.

Beaucoup d'Indiens sont perdus entre deux nations, deux identités. Ils ne sont plus tout à fait indiens et ils ne sont pas encore prêts à devenir des Blancs. Quelque chose en eux se rebiffe.

Il n'est pas normal qu'une nation qui reçoit, selon toute évidence, autant de bénéfices et d'aide gouvernementale en soit encore aux prises avec la pauvreté. Cela tient peut-être à leur culture, mais ici, à Kahnawake, il n'y a pas de maisons de riches comme on en voit chez les Blancs. Non pas qu'une maison de riche soit un gage de bonheur, mais s'il est véridique que les gouvernements leur donnent autant d'argent qu'ils le prétendent... ça ne se voit pas!

Pourtant les Blancs sont convaincus que tout leur salaire se fait gruger à faire vivre ces malheureux.

Pas un jour ne se passe sans qu'on entende un Blanc déclarer: «Ce sont tous des ivrognes et des paresseux qui ne veulent rien faire... à part encaisser les chèques d'aide sociale qu'on leur paie, nous, les Blancs.»

Il est vrai que lorsqu'on entend parler de budgets autochtones par tranches de plusieurs millions de dollars dans un seul domaine et sur une seule réserve, il y a de quoi être effrayé. Où va cet argent et qui l'administre pour que la misère demeure toujours la même, d'année en année, malgré tous les millions octroyés.

On assiste pourtant au même phénomène du côté des Blancs. Malgré les millions investis dans le seul domaine de l'aide sociale, non seulement les pauvres sont toujours aussi pauvres mais il s'en rajoute chaque année.

À la télévision, on nous rappelle constamment qu'il y a plus de 33% des Blancs qui vivent d'aide sociale, sur un ton rempli de compassion. Lorsque les Blancs sont assistés sociaux, ils sont victimes et ont droit à toutes les sympathies. Ils subissent la récession, le manque d'emploi, bref, ils sont démunis et ne font pas exprès. Lorsqu'un Indien reçoit la même aide, c'est qu'il aime ça, que ça fait partie de sa mentalité de parasite.

Certains reproches sont parfois même incompatibles. Ainsi quand les étrangers travaillent, ils volent nos jobs. Et quand ils ne travaillent pas, ils volent notre aide sociale et nous les faisons vivre. Dans les deux cas, nous sommes perdants. Dans les deux cas, les «autres» nous exploitent. Lorsqu'il s'agit d'étrangers tout frais débarqués, on peut comprendre l'inquiétude du Blanc. S'agit-il d'hospitalité ou d'invasion? Sans doute avons-nous peur d'être confinés à notre tour sur des réserves par les envahisseurs. Lorsqu'il s'agit des Indiens, nous pourrions faire l'effort de nous souvenir que nous les avons envahis et que nous leur avons volé leur job de chasseur et de pêcheur.

Il est également fréquent d'entendre: «Ce sont tous des barbares, il n'y a pas plus cruel qu'un Indien. Ils les connaissent, eux, les techniques pour faire souffrir. Ils ont ça dans le sang.»

Ce qu'ils ont vraiment dans le sang, c'est la chasse et la pêche. Ils ont aussi dans le sang un code d'éthique face à la terre: ne jamais prendre de la terre plus qu'ils n'ont besoin.

Quant aux techniques de barbarie des Indiens, mes recherches m'ont permis de dire que les Européens n'ont rien à leur envier et, à ce propos, je fais mienne cette phrase de Georges E. Sioui: «Il est donc absurde et injuste de parler de la cruauté de celui qui ne fait que se défendre, car elle n'est qu'un geste légitime et noble d'auto-protection...»[1]

* * *

(1)Pour une auto-histoire amérindienne, Georges E Sioui, Les Presses de l'Université Laval.

Chapitre 10

Le droit d'errer sur ses terres

Photo Francine Dufresne

Peinture de Louis Hall
«Nous avons tout perdu sauf notre fierté d'être Indien.»

Que reste-t-il de l'homme rouge que nous sommes venus évangéliser, il y a quelques siècles de cela? Il était si important en ce temps-là de sauver son âme et de travailler au salut de celle des autres!

Beaucoup de missionnaires et de religieuses, certains et certaines plus exaltés que d'autres, sont venus ici dans le but réel de convertir les païens et cette mission représentait pour eux tant de défis et tant d'amour qu'ils étaient prêts à y laisser leur vie.

Il serait malhonnête de passer sous silence tous ceux et celles qui sont venus ici au péril de leur vie dans l'espoir réel et naïf de sauver le monde. Ceux-là voulaient servir Dieu et s'y engageaient.

Il y eut aussi tous les autres. Tous ces Français qui fuyaient une misère indescriptible et qui rêvaient d'un paradis où l'on pouvait vivre, chasser, pêcher, manger à sa faim pourvu qu'on ait du courage. L'année 1653 sera l'année de la grande recrue en France. Près de 5 000 personnes immigreront ici au 17e siècle. En ce 20 juin 1653, ils sont une centaine au port de Saint-Nazaire à attendre le bateau qui les amènera vers cette terre inconnue du Nouveau-Monde.

On leur a parlé des moeurs cruelles des Amérindiens, des risques de la traversée en mer, et pourtant ils sont là. Pour affronter les tempêtes et les glaces sur de pareils navires, fallait-il qu'ils y croient dans ce Nouveau-Monde!

Et fallait-il aussi qu'ils soient malheureux et désespérés dans leur Ancien-Monde! Si l'on en croit les écrits de cette époque, «l'on a vu des pauvres rampant sur des fumiers comme des lézards, d'autres sur la paille, comme immobiles par l'exténuation de toutes les forces, et d'autres dans des cloaques et étables, comme personnes déjà confisquées et tellement insensibles par la longueur et l'excès des maux, qu'à peine pouvaient-ils entendre parler de Dieu, comme bêtes stupides plutôt que créatures humaines.»[1] «(...) Ils se retirent dans des trous ou des cabanes, où ils sont couchés à plate terre, sans linge, ni habits, sinon quelques méchants lambeaux, dont ils se couvrent.»[2] Telle est la misère en France à cette époque.

Obsédés du salut de leur âme et prêts à tous les périls pour sauver leur peau, la plupart se confessent avant de s'embarquer pour le grand voyage. Dans ce foutu navire pourri qui

---

(1) (2)Nos racines, les Éditions T.L.M. Inc., 1979.

prend l'eau, on sera obligé de revenir au port de Saint-Nazaire. Et Marguerite Bourgeoys dira: «J'étais fort en peine de nous voir dans ce danger; nous étions près de cent vingt passagers sans prêtre, et nos gens étaient mal préparés pour mourir...»[1]

Le plus grand drame, ce n'est donc pas le bateau mais le fait de ne pas avoir de prêtres en un moment pareil. Qui de cet équipage pensait en ce temps-là venir piller les Amérindiens. Beaucoup d'entre eux voyaient dans ce Nouveau-Monde l'espérance d'une survie. Rien d'autre.

D'autres venaient ici pour faire le bien. Parmi ceux-là, les Jésuites, médecins de l'âme et du corps. Nos premiers chirurgiens seraient des robes noires. Les Jésuites arrivèrent au pays, avec la bible et le traité de médecine sous le bras. Ils feront leur entrée dans les contrées sauvages avec leurs médicaments. En 1642, le Jésuite René Goupil mourra assassiné, dit-on, par un Mohawk sceptique![2] Simon Baron s'occupera des ravages de la petite vérole qui était en train de faire périr les Hurons. Son succès lui vaudra la confiance des indigènes qui seront désormais mieux disposés à adopter notre foi.

Au 18e siècle, 5 000 autres Français débarqueront en Nouvelle-France. Cette immigration de colons malheureux finira par supplanter les Indiens en nombre. Nos ancêtres français sont venus avec leurs traditions, leurs moeurs, leurs coutumes, emportant dans leurs maigres valises une certaine mélancolie de leur France perdue. Comme tous les immigrants malheureux et nostalgiques, ils ont tenté de recréer une Nouvelle-France. Avec les années, ils ont pris racine sur ce continent au point que cette terre est devenue leur terre. Ils l'ont défrichée, labourée, cultivée, ensemencée, aimée au point qu'aujourd'hui nul n'en veut partir. Ont-ils voulu la fin du peuple amérindien... Leur bataille avec les Anglais les occupait tellement! Chacun se battait au nom d'un roi qui

(1)Nos racines, les Éditions T.L.M. Inc., 1979.
(2) Le Courrier médical, Médecinc historique au Canada, médecins de Nouvelle-France, Johanne Lepage.

voulait élargir son royaume et ni les Anglais ni les Français ne semblaient se rendre compte qu'ils étaient en train de se disputer... la terre des Amérindiens!

Quand un peuple se bat pour sa survie, est-il capable de juger de sa cruauté, de son injustice vis-à-vis de son nourricier, vis-à-vis de son bienfaiteur. Il devient à son propre insu le plus grand pilleur de la terre.

Les Hurons sont passés du côté des Français et les Iroquois du côté des Anglais. De sorte que pour les uns, les Hurons sont de mauvais Indiens et pour les autres, les Iroquois sont pires encore. Cette division du peuple autochtone n'a certes pas contribué à sa survie. Mais il est facile de dire cela aujourd'hui. Chacun pensait à se ranger du côté du plus fort parce que chacun pensait à sa survie.

Nous les avons divisés pour les avoir de notre côté, allons-nous maintenant leur reprocher de nous avoir suivis... Est-ce que ce choix que nous leur avons si habilement présenté va finalement se retourner contre eux? Est-ce que nous irons maintenant jusqu'à les accuser de s'être laissés séduire par nous...

Au fil des ans, les territoires des Indiens se sont rétrécis de plus en plus. Que serait-il advenu de ce peuple s'il avait résisté à l'homme blanc. Pourquoi ont-ils donné leur terre, que leur avons-nous promis pour qu'il ne leur reste plus aujourd'hui que le triste droit d'errer sur le territoire de leurs ancêtres.

* * *

«PEUT-ÊTRE SOMMES-NOUS FRÈRES?»[1]

«Le Grand Chef de Washington nous a fait part de son désir d'acheter notre terre.

«Le Grand Chef nous a fait part de son amitié et de ses sentiments bienveillants. Il est très généreux, car nous savons bien qu'il n'a pas grand besoin de notre amitié en retour.

«Cependant, nous allons considérer votre offre, car nous savons que si nous ne vendons pas, l'homme blanc va venir avec ses fusils et va prendre notre terre.

«Mais peut-on acheter ou vendre le ciel, la chaleur de la terre? Étrange idée pour nous!

«Si nous ne sommes pas propriétaires de la fraîcheur de l'air, ni du miroitement de l'eau, comment pouvez-vous nous l'acheter?

«Le moindre recoin de cette terre est sacré pour mon peuple. Chaque aiguille de pin luisante, chaque grève sablonneuse, chaque écharpe de brume dans le bois noir, chaque clairière, le bourdonnement des insectes, tout cela est sacré dans la mémoire et la vie de mon peuple. La sève qui coule dans les arbres porte les souvenirs de l'homme rouge.

«Les morts des hommes blancs, lorsqu'ils se promènent au milieu des étoiles, oublient leur terre natale. Nos morts n'oublient jamais la beauté de cette terre, car elle est la mère de l'homme rouge; nous faisons partie de cette terre comme elle fait partie de nous.

«Les fleurs parfumées sont nos soeurs, le cerf, le cheval, le grand aigle sont nos frères; les crêtes des

(1) Discours prononcé en 1854 par le chef indien Seattle devant l'Assemblée des tribus.

montagnes, les sucs des prairies, le corps chaud du poney, et l'homme lui-même, tous appartiennent à la même famille.

«Ainsi, lorsqu'il nous demande d'acheter notre terre, le Grand Chef de Washington exige beaucoup de nous.

«Le Grand Chef nous a assuré qu'il nous en réserverait un coin, où nous pourrions vivre confortablement, nous et nos enfants, et qu'il serait notre père, et nous ses enfants.

«Nous allons donc considérer votre offre d'acheter notre terre, mais cela ne sera pas facile, car cette terre, pour nous, est sacrée.

«L'eau étincelante des ruisseaux et des fleuves n'est pas de l'eau seulement; elle est le sang de nos ancêtres. Si nous vous vendons notre terre, vous devrez vous souvenir qu'elle est sacrée, et vous devrez l'enseigner à vos enfants et leur apprendre que chaque reflet spectral de l'eau claire des lacs raconte le passé et les souvenirs de mon peuple. Le murmure de l'eau est la voix du père de mon père.

«Les fleuves sont nos frères; ils étanchent notre soif. Les fleuves portent nos canoës et nourrissent nos enfants. Si nous vous vendons notre terre, vous devrez vous souvenir que les fleuves sont nos frères et les vôtres, et l'enseigner à vos enfants, et vous devrez dorénavant leur témoigner la bonté que vous auriez pour un frère.

«L'homme rouge a toujours reculé devant l'homme blanc, comme la brume des montagnes s'enfuit devant le soleil levant. Mais les cendres de nos pères sont sacrées. Leurs tombes sont une terre sainte; ainsi, ces collines, ces arbres, ce coin de terre sont sacrés à nos yeux. Nous savons que l'homme blanc ne comprend pas nos pensées. Pour lui, un lopin de terre en vaut un autre, car il est l'étranger qui vient de nuit piller la terre selon ses besoins. Le sol n'est pas son frère mais son ennemi, et quand il l'a conquis, il poursuit sa route. Il laisse derrière lui les tombes de ses pères et ne s'en soucie pas.

«Vous devez enseigner à vos enfants que la terre, sous leurs pieds, est faite des cendres de nos grands-parents. Afin qu'ils la respectent, dites à vos enfants que la terre est riche de la vie de notre peuple. Apprenez à vos enfants ce que nous apprenons à nos enfants, que la terre est notre mère. Tout ce qui arrive à la terre arrive aux fils de la terre. Lorsque les hommes crachent sur la terre, ils crachent sur eux-mêmes.

«Nous le savons: la terre n'appartient pas à l'homme, c'est l'homme qui appartient à la terre. Nous le savons: toutes choses sont liées comme le sang qui unit une même famille. Toutes choses sont liées.

«Tout ce qui arrive à la terre arrive aux fils de la terre. L'homme n'a pas tissé la toile de la vie, il n'est qu'un fil de tissu. Tout ce qu'il fait à la toile, il le fait à lui-même.

«Mais nous allons considérer votre offre d'aller dans la réserve que vous destinez à mon peuple. Nous vivrons à l'écart et en paix. Qu'importe où nous passerons le reste de nos jours. Nos enfants ont vu leurs pères humiliés dans la défaite. Nos guerriers ont connu la honte; après la défaite, ils coulent des jours oisifs et souillent leur corps de nourritures douces et de boissons fortes. Qu'importe où nous passerons le reste de nos jours? Ils ne sont plus nombreux. Encore quelques heures, quelques hivers, et il ne restera plus aucun des enfants des grandes tribus qui vivaient autrefois sur cette terre, ou qui errent encore dans les bois, par petits groupes; aucun ne sera là pour pleurer sur les tombes d'un peuple autrefois aussi puissant, aussi plein d'espérance que le vôtre. Mais pourquoi pleurer sur la fin de mon peuple? Les tribus sont faites d'hommes, pas davantage. Les hommes viennent et s'en vont, comme les vagues de la mer.

«Même l'homme blanc, dont le Dieu marche avec lui et lui parle comme un ami avec son ami, ne peut échapper à la destinée commune. Peut-être sommes-nous frères malgré tout, nous verrons. Mais nous savons une chose que l'homme blanc découvrira peut-être un jour: notre Dieu est le même Dieu. Vous avez beau penser aujourd'hui que vous le possédez comme vous aimeriez posséder notre terre, vous ne le pouvez pas. Il est le Dieu des hommes, et sa compassion est la même pour l'homme rouge et pour l'homme blanc.

«La terre est précieuse à ses yeux, et qui porte atteinte à la terre couvre son créateur de mépris. Les blancs passeront, eux aussi, et peut-être avant les autres tribus. Continuez à souiller votre lit, et une belle nuit, vous étoufferez dans vos propres déchets.

«Mais dans votre perte, vous brillerez de feux éclatants, allumés par la puissance du Dieu qui vous a amenés dans ce pays, et qui, dans un dessein connu de lui, vous a donné pouvoir sur cette terre et sur l'homme rouge. Cette destinée est pour nous un mystère; nous ne comprenons pas, lorsque tous les buffles sont massacrés, les chevaux sauvages domptés, lorsque les recoins secrets des forêts sont lourds de l'odeur d'hommes nombreux, l'aspect des collines mûres pour la moisson est abîmé par les câbles parlants.

«Où est le fourré? Disparu. Où est l'aigle? Il n'est plus. Qu'est-ce que dire adieu au poney agile et à la chasse? C'est finir de vivre et se mettre à survivre.

«Ainsi donc, nous allons considérer votre offre d'acheter notre terre. Et si nous acceptons, ce sera pour être bien sûrs de recevoir la réserve que vous nous avez promise. Là, peut-être, nous pourrons finir les brèves journées qui nous restent à vivre selon nos désirs. Et lorsque le dernier homme rouge aura disparu de cette terre, et que son souvenir ne sera plus que l'ombre d'un nuage glissant sur la prairie, ces rives et ces forêts abriteront encore les esprits de mon peuple. Car ils aiment cette terre comme le nouveau-né aime le battement du coeur de sa mère. Ainsi, si nous vous vendons notre terre, aimez-la comme nous l'avons aimée. Prenez soin d'elle comme nous en avons pris soin.

«Gardez en mémoire le souvenir de ce pays, tel qu'il est au moment où vous le prenez. Et de toute votre force, de toute votre pensée, de tout votre coeur, préservez-le pour vos enfants, et aimez-le comme Dieu vous aime tous.

«Nous savons une chose: notre Dieu est le même Dieu. Il aime cette terre. L'homme blanc lui-même ne peut pas échapper à la destinée commune. PEUT-ÊTRE SOMMES-NOUS FRÈRES. Nous verrons.»

* * *

Marlon Brando refuse cet honneur...

En 1973, les Sioux négociaient avec le gouvernement fédéral américain en vue d'obtenir une amélioration de leurs conditions de vie dans les réserves ainsi que la prise en considération de leurs droits de citoyen. L'armée fut bientôt envoyée par le gouvernement américain pour les encercler.

Le 27 mars 1973, l'acteur Marlon Brando en profita pour lancer son message public. Refusant de se présenter à Hollywood pour recevoir l'Oscar du meilleur acteur de l'année pour son rôle dans Le Parrain, il y délégua une jeune Apache avec ce mot: «Marlon Brando refuse cet honneur en raison du traitement réservé aux Indiens dans les films, à la télévision et à Wounded Knee.*»[1]

* * *

---

* Wounded Knee, Dakota Sud.

(1) Chroniques du XXe siècle, Éditions Chronique.

Chapitre 11

À qui le crime profite-t-il?

Ce n'est pas la première fois, au cours de l'Histoire, que l'homme blanc revient sur la parole donnée. Ce que Ronald Cross ignore et ce que tous les autres Indiens ignorent, c'est que l'homme blanc construit et démolit. Selon les saisons, les générations, les derniers goûts en place. Ce qu'ils ignorent encore, c'est que l'homme blanc commet cette injustice régulièrement envers son semblable. Que de fois, il a délogé de paisibles gens pour la construction d'une autoroute, d'un aéroport. Exemple, Mirabel. Le Blanc, lui, connaissant la force des lois, s'incline et ne riposte pas. Il se laisse faire. Il sait que ses cris de désespoir ne feront pas changer l'emplacement de l'autoroute.

L'homme blanc au pouvoir ne connaît pas les sentiments. L'Indien, lui, ne sait pas tout cela. Tout ce qu'il sait, c'est qu'on lui a pris la terre qui lui appartenait pour ensuite lui en prêter une partie, au compte-gouttes encore, pour ensuite rechanger d'avis et tout lui reprendre au gré du pouvoir Blanc. Il vit paisiblement sur son territoire et ne veut pas d'histoires. Pourvu qu'on ne lui en fasse pas. Il s'est déjà incliné devant l'homme blanc. Trop. À regret d'ailleurs. C'est du passé. Il a reconquis certains privilèges et n'entend pas dans le futur se laisser dérober sans riposter. Au moment où il reconquiert certains droits et qu'il s'endort tranquillement devant la bonté du Blanc, on parle de lui arracher sa sécurité, sa terre.

Les Blancs sont passés maîtres dans l'art de faire signer des papiers qui engagent et protègent les deux parties, pour ensuite démontrer que ces mêmes papiers n'en protègent qu'un seul. C'est seulement après signature que le visage de l'homme blanc, ou plutôt ses intentions, apparaissent. Et de propriétaire que la personne croyait être, elle se trouve plus démunie que jamais.

En vertu d'un certain traité, disent les experts, le territoire d'Oka aurait appartenu à des Sulpiciens qui ont toléré les Indiens sur leur terre et, de la sorte, on pourrait aujourd'hui tout reprendre sans rien leur devoir. Ainsi donc, tout ce temps-là ils étaient tolérés!

L'Indien, pour sa part, ne comprend plus rien. On en est rendu à le tolérer... chez lui! Mais où sont donc ces papiers qu'il aurait signés pour donner ses terres? Nulle part. Elles sont un don du roi aux Sulpiciens. Un don du roi? Quel roi... d'où sort-il celui-là?

Qu'importe où il se loge, ce bon roi de France les tenait d'un capitaine de bateau qui, lors d'un voyage aux frais de Sa Majesté, s'était laissé éblouir par l'hospitalité des Indiens et par ce fleuve qui s'étendait à perte de vue. Rentré chez lui, ce capitaine courut chez le roi et lui fit une description féerique de ces territoires qui n'appartenaient à personne et, comme preuve de sa gratitude, il en fit cadeau à son roi. C'était sa façon de le remercier d'avoir payé le voyage.

Depuis ce jour, les Blancs, Français comme Anglais, se tuent et s'entre-tuent pour être celui qui dominera l'autre et y implantera ses coutumes, sa religion et ses traditions. L'amertume de la défaite des plaines d'Abraham et de la fin de la rébellion des patriotes se transmet d'une génération à l'autre. Tant de misères à oublier...

Depuis ce jour, les enfants se battent dans les cours d'école parce que le père est anglais ou que la mère est française. Question de venger son arrière-grand-père. Des centaines d'années plus tard, Français et Anglais de ce territoire se méprisent toujours autant et se cherchent querelle à la moindre occasion. Pendant que certains crèvent de misère et de faim, des millions de dollars s'engloutissent chaque année dans des débats constitutionnels et linguistiques sans fin.

On se fait des guerres pour des questions d'affiches. Sous certains régimes, elles sont bilingues. Sous d'autres, elles redeviennent unilingues, c'est-à-dire françaises. Après tout, on est chez nous! disent les uns. Ah! oui? Et pourquoi pas des affiches en «mohawk» tant qu'à y être. Et je m'étonne que ceux-là n'entrent pas dans le débat pour faire valoir leurs droits linguistiques sur ce territoire!

* * *

Lorsque les Blancs doivent être expropriés, ils s'exécutent. Que l'homme blanc subisse la loi de l'homme blanc, c'est un moindre mal. Ce qui l'est moins, c'est d'imposer sa loi de Blanc à l'Indien. Les amérindiens sont là depuis les débuts de l'Histoire et ils auraient pu faire des lois pour nous déloger s'ils avaient eu davantage de guerriers sous leurs ordres et qu'ils s'étaient ralliés, plutôt que de s'exterminer entre eux pour le commerce de la fourrure ou pour une guerre de territoires.

À quelle pression le maire d'Oka a-t-il cédé pour procéder à l'extension d'un terrain de golf dans un territoire dont la propriété est contestée par les Indiens, provoquant par là naïvement ou expressément ce peuple déjà sous le coup... de la tolérance!

Dans cette affaire, les autorités d'Oka s'abritent derrière un jugement du Conseil Privé de Londres, lequel jugement rendu en 1912, confirme la propriété de la seigneurie aux Messieurs de Saint-Sulpice et déboute les Indiens de leur requête. Et Gilles Boileau de se demander: «Serait-ce déplacé de croire qu'à cette époque les Indiens d'Oka ne faisaient pas le poids devant les Messieurs de Saint-Sulpice et que les dés étaient pipés au départ?»[1]

Parlant de l'année 1735, l'auteur pose une question plus embarrassante encore: «Les Sulpiciens ont réclamé un agrandissement de leur seigneurie originelle afin de mieux répondre aux besoins des Indiens dont les activités nécessitaient un grand territoire. Si l'augmentation a été accordée pour cette raison, comment expliquer alors que les terres de cette augmentation aient toutes été concédées, au cours des ans, à des Blancs?»[2] Et encore... «À Oka, les ecclésiastiques du Séminaire de Montréal... ont eu recours à tous les moyens possibles et inimaginables pour conserver la propriété exclusive de leur seigneurie. Ils n'ont jamais reculé devant les menaces, le chantage, la dépossession, la prison, l'exil, le recours aux tribunaux ni même les excommunications pour ne jamais céder aux Indiens le moindre petit coin de terre.»[3]

Cette histoire de golf a rallumé de vieilles passions. Ce qui n'était pas encore une guerre, en devint une. Les Blancs sont devenus plus intolérants que jamais. «Les Indiens ont tout», quand ce n'est pas «Les Indiens veulent tout». Les Indiens, pour leur part, disent: «Les Blancs nous ont toujours tout volé et veulent encore tout nous prendre.»

Pour la plupart, la Crise d'Oka est terminée. Seuls «Lasagne» et quelques autres ont eu à payer pour les ambitions vouées à l'échec d'un honorable maire.

Mais, derrière monsieur le maire, qu'y avait-il?

* * *

(1) Oka, terre indienne, Gilles Boileau, Éditions du Méridien, p. 251.
(2) Ibid, p. 247.
(3) Ibid, p. 266.

Chapitre 12

Au nom de la Justice

L'accusé a beau invoquer un passé irréprochable, ceux qui le jugent penseront qu'en cette matière, le plus honnête peut avoir une défaillance. Si l'homme est jeune, on alléguera la vigueur de son tempérament, s'il l'est moins, on l'accusera d'avoir cédé au démon de midi. S'il est connu pour ses aventures galantes, on dira que ce débauché recherchait le fruit vert, et si, au contraire, sa chasteté est exemplaire, on soulignera que le refoulement est à l'origine de son acte criminel...

René Floriot, Les erreurs judiciaires.

Devant la Justice, je m'interroge. Qu'est-ce que la Justice? Qu'est-ce que la liberté? Qui la Charte des droits et des libertés protège-t-elle?

Certains regrettent l'époque du Far West et, à lire parfois certains jugements, on peut comprendre que la trop grande tolérance des tribunaux puisse engendrer le désir de se faire justice soi-même.

On a élargi le sens du mot liberté au point que parfois il semble davantage privilégier les criminels que les innocents. Et les honnêtes gens n'ont plus de recours, plus de justice. Ils vont en Cour pour sortir humiliés d'avoir perdu et la face et leur noble cause... Il n'y a pas de justice, il n'y a que de bons avocats, dit-on avec amertume. Il n'y a pas de bonnes causes, il n'y a que des points de droit et des requêtes. L'individu ne compte plus. Et le geste qu'il a posé non plus.

Je dis tout cela parce que, face à Ronald Cross, je m'interroge, je compare et je ne comprends pas. Bien sûr, au cours de la crise, Cross a fait des menaces de mort. Mais des menaces de mort, dans cette affaire, tout le monde en a proféré. Même les victimes. Certains ont été obligés d'en répondre devant la loi. D'autres pas. Le docteur Mongeon n'a-t-il pas tenté de retrouver sa carabine à l'intérieur de sa demeure pour menacer Lazore qui, tout bonnement, bien assis sur le tracteur, tondait le gazon? À l'endroit du docteur Mongeon on a été compréhensif, d'abord parce qu'il était témoin pour la Couronne et ensuite parce qu'on avait sérieusement endommagé sa propriété. Pour lui, la provocation justifiait sa colère et ses menaces.

Si le fait de trouver sa propriété abîmée peut devenir une raison suffisante d'en venir aux menaces sans être ennuyé par la loi, on peut se demander comment les Indiens, dont on s'apprêtait à massacrer la pinède et le cimetière, n'ont pas eu droit à la même compréhension devant la loi. C'est ce que Me Julio R. Peris a tenté d'établir lorsqu'il a interrogé le docteur Mongeon. Il n'a pas voulu en faire un criminel ou l'amener à se sentir coupable de sa violence. Il a voulu démontrer que tout individu, si paisible soit-il, peut devenir violent lorsque poussé à bout.

> Me Peris: (...) avant votre départ (...) vous pouviez sentir la tension également?
>
> Docteur Mongeon: C'est pour ça que je suis parti. Je pouvais plus là, je pouvais plus la supporter.
>
> Q. Le 27, lorsque vous avez quitté avec votre épouse, vous croyiez également que la fin approchait?
>
> R. Oui.
>
> Q. Et vous ne vouliez pas être dans votre maison quand les chars d'assaut, c'est-à-dire quand la guerre allait justement être déclenchée?
>
> R. Là, je pouvais plus, je pouvais plus rester là.
>
> Q. La tension était trop à supporter?

R. Exact, oui.

Q. La tension que vous aviez devant votre fenêtre de salon depuis les deux derniers mois?

R. Pas seulement envers, que je voyais pour les warriors, mais la tension qui était rendue qui se montait entre moi et mon épouse aussi.

Q. Donc, il y avait un certain nombre de facteurs et de déterminations, c'est-à-dire des choses à l'intérieur de vous-même qui faisaient qu'à un certain moment donné, que vous ne pouviez plus l'endurer?

R. Oui.

(...)

Q. Et finalement, vous revenez à votre propriété. Et ce que vous voyez, c'est les dommages causés à votre propriété?

R. Exact.

Q. Et Roger Lazore est sur la tondeuse coupant le gazon?

R. Exact.

Q. Maintenant... vous avez mentionné dans votre témoignage, monsieur... et on va laisser le, le genre, c'est-à-dire ce qui reste du «asshole», on va mettre ça de côté et vous lui avez dit... «Je vais vous tirer, je vais vous tuer»?

R. Oui.

Q. Et vous avez dit cela également aux autres Warriors mohawks qui étaient là?

R. Oui.

Q. Vous n'êtes pas un homme violent, je sais ça, monsieur.

R. Non.

Q. Mais la tension était trop?

R. Oui.

Q. Et si vous aviez eu un fusil... vous l'auriez tué?

R. Je le sais pas.

Q. Et si vous en aviez eu un, vous l'auriez pris. Parce que monsieur vous ne pouviez plus endurer. La pression était tellement intense. Votre propriété était occupée par d'autres personnes. Et sous ces circonstances, vous avez émis des paroles... qui sont une offense ou une infraction criminelle en elles-mêmes?

R. Je le sais pas.

Q. Et sous toute cette tension, monsieur, ...et sous tout ce qui s'était passé ou tout ce que vous aviez vécu... vous avez menacé de tuer quelqu'un que vous n'avez pas vu faire quoi que ce soit en fait?

R. Oui.

Q. Et ainsi que les autres qui étaient là aussi?

R. Oui.

Q. Parce que la pression était trop intense?

R. Si on peut dire.

Q. Et on ne vous a jamais accusé de quoi que ce soit, d'une offense ou une infraction criminelle?

R. Non.

Q. Je vous remercie, monsieur.

Les émotions sont à ce point exacerbées que Roger Lazore, qui s'affairait à réparer les dégâts faits par les autres, se retrouve victime de menaces de mort de la part du docteur Mongeon et se voit accusé par le procureur de la Couronne d'avoir voulu voler le tracteur!

Si un paisible docteur peut, en voyant sa propriété endommagée, en venir à prononcer des menaces de mort, comment les amérindiens auraient-ils dû réagir quand on s'est amené chez eux avec des béliers mécaniques. La violence des uns est-elle plus excusable que celle des autres?

Lors de la crise amérindienne, nous avons tous assisté à la télévision à un spectacle stupéfiant par sa violence. Vieillards et enfants indiens non armés et sans défense aucune ont été lapidés par des Blancs en colère. On a saccagé leurs voitures. Une manifestation barbare qui n'avait pour but que le défoulement. Et l'un d'eux, Joseph Armstrong, mourait d'une crise cardiaque une fois à l'hôpital. Ces Blancs ont plaidé coupable. Leurs sentences? Libération conditionnelle, amendes... La plus grosse sentence dans cette affaire a été de vingt jours de prison... discontinus!

«Discontinu» signifie que le coupable a gardé son emploi et a fait ses quelques jours de prison, les fins de semaine!

En quoi la violence de Ronald Cross mérite-t-elle un sort différent? Comment peut-on justifier une telle disparité dans les sentences? À ce jour, Ronald Cross a fait onze mois de prison, dont six à Parthenais, la «Guilty House...» Et ce n'est pas terminé! Il est en appel d'une sentence de cinquante-deux mois. Que je sache, Ronald Cross n'a pas attaqué de vieillards blancs sans défense qui n'avaient rien à voir dans la crise. Il n'a pas agi pour le simple plaisir de se défouler. Sa violence dans cette affaire a toujours été reliée à son action politique.

La justice, que faut-il en penser?

Lors de la crise d'octobre 1970, les héros felquistes, coupables d'enlèvement, ont eu un sauf-conduit pour Cuba qui finalement s'est avéré un voyage sur Paris. Cuba, pays communiste, brimait leur liberté!

Au nom de je ne sais plus quel motif louable, ils ont été déclarés patriotes et sont revenus ici sous le régime péquiste.

Est-ce à dire que si Lasagne avait pris des otages, on lui aurait donné un billet d'avion destination Cuba-Paris... et qu'il aurait pu espérer revenir quelques années plus tard, sans accusation aucune?

* * *

Demander à qui est armé de rendre ses armes, n'est-ce pas le pousser à s'en servir.
Émile Gaboriau, L'affaire Lerouge

La violence, dit-on, n'est jamais excusable. Sans cette violence, les Indiens auraient-ils gardé leur terre? Ronald Cross a fait onze mois de prison et attend la fin des événements. Mais les autres Indiens sont restés sur leur terre et le projet d'agrandissement du terrain de golf a été abandonné. Même si les Indiens semblent avoir perdu le combat, il reste qu'ils ont sauvegardé leur terre. Pour le moment. S'ils avaient été raisonnables et avaient accepté de s'asseoir pour discuter, le gouvernement aurait reporté les discussions de cette affaire à la suite des autres causes qui, comme on l'a vu, traînent depuis quinze, vingt ans.

Quand vient le temps de voir, d'entendre d'autres minorités souffrantes, nul n'en a rien à foutre. Seule la misère de celui qui se plaint devrait être entendue. Et c'est pour cette raison que, face aux gouvernements, les peuples ne sont rien. Lorsque toutes les minorités s'isolent au lieu de se regrouper, ils ne deviennent aux yeux d'un gouvernement qu'un grain de sable sur la maquette des revendications. Mais si toutes les minorités se concertaient pour adopter une attitude commune, il y aurait d'autant plus de grains de sable dans l'engrenage que le gouvernement verrait la nécessité de s'asseoir pour régler les litiges.

Pour les Indiens, les francophones du Québec ont perdu la guerre contre les Anglais lors de leur bataille sur les Plaines d'Abraham. Dans le colonialisme qu'ils subissent, il y a une forme de justice. Ce sont les règles du jeu. Le vainqueur et le vaincu. Que vaut-il d'être vainqueur s'il n'y a aucun avantage à l'être... Si les francophones avaient gagné cette guerre, auraient-ils déclaré aux Anglais: «Nous avons gagné mais nous allons faire comme si nous avions perdu. Gardez tous vos privilèges.» Aurions-nous été un peuple aussi généreux?

Entre les Indiens et les Blancs, il n'y a pas eu de guerre pour déterminer s'ils étaient vainqueurs ou vaincus. Vaincus, ils auraient eu pour se consoler, leur défaite. Mais avec eux, on n'a même pas pris le temps de leur livrer une guerre. Nous nous sommes implantés chez eux, nous les avons délogés, volés, et leur avons dit: « De quoi vous plaignez-vous? Vous étiez là les premiers, et alors?» C'est comme si deux pilleurs venus dans votre maison se livraient une guerre à n'en plus finir pour se partager votre butin, une fois dehors.

L'histoire du monde est remplie d'injustices et de barbaries. Nul besoin de remonter jusqu'à César. Très près de nous, l'histoire de la déportation des Acadiens semble la plus grande misère du monde; la rébellion des Patriotes fait encore vibrer des coeurs, l'histoire des Blancs torturés et scalpés par des Indiens est triste. Mais l'Anglais en face de moi aujourd'hui n'est pas celui qui a envoyé à la corde ces patriotes francophones, pas plus que Lasagne n'est celui qui a torturé Brébeuf ou Lallemant... Et pas davantage que je ne suis celle qui a exterminé les troupeaux de buffle pour conduire les Indiens à la famine.

Que l'Indien s'insurge contre les injustices survenues sur son territoire il y a quatre cents ans, que les Québécois veuillent aujourd'hui venger les Patriotes de 1837, et nous n'en sortirons jamais. Il faut que certains mauvais souvenirs s'enterrent et s'oublient. C'était une autre époque. «Laissons les morts enterrer les morts.» Comment peut-on régler les conflits de plusieurs siècles passés, quand on n'est même pas capable de régler les conflits des dix dernières années et que nos gouvernements laissent empirer les problèmes.

Quant aux politiciens, que ne feraient-ils pas pour se faire élire? Ont-ils vraiment à coeur le bien de la population qu'ils prétendent servir? Lorsqu'ils convulsent, ou font semblant, à l'Assemblée Nationale parce que des factures d'électricité n'ont pas été payées par les Amérindiens, sont-ils réellement convaincus de réclamer justice au nom des Blancs ou n'ont-ils pas plutôt compris que le moyen le plus sûr de remporter une élection était de payer leurs attachés ministériels pour être à la recherche constante d'un scandale, d'une injustice. Ne savent-ils pas qu'on soulève un peuple, une armée au nom de la Justice... que le peuple est sans discernement face à une noble cause?

Pourquoi aucun politicien n'a-t-il pas le courage de dire ouvertement que la Justice est du côté de celui qui votera pour lui. Point!

* * *

Il m'arrive de feuilleter la revue Maîtres. Parfois avec retard. Question de voir où en est rendue la justice, que sont devenus mes confrères. Je lisais le numéro de septembre 90, alors que je venais tout juste de quitter Ronald Cross, et je l'ai refermé, complètement dégoûtée et déprimée.

De grands criminalistes que je respectais mettent leur énergie à tenter de rendre justice à des meurtriers d'enfants. Et à s'en vanter!

Ma sentimentalité n'étant pas à vendre, je préfère encore m'attarder sur le sort d'un «soldier» plutôt que de me porter à la défense des abuseurs et de pleurer sur le sort des brutaliseurs d'enfants. Ceux-là, je ne les aime pas et je ne m'en cache pas. Et si je les aidais d'une manière quelconque à obtenir JUSTICE (cela se peut-il!), je ne m'en glorifierais pas. Du fond du coeur, je leur dis d'aller se faire foutre!

On a tous droit à ses choix dans la vie. À côté d'eux, Lasagne a fière allure. Et même sans eux. Il représente la fierté d'une race, la dignité d'un peuple qui a survécu.

Nul avocat ne s'est indigné de son sort. Nulle Cour de Justice n'a refusé de procéder. Mais où sont ces grands défenseurs de la justice et que disent-ils devant le sort de

Lasagne, s'il est vrai que la justice les obsède au point qu'ils tranchent en faveur des crapules et des maniaques? Où sont-ils ces scandalisés de l'abus judiciaire quand il s'agit de la cause amérindienne?

D'où viennent tous ces avocats aux sympathies bizarres, sous prétexte que nous sommes tous égaux devant la loi. Vous, moi, l'égal d'un Dion, d'un Jack l'éventreur...

Une revue presque entièrement consacrée à faire prendre conscience aux avocats qu'il y a un langage à utiliser et à ne pas utiliser en Cour lorsqu'ils plaident des causes de ce genre. Rester détaché en face du macabre. Toujours donner l'impression de plaider la cause Frigidaire Inc. contre Lalancette. Que le meurtre soit crapuleux ou pas. Voilà le nouveau «look» de l'avocat, s'il désire qu'on dise de lui qu'il est un jeune avocat qui promet. Lorsqu'il devra décrire l'enfant attaché avec du fil de fer, pour ensuite être violé, battu et tué, l'avocat devra donner l'impression qu'il parle d'un meuble qu'une compagnie de déménagement a égratigné. Voilà le nouveau ton, la nouvelle ligne de conduite. Pas d'émotion, pas de sentiment, pas de termes trop forts pour décrire... celui qui a égratigné le meuble!

On est toujours ridicule quand on fait dans le pathétique. C'est vrai. Mais se peut-il que la Justice en soit rendue à suivre une mode, un ton, un «look». Et je me disais, en parcourant la revue, qu'on pensait sans doute plus à la mode qu'à la justice lorsqu'on a pris la décision de faire un procès aux Indiens.

En écoutant les avocats dans la cause des Indiens à Saint-Jérôme, je me suis dit qu'il faudrait s'acheter un décodeur... pour comprendre le langage codé de la Cour: «Article 42, alinéa 2, paragraphe 3, 5e ligne, vous lirez ceci, monsieur le juge... Nul n'est contraint en vertu de l'article qui précède... alinéa 3 du paragraphe 4...» Une deuxième robe noire se lève: «Mon savant confrère n'a certes pas pris connaissance de la récente jurisprudence, La Reine contre Maranda, 1975,

C.A....» Et le premier qui ne se laisse pas démonter se relève: «Je connais cette jurisprudence qui malheureusement pour mon savant confrère ne saurait s'appliquer ici... Une récente disposition de la Cour Suprême...»

Comment voulez-vous que l'accusé n'en ait pas ras le bol de tous ces savants confrères aux savants exposés? Comment peut-il suivre son procès? Et s'y intéresser! Et je me disais, en regardant Lasagne, qu'il lui aurait fallu faire un cours de droit pour être capable de suivre son propre procès. Comment l'accusé peut-il coopérer quand, bien écrasé dans le box, il ne sait même plus si on parle de lui ou d'un savant collègue.

À mon avis, la nouvelle image de la justice serait de parler un langage compréhensible pour l'accusé et sa famille et d'envoyer ses savantes notes au savant juge... par écrit! On servirait ainsi beaucoup mieux la justice et du même coup on sauverait un temps fou à s'écouter parler... aux frais de l'accusé.

* * *

Dans la cause des Lazore et Cross, il y a eu multitude de requêtes. Un moyen comme un autre pour étirer l'affaire, les réduire au chômage et leur vider les goussets.

C'est d'ailleurs la méthode la plus connue et la plus courante de bien des bureaux d'avocats: multiplier les requêtes pour que l'autre partie n'ait plus d'argent et se voit contrainte d'abandonner. L'avocat qui se prête à ce jeu, sert-il la justice... même s'il a le nouveau «look»?

C'est sur le dos et le portefeuille des Indiens que la Couronne en a profité pour s'offrir la gloire d'imposer une nouvelle jurisprudence. Jusqu'à ce jour, les débats en Cour s'étaient toujours faits dans la langue de l'accusé.

Et je ne connais pas un seul francophone qui aurait supporté que son procès se déroule en anglais parce que le procureur de la Couronne est un anglophone. Tous les médias s'en seraient mêlés.

Dans la cause de Cross et des Lazore, tous trois anglophones, on a décidé, après des semaines de discussion, aux frais des accusés, de leur foutre une paire d'écouteurs dans les oreilles et de leur demander de supporter une traduction dans le tympan.

La bêtise ne s'est pas arrêtée là. Dans les couloirs de la justice, les journalistes se scandalisaient de l'attitude de Lasagne: «Il se fout de la Cour», disaient-ils. Cross a supporté les écouteurs un certain temps, puis les a déposés par terre et s'est fermé les yeux. Comme si ce n'était pas son procès. Et moi, contrairement à ces journalistes, je l'ai trouvé intelligent car, en fait, ce n'était pas son procès, mais celui des avocats.

Et je me faisais la réflexion suivante: qu'est-ce qu'on attend de lui! Quand il se révolte, il prouve qu'il est un violent. Et comme nul n'a de pitié pour les violents, on lui imposera une plus lourde sentence. Quand il dort? Il manque de respect pour la Cour et on peut lui coller quinze ans de plus pour le réveiller.

Heureusement la Cour d'appel n'a pas maintenu la décision de la Cour supérieure, et le procès a pu se poursuivre en anglais. Est-ce que le procureur de la Couronne ne savait pas déjà tout cela depuis le début?

Le Code criminel exige qu'un accusé soit jugé dans sa langue. Comme le faisait remarquer Me Julio Peris, ce sont des Indiens qui ne veulent rien savoir de nos lois qui ont été obligés de demander qu'on respecte le Code criminel. Le procureur de la Couronne, qui est supposé être d'accord avec le Code criminel, en attaquait la validité.

Un avocat pense en avocat. Et c'était, pour ma part, la première fois que je prenais conscience que c'est l'accusé qui paye toutes ces heures de débats, ces discussions sans fin, ces hésitations, ces ajournements, ces dîners à l'extérieur, ces frais de stationnement. Ma foi, il faut être riche pour aller en Cour! Si l'avocat adverse met en pratique sa stratégie de l'écoeurement par ses nombreuses requêtes, viendra fatalement le moment où le client innocent ou coupable devra renoncer, n'ayant plus les moyens financiers de s'offrir le luxe de vouloir être acquitté.

* * *

Pourquoi a-t-on détenu Cross à Parthenais, situé à côté du Palais de Justice de Montréal, pour lui faire un procès à Saint-Jérôme! Nécessitant régulièrement un aller-retour Saint-Jérôme-Montréal. Question de sécurité, de disponibilité, ou encore était-ce là une autre stratégie de l'écoeurement divinement pensée par les autorités? Qu'il craque enfin sous la pression, qu'il se révolte, qu'il se montre capable de violence, qu'il se drogue... pour enfin pouvoir démontrer au peuple indien que le héros de la crise, l'idole de leur cause, n'est rien d'autre qu'un délinquant dangereux.

Peu importe comment ce procès se terminera. Que la Cour d'Appel le reconnaisse coupable ou non, aux yeux des gens de justice, à mes yeux à moi, Ronald Cross n'a pas de dossier criminel. Il a un dossier politique. Les médias n'ont pas assez insisté sur cette question.

Au début de cette crise, le masque à peine enlevé, les médias ont présenté Cross et ceux de sa bande comme des criminels connus de la police américaine. Warriors et mafia sont vite devenus synonymes. Et cette façon de les présenter au public les a discrédités auprès de la population blanche qui les appuyait. Moi-même, ce jour-là, j'ai fermé le poste de télévision; les bandits ne pouvaient avoir ma sympathie. Puis, j'ai eu des remords. Si ces journalistes avaient menti...

Lorsque j'ai rencontré Lasagne, je m'attendais à un dossier criminel chargé, une liste de méfaits graves, et je me suis retrouvée en face d'un Indien très documenté sur l'histoire des Mohawks, ayant pour unique dossier une beuverie dans un club disco!

Et je n'ai pas compris pourquoi les journalistes qui avaient tellement fait étalage de son côté «dur à cuire», ne s'étaient pas rétractés. S'ils avaient seulement vérifié leurs informations, au lieu de les exploiter bêtement, ils auraient découvert que Lasagne n'avait pas de dossier antérieur grave, qu'il n'était pas un Italien de New York, ou mieux, un inconnu sur la réserve, sans lien consanguin avec les Indiens, et qu'il n'avait pas accepté ce travail pour le plaisir de tenir une arme dans les mains. Ils auraient découvert qu'il était Indien, fier descendant d'une longue lignée d'Indiens de par son père, et qu'il avait vécu la plus belle partie de son enfance sur la réserve de Kahnawake.

Ils auraient en outre découvert que sa mère habite Oka, et son fils Ryan, la réserve de Kahnawake. Ils auraient alors compris que Ronald Cross pouvait se mêler de la Crise d'Oka... à plus d'un titre!

La mauvaise publicité n'aide jamais un accusé. Lors même qu'un journaliste se rétracte, il y a toujours des gens qui n'ont pas connaissance de la rétractation. Le hasard a fait qu'ils étaient là pour entendre les reportages malveillants... et ce même hasard a fait qu'ils n'y étaient plus quand on a dit du bien de vous! Une fois lancée, une accusation, fondée ou pas, fait son chemin. Et c'est pourquoi plusieurs avocats ont pour stratégie en Cour, de poser des questions qu'ils n'ont pas le droit de poser, d'affirmer ce qu'ils n'ont pas le droit d'affirmer, sachant que l'impression faite sur le jury sera irréparable. Ils savent que, même si le juge demande de ne pas tenir compte des propos de l'avocat, le mal est fait.

Le jury pouvait-il être objectif quand tant de racontars avaient circulé sur le compte des Warriors? Pouvait-on les aimer quand on lisait que les bons Indiens ne les aimaient pas et en avaient peur?

Et fallait-il que la description de la violence utilisée soit bien forte pour que le doute raisonnable favorise la Couronne...

* * *

Si je lui reconnais le droit de me condamner, je ne lui donne pas celui de me juger.

Jacques Mesrine, L'instinct de mort

Au cours de la crise, on a souvent reproché aux Indiens d'être de mauvaise foi dans les négociations. Avons-nous déjà, dans le passé, été de bonne foi avec eux... Au nom de quoi auraient-ils dû se sentir en confiance? Il est vrai de dire et de penser qu'autant d'observateurs s'ingérant dans le conflit ne pouvaient que mieux brouiller les cartes, mieux compliquer ce qui était déjà confus. On se serait sans doute mieux compris s'il y avait eu moins d'intervenants.

À quoi rime la présence des observateurs internationaux... Nations Unies, Convention de Genève... dans un pareil conflit si on laisse la victime seule purger sa peine. À quoi riment leurs discours, à quoi se bornent leurs interventions...

Pourquoi se présentent-ils aux opprimés comme s'ils avaient une grande influence sur les pays concernés, alors qu'en fait ils plient bagages quand on les demande ailleurs.

Aujourd'hui, Ronald Cross est seul. La machine mondiale qui appuyait les revendications des Indiens est rentrée dans ses bureaux à air climatisé, tapis de velours, et Cross... dans sa cellule!

* * *

La justice ou l'injustice sont des questions de perception. Je ne serais même plus étonnée d'apprendre que pour une infraction au code de la route, un individu a fait un mois de prison alors que celui qui a battu et séquestré un infirme n'a pas fait une heure! Pour un Blanc, la Justice est devenue une façon de montrer sa compétence à tripoter les articles de loi. Et il m'arrive de penser que la justice serait mieux servie au Longhouse!

Tant de questions me tourmentent dans cette affaire. Je n'ai jamais compris comment s'était faite la classification des coupables et des non-coupables. Comment a-t-on sélectionné? N'étaient-ils pas tous armés lors de la crise? Pourquoi Dennis Nicholas, Gordon Lazore, Roger Lazore, Ronald Cross et trente-neuf autres Indiens. Que sont devenus tous les autres? N'y avait-il qu'une quarantaine d'Indiens en tout contre la Sûreté du Québec et l'Armée canadienne?

Quant à savoir si l'incident est de nature criminelle ou politique, il n'y a qu'à se demander sur quelle base nous voudrions être jugés nous-mêmes si un gouvernement décidait de nous expulser de notre territoire. À quoi ressembleraient les heures qui suivraient cette décision...? À des discours politiques sur la place publique pour ressasser toutes les injustices dont le peuple français a été victime depuis le début de la colonie? Et les chefs pourraient-ils avoir un autre choix que d'inciter à la violence?

Que feraient les Français vis-à-vis des Français qui s'opposeraient à cette rébellion et qui donneraient raison aux Anglais? Qui les plaindraient... Ne seraient-ils pas perçus comme des traîtres et ne seraient-ils pas victimes du sort réservé aux traîtres? C'est avec ces yeux-là qu'il faut voir la violence de Ronald Cross envers Jacobs, témoin de la Couronne. Cela dit, je n'excuse pas la violence. J'essaie de comprendre en quoi la violence d'un peuple est plus excusable que celle d'un autre peuple. En quoi la violence des Blancs a-t-elle pu passer inaperçue, le soir du 27 août 1990, alors que celle de Ronald Cross et de Gordon Lazore a été décrite dans les moindres détails pour leur donner un visage de tueurs non réhabilitables?

Francis Jacobs avait droit à ses opinions et ses choix politiques. Il avait le droit d'exprimer sa dissidence. Il n'avait pas à être battu pour cela. Ce qui, pour Ronald Cross, signifiait traîtrise, serait perçu par les modérés, habitués de vivre en pays démocratique, comme un choix politique librement consenti, un droit d'expression inaliénable. Ronald Cross a réagi brutalement, impulsivement. Pas plus impulsivement cependant, que les Blancs qui ont lapidé les vieillards, les femmes et les enfants indiens.

Ronald Cross n'a pas battu Jacobs parce qu'il était dissident, mais parce qu'il l'avait dénoncé à la Sûreté du Québec et parce qu'il le croyait l'auteur de certaines introductions par effraction et vandalismes qu'il aurait mis sur le compte de Warriors.

Ce n'est pas confortablement assis dans le fauteuil de juré, écoutant passivement le récit d'une guerre ou d'un drame, qu'on peut savoir ce que nous aurions fait à la place de l'accusé. C'est dans le feu de l'action que les décisions se prennent, que les gestes se posent, que certaines tueries s'exécutent et que les émotions s'exacerbent. Concernant la violence de Cross vis-à-vis de Jacobs, sur ce chef d'accusation, avons-nous le droit d'espérer une autre sentence... une sentence qui prenne en considération qu'il a déjà fait onze mois de prison, une sentence qui tienne compte de la violence des Blancs face aux Indiens et les amendes qui leur ont été infligées? Voilà le genre de justice qu'un peuple logique attend de tous ces juges... blancs.

Et nous, Blancs, qu'aurions-nous fait dans un pareil cas? Aurions-nous été plus paisibles que Lasagne? C'est à ceux qui ont tenté de blesser Trudeau "le traître", lors de la Saint-Jean-

Baptiste en 1968, de répondre honnêtement à la question. Si le jury avait été composé de cette sorte de Québécois, Ronald Cross aurait-il été acquitté de cette accusation? Être jugé par ses pairs, cela signifie-t-il, avoir de la chance à la loterie, tirer le bon numéro du jury...

* * *

Conclusion

Vous me croirez, j'espère, si je vous dis: j'aime mon pays. L'ai-je aimé sagement? L'ai-je aimé follement?... Au dehors, les opinions peuvent être partagées. Néanmoins, mon coeur puis ma tête consciencieusement consultés, je crois pouvoir décider que je l'ai aimé comme il doit être aimé.

***Louis-Joseph Papineau**, extrait de son dernier discours, Institut canadien de Montréal.*

Tous les pays du monde ont leur conflit, leur guerre, leur héros, leurs sacrifiés. Je dis bien sacrifiés parce que dans tout conflit, certains paient plus cher que d'autres.

Héros, victime, bouc émissaire? Je ne sais plus. Une chose est certaine, de tous ces Indiens impliqués dans la Crise d'Oka, quelques-uns seulement ont payé la note. Pourquoi précisément ceux-là? Qu'ont-ils fait de plus ou de moins que les autres? N'étaient-ils pas tous armés?

Un agent de la Sûreté du Québec m'a répondu, faisant référence à Lasagne: «C'est celui-là qu'on voyait le plus. Il était toujours devant les caméras.» Voilà le véritable crime. Il est devenu une vedette, et le tarif est plus élevé.

J'attendais un tueur, un rebelle. Un violent d'abord. Un malade peut-être. Les scènes que j'avais vues à la télévision, et surtout ce qu'on avait dit des Warriors m'avait terrifiée. Je revois mes craintes. "Si j'étais intelligente, je partirais..." mais je suis restée. Et j'ai bien fait. Tout cela me paraît maintenant de la frime. Un coup monté.

Il y en aura toujours pour qui Ronald Cross ne sera qu'un bandit. Devant ce mépris, Ronald Cross n'a qu'à suivre le conseil de son père... «tourner le dos et s'en aller.» Nul ennemi ne mérite qu'on fasse de la prison... pour lui!

Les ententes politiques créent les légendes... et les manipulés les suivent. Riel était fou... Cross était bandit...! Vaut-il mieux être fou que bandit?

J'ai connu Ronald Cross et je l'ai aimé.

Pour moi, Ronald Cross est encore mieux qu'un innocent. C'est un soldat. Un guerrier. Quand on le voit sous ce jour, ses agissements n'étonnent plus et prennent une toute autre signification. Il a nargué un soldat, en a bousculé un autre. Soit! Mais en temps de guerre, on a vu pire.

La caméra nous a montré la scène du célèbre face-à-face à tel point que nous avons fini par en être terrifiés. Nous nous mettions au lieu et place de ce soldat inconnu. Nul, ce jour-là, n'aurait voulu être dans les bottes du soldat. Cette image en gros plan sur les écrans du monde entier, faisait frissonner. Ce que nous oublions et ce que la caméra ne nous a peut-être pas assez montré, ce sont tous ces autres soldats prêts à faire feu en cas d'agression de la part de Ronald Cross. Si Cross touchait à ce soldat avec son arme, il était un homme mort. Ronald Cross voulait-il mourir? Vu sous cet angle, ce n'était donc plus le soldat qui risquait sa vie mais Lasagne qui risquait la sienne.

* * *

Au cours du procès, le procureur de la Couronne aurait désigné Cross comme un «criminel de droit commun».[1] Alors que ce dernier ne s'était rendu coupable avant les événements de la Crise d'Oka, que d'une soûlerie lui ayant valu une amende de deux cent cinquante dollars! Il aurait, ajoute encore le procureur de la Couronne, violé la loi canadienne. Et nous alors, n'avons-nous pas violé les lois mohawks... N'avons-nous pas provoqué cette violence en nous disant que, quelle que soit la riposte des Indiens, nous avions l'Armée canadienne et la Sûreté du Québec pour nous? Ne savions-

(1)La Presse, 23 avril 1992.

nous pas dès le début que nous étions du côté des plus forts? Cela rend-il notre crime moins grave?

Est-ce qu'un Blanc intelligent ne savait pas, dès le premier jour de cette crise, que les Indiens n'avaient aucune chance... aucune autre chance que celle de nous montrer leur courage... et tôt ou tard, de rendre les armes?

Le crime est parfois un simple rapport de force. C'est le vainqueur qui écrit l'Histoire, dirait Jacques Vergès.

Nous expliquera-t-on un jour pourquoi les autres Indiens impliqués dans cette même crise ont été acquittés... tel que l'avait prédit Ronald Cross... alors que ceux qu'on prétend les leaders ont été jugés et trouvés coupables sur une base criminelle? Est-ce parce que les uns ont eu affaire au juge Greenberg, et d'autres au juge Tannenbaum? Est-ce parce que les uns ont été jugés à Saint-Jérôme, tout près d'Oka, alors que les autres l'ont été à Montréal?

Certains ont dit que Ronald Cross était un voyou. D'autres ont prétendu que les Warriors étaient des criminels, voire de la mafia. Comme si de ce fait, la cause était moins juste!

Et même si c'était vrai! Depuis quand un gouvernement en guerre retire-t-il de ses troupes un bon soldat, un bon guerrier se portant à la défense de son pays... sous prétexte que celui-ci a déjà commis un hold-up, qu'il a un dossier criminel, ou qu'il est dans la mafia? Depuis quand faut-il être pur pour faire la guerre? En vertu de quelle loi, devrait-on être plus exigeant sur la qualité des soldats amérindiens qu'américains ou canadiens?

Lorsqu'un Américain gagne la guerre et qu'il revient en héros, lui retire-t-on ses médailles parce qu'il a un jour eu de mauvais compagnons, parce qu'il a un jour pris de la cocaïne? Lui fait-on une fête moins grandiose... ou ne voit-on en lui que le vainqueur? Si les brigands n'ont plus le droit de défendre leur pays, empressons-nous de le dire. Ainsi, lors des prochaines guerres, les hommes ne seront plus obligés de se marier en série pour éviter la guerre, ils n'auront qu'à dévaliser une banque et s'arranger pour se faire prendre!

Après le verdict du jury, Ronald Cross se serait retourné vers Roger Lazore qui venait d'être acquitté et lui aurait dit: «Roger, nous l'avons fait pour la nation et nous le ferons encore.» Ces propos patriotiques ont été retenus par le procureur de la Couronne comme une absence de remords méritant dès lors une peine plus sévère.

Si nous voulons juger cette affaire, nous devons le faire en voyant les choses sous l'angle de la guerre. Dès lors, nous voyons le drame avec d'autres yeux. La participation de Ronald Cross devient celle d'un soldat. Et ce qui normalement, en droit pénal, constitue un acte criminel, une menace de mort, devient un acte légitime par le fait de la déclaration ou de l'état de guerre.

Tout dans ce dossier ressemble à une comédie de Molière. L'accusation la plus touchante par sa naïveté ou son hypocrisie, à la fois la plus risible et la plus dramatique portée contre Ronald Cross, est l'accusation de possession d'armes... dans un dessein dangereux! Depuis quand va-t-on à la guerre sans fusil!

Ronald Cross s'est porté à la défense des territoires indiens, espérant faire comprendre au monde entier à quel point son peuple était opprimé. Et n'eût été son image médiatique et la frayeur qu'il a inspirée, qui se serait soucié de cette crise?

Ronald Cross n'est pas le terrifiant personnage qu'on nous a présenté. Finalement, Ronald Cross... n'est pas Lasagne!

En lui rendant justice, j'espère lui avoir donné une autre image de la justice. À l'occasion, la justice ne semble plus un droit, mais un privilège. J'ai présenté Ronald Cross tel que je l'ai connu. Je n'ai pas tenté de cacher ses côtés les moins beaux. Je ne crois pas avoir embelli le portrait.

Dans plusieurs décennies, on voudra savoir... qui était Ronald Cross. Certains le présenteront comme un sauveur, d'autres diront qu'il était un truand. On aura retenu de lui qu'il se droguait et que cette cause lui a donné l'occasion de s'offrir une violence.

L'histoire oubliera de préciser que le brave soldat de l'Armée canadienne, tant valorisé au cours de cette crise, avait lui aussi un problème de drogue et d'alcool.

Après tout ce temps passé en prison, Ronald Cross se plaisait à penser que son action avait fait progresser la cause indienne. Que cette histoire de golf était bien terminée. À l'heure où je le quitte dans la pinède d'Oka, il semble préoccupé: «Rien n'a été réglé, finalement.» On parle maintenant de construire des condominiums! S'il devait y avoir d'autres combats, j'imagine mal Ronald Cross loin de la ligne de feu. Aucune sentence ne le fera reculer devant ce qu'il considère être juste. Telle est la véritable explication de son absence de remords.

Il fallait qu'il reste à l'histoire une autre version de ce personnage. En terminant ce livre, Ronald Cross est retourné prendre sa place dans la page du livre d'où il était sorti.

* * *

Héros ou bouc émissaire, les deux se ressemblent

Un héros est toujours seul. Parce que le peuple, une fois rassasié de sa haine ou de sa révolte, renie autant ses héros qu'il en a besoin ou qu'il s'en est servi. Pour se pardonner d'être rentré au bercail, pour oublier sa défaite, sa honte, le peuple a besoin d'exiler son héros, de détruire le monument qui risque de lui rappeler qu'il s'est rendu... à celui qu'il prétendait être son ennemi. Pour oublier tout cela, la foule a besoin de tuer son idole.

Les héros sont les marionnettes des peuples, de leurs chimères, de leurs humeurs et de leur caprices.

C'est le peuple qui décide quand naît le héros et quand meurt le héros. C'est le peuple qui décide également quand meurt le héros et quand naît le bouc émissaire.

Après avoir allumé en eux le goût de la bataille, après avoir stimulé leur haine en leur racontant les injustices faites à leur peuple, on leur reproche de n'être plus capables de s'éteindre... De rentrer dans le moule et d'oublier.

Le héros avec ses médailles, ses décorations, ses photos en première page, excite la jalousie des autres combattants. Loin d'être une récompense, tout ce vedettariat devient parfois le pire châtiment. Tous pensent en le regardant: «Il n'est pas plus héros que moi.»

La guerre est un combat et parfois une duperie contre soi-même. On connaît souvent mal ceux pour qui l'on se bat. Si seulement l'on savait, lorsqu'on risque sa vie et sa liberté, de qui on sert réellement les intérêts. Devant la sincérité de Cross, il m'est souvent arrivé de penser... qu'il n'avait pas encore assez perdu de guerres pour connaître ceux qui la font.

Où sont ceux qui l'organisent dans l'ombre, la planifient et en prévoient le début et la fin avec ses conséquences. Où sont ceux qui risquent la vie des autres. Ronald Cross ne sera pas de ceux-là. Il ne pensera pas un combat devant un ordinateur et n'enverra pas d'autres pions se battre à sa place.

Un destin pas comme les autres. Mais si c'était à refaire, il recommencerait tout. Rebelle? Non. Simplement épris de justice.

Par ce livre, j'ai voulu montrer ce qu'était la Justice. Ou plutôt, ce qu'elle est devenue. Je suis tentée de dire que la Justice n'existe pas. Seul le destin existe.

* * *

Photo Francine Dufresne

Ronald Cross, Hélène Sévigny dans la pinède d'Oka

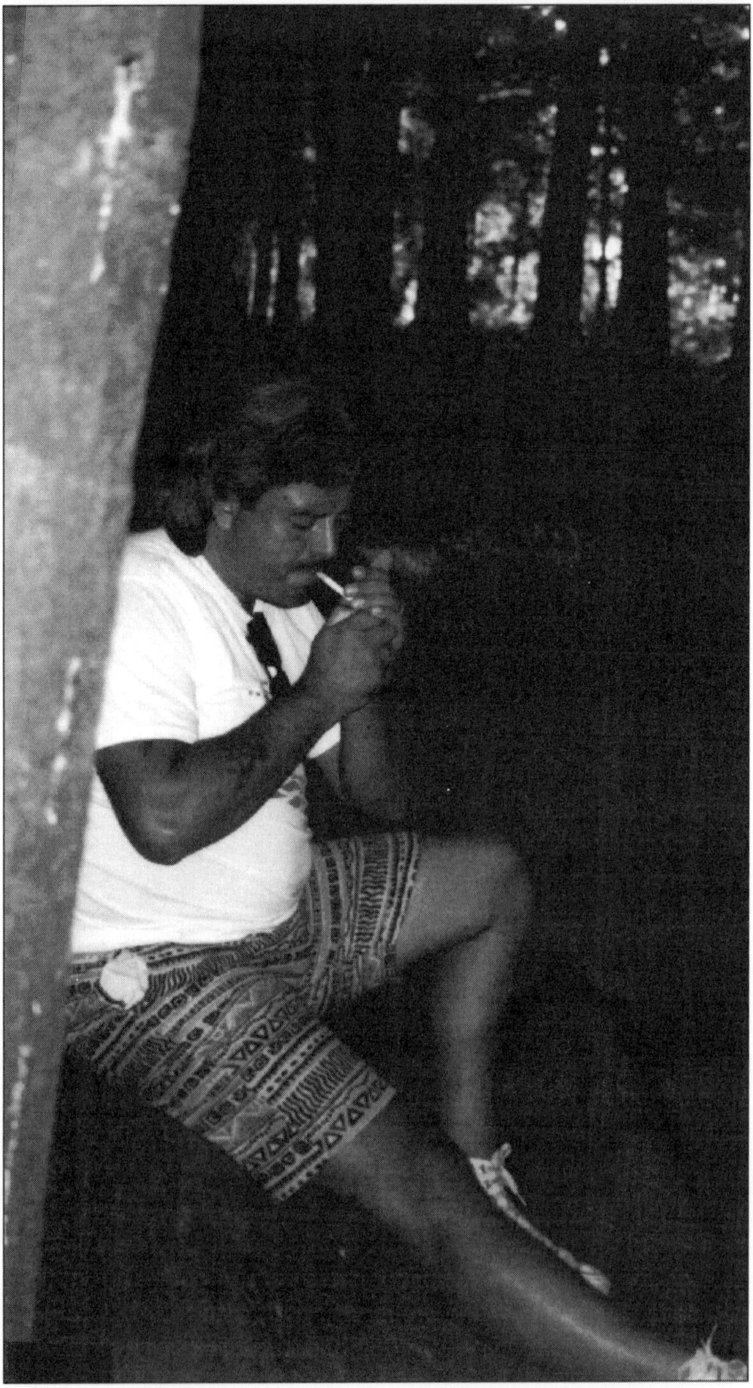

Photo Francine Dufresne

Ronald Cross, dans ce qui reste d'un bunker de l'été '90

En annexe

Quand la Cour parle

Jugement de l'Honorable Juge Greenberg
Traduction France Arseneault

CANADA

PROVINCE DE QUÉBEC
DISTRICT DE TERREBONNE
No. 700-01-000009-913

COUR SUPÉRIEURE
(DIVISION CRIMINELLE)

PRÉSIDÉE PAR L'HONORABLE JUGE BENJAMIN J. GREENBERG
St. Jérôme, le 19 février 1992

SA MAJESTÉ LA REINE
vs
RONALD CROSS et GORDON LAZORE

SENTENCE

Après un procès long et complexe, le jury a parlé! Les deux accusés restants, autant que le juge, sont liés par le verdict.

Il est maintenant de mon devoir d'imposer la sentence. À mon avis, ce devoir est manifestement l'un des plus difficiles et délicats qu'un juge peut être appelé à rendre.

Il y avait, à l'origine, trois accusés dans ce dossier: RONALD CROSS, GORDON LAZORE ET ROGER LAZORE. Selon l'acte d'accusation signé le 30 janvier 1991 par le Procureur général du Québec, 59 chefs ont été portés conjointement contre ces trois accusés en regard aux événements et incidents survenus durant l'été et le début de l'automne 1990 lors des émeutes d'Oka, au Québec. Ces événements seront ci-après mentionnés comme étant la «Crise d'Oka».

À l'origine, chacune de ces trois personnes était, de diverses manières, nommée soit seule pour certains chefs ou avec l'un ou les deux co-accusés dans les autres chefs. Si tous les chefs avaient subsisté, le jury aurait été appelé à rendre 85 verdicts; 50 dans le cas de Ronald Cross, 20 concernant Gordon Lazore et 15 pour Roger Lazore.

Quoi qu'il en soit, après que le soussigné eut accordé, le 28 novembre 1991, l'arrêt des procédures sur les chefs 57 et 59, le nolle prosequi sur le chef 56, déposé par le Procureur de la Couronne le 17 décembre 1991, demeura et ma décision de rendre des verdicts de non-culpabilité sur les chefs 1, 33, 35, 42, 44, 45 et 58, en faveur seulement de Roger Lazore sur le chef 18, en faveur seulement de Ronald Cross sur le chef 19 et en faveur seulement de Gordon Lazore sur le chef 25, il resta donc 66 verdicts à rendre pour le jury concernant les accusés, soit 40 pour Ronald Cross, 16 pour Gordon Lazore et 10 pour Roger Lazore.

Suite au verdict rendu le 22 janvier 1992, le jury acquitta Ronald Cross sur vingt chefs et le trouva coupable sur les vingt autres. Gordon Lazore fut acquitté sur sept des chefs et trouvé coupable de neuf. Roger Lazore fut acquitté sur tous les chefs qui pesaient contre lui.

Poursuivant l'application du principe énoncé par la Cour Suprême du Canada dans Kienapple c. La Reine,[1] le soussigné a ordonné un arrêt des procédures conditionnel à la condamnation de Ronald Cross par le jury sur les chefs 20 et 28 de même que sur les chefs 19, 20, 23 et 30 pour Gordon Lazore.

En conséquence, il reste maintenant pour la sentence de Ronald Cross dix-sept chefs et pour Gordon Lazore cinq chefs, soit:

(A) POUR RONALD CROSS: Chefs 21, 22, 24, 25, 26, 27, 31, 32, 38, 40, 43, 46, 48, 49, 50, 52 et 55;

(B) POUR GORDON LAZORE: Chefs 21, 22, 24, 26 et 29.

Même si, d'après ce qu'on verra plus loin, j'évoquerai les événements de la Crise d'Oka via le passé historique de ces incidents pour lesquels les deux accusés ont été reconnus coupables par le jury, je dois me garder de les sentencer indirectement sur des événements pour lesquels le jury les a acquittés.

Dans l'acte d'accusation initialement déposé, les chefs 1 à 36 inclusivement (ci-après mentionnés comme «le premier groupe de chefs») indiquaient que les victimes étaient des civils, des natifs et non-natifs tandis que les chefs 37 à 59 inclusivement (ci-après mentionnés comme «le deuxième groupe de chefs») relatent les

(1) (1975) 1 R.S.C. 729.

infractions commises contre les membres des Forces Armées Canadiennes.

Les diverses accusations sur lesquelles Ronald Cross doit être sentencé sont échelonnées sur les deux groupes tandis que la sentence de Gordon Lazore se limite au premier groupe.

Les faits résultant de la Crise d'Oka sont en général bien connus. Quoi qu'il en soit, pour que cette sentence soit cohérente, il est nécessaire de réviser l'historique de toute cette affaire.

Bien avant l'arrivée des Européens sur ce continent, celui-ci était habité par les Indiens et les Inuits. Ils étaient capables de vivre et de se déplacer librement. Leur culture et société étaient structurées et développées.

Les accusés sont des Mohawks. Le peuple Mohawk, ancien et fier, était, à l'origine, un regroupement de cinq nations, outre les Mohawks, les Seneca, les Oneida, les Onondaga et les Kayuga. Plus tard, par l'adoption des Tuscarora par les Cherokees, ce groupe devenait la «Confédération des Six Nations Iroquoises», et ce, bien avant l'arrivée ici, de l'homme blanc.

Ces nations ont développé des relations structurées entre elles ainsi qu'avec la Confédération et les autres nations indiennes.

Bien avant la Confédération du Canada de 1867, le gouvernement britannique tout comme le gouvernement français avant lui, considérait le peuple indien comme un gouvernement quasi souverain. Cette reconnaissance fut incorporée dans le «dicta» de la plus haute Cour de notre pays.

Dans R. vs. Sioui,[2] examinant les effets légaux d'un document signé par le Général Murray au nom du roi d'Angleterre en 1760 et adressé au Chef des Hurons, le Juge Lamer a écrit:

> «Les relations avec les tribus indiennes se situaient à l'époque qui nous concerne, quelque part entre le genre de relations qu'entretenaient des États souverains et les relations que de tels États entretenaient avec leurs propres citoyens.»

Et plus loin:[3]

---

(2) (1990) 1 R.C.S. 1025, 1038.
(3) Id., 1052-1053.

«Je suis d'avis que les documents historiques nous permettent plutôt de conclure qu'autant la Grande-Bretagne que la France considéraient que les nations indiennes jouissaient d'une indépendance suffisante et détenaient un rôle assez important en Amérique du Nord pour qu'il s'avère de bonne politique d'entretenir avec elles des relations très proches de celles qui étaient maintenues entre nations souveraines.

En effet, les métropoles faisaient tout en leur pouvoir pour s'assurer de l'alliance de chacune des nations indiennes et pour inciter les nations coalisées à l'ennemi à changer de camp. Ces efforts, lorsque couronnés de succès, étaient concrétisés par des traités d'alliance ou de neutralité. Cela indique clairement que les nations indiennes étaient considérées, dans leurs relations avec les nations européennes qui occupaient l'Amérique du Nord, comme des nations indépendantes. Les documents de sir William Johnson (The Papers of Sir William Johnson, 14 vol.), responsable des affaires indiennes en Amérique du Nord britannique témoignent de la reconnaissance de la part de la Grande-Bretagne du fait qu'il fallait entretenir des relations de nation à nation avec les Indiens d'Amérique du Nord. À titre d'exemple, je cite un extrait du discours de sir Johnson à la Conférence d'Onondaga tenue en avril 1748 et à laquelle assistaient les Cinq Nations.»

Toujours selon le Juge Lamer:[4]

«La Couronne britannique reconnaissait, en effet, aux Indiens certains droits de propriété sur leurs terres, elle cherchait à établir un commerce avec eux qui s'élèverait au-dessus du niveau de l'exploitation et leur apporterait un juste avantage. Elle leur reconnaissait aussi l'autonomie dans leurs affaires internes, intervenant ainsi le moins possible dans ce domaine.»

Et finalement:[5]

«Or, les puissances coloniales reconnaissaient aux Indiens la capacité de signer directement des traités avec les nations européennes qui occupaient les territoires d'Amérique du

(4) Id., 1055.
(5) Id., 1056.

> Nord. La situation sui generis dans laquelle se trouvaient les Indiens avait forcé les métropoles européennes à leur reconnaître une autonomie suffisante pour que puissent être validement créées des ententes solennelles qu'on a appelé «traités», indépendamment du sens strict que le droit international accordait et accorde toujours à ce terme.»

La reconnaissance du peuple indien d'Amérique du Nord n'est pas seulement limitée au Canada. Aux États-Unis, la plus haute cour, par son juge en chef, dans Worcester vs State of Georgia[6] a déclaré:

> «Telle était la politique de la Grande-Bretagne envers les nations indiennes occupant le Territoire duquel elle excluait tous les autres Européens. Tels étaient les droits et la mise en application des chartes qu'elle accordait aux nations indiennes: leur capacité à maintenir des relations pacifiques ou non; s'auto-gouverner sous sa protection; et l'obligation de la Grande-Bretagne à signer des traités avec elles.»

Au début du 18e siècle, une communauté Mohawk vivait près du Mont-Royal, ce qui est maintenant Montréal, sous la gouverne spirituelle du Séminaire St-Sulpice de Montréal. Désirant que la communauté indienne s'éloigne de ce que les religieux appelaient «certaines tentations», ils les déménagèrent au Sault-aux-Récollets, ce qui est maintenant la partie nord-est de Montréal.

Décidant très tôt que ce n'était pas assez loin, les religieux demandèrent au Gouverneur Vaudreuil et à l'Intendant Bégon, d'obtenir la concession sur le bord nord-ouest du Lac des Deux-Montagnes. Ceci leur fut accordé et en 1718, le Roi de France confirmait cette acquisition par la Seigneurie du Lac des Deux-Montagnes. Je cite ici un passage de Corinthe et al. c. les religieux du Séminaire St-Sulpice de Montréal:[7]

> [...] à condition qu'ils modifient la situation de la mission qu'ils ont créée parmi les indiens des environs, qu'ils bâtissent une église et un fort pour en assurer la protection.»

(6) 31 U.S. 515 (1832), 548-549.
(7) [1912] A.C. 872, 877.

Dans son jugement, le Conseil Privé mentionnait une controverse existant depuis un siècle et concernant le titre de Seigneurie du Lac des Deux-Montagnes. Le Chancelier, Vicomte Haldane disait:[8]

> «D'un côté, les religieux du Séminaire de Saint-Sulpice de Montréal, réclamaient la Seigneurie selon les concessions accordées par le Roi de France et selon les lois passées par la législature canadienne. Ils en revendiquaient l'entière propriété, ce qui ne laissait aucun droit, aucun contrôle administratif des terres ni aucune capacité de réclamer un titre quelconque par les Indiens résidant dans les limites de la Seigneurie. D'un autre côté, ces Indiens prétendaient posséder des droits de propriété ou, à tout le moins, l'incontestable droit d'occupation en vertu d'un éternel titre aborigène, du droit d'usure créé par la tradition d'occupation ou en vertu d'une obligation créée par les concessions, les lois ou tous autres documents concernant la Seigneurie.»

Ils décidèrent que les religieux avaient le titre légal de la Seigneurie mais semblaient laisser la porte ouverte en ajoutant:[9]

> «La Cour désire cependant se garder d'exprimer une opinion quant au fait qu'il n'y ait aucun moyen, pour les Indiens de cette Seigneurie, de s'assurer des bénéfices qu'ils s'attendaient avoir, d'après la s.2 de la loi. Si c'était un cas régi par les tribunaux anglais, les juges ne pourraient invraisemblablement penser qu'il s'agissait là d'un trust charitable que le Procureur général, représentant le public, pourrait faire respecter. À savoir s'il existe une procédure semblable au Québec et que ce soit, dans ce sens, un cas relevant du gouvernement du Dominion ou de la Province, ne sont pas des questions ayant été discutées, et qui auraient pu l'être dans le cas présent. La Cour doit décider, concernant les raisons ayant motivé le présent appel, si les revendications des appelants étaient basées sur un prétendu titre individuel, dont la Seigneurie ne reconnaît pas l'existence. Si la Couronne applique la loi de par une façon différente de procéder ou si les négociations sont amorcées dans le but de convenir d'une

(8) Ibid.
(9) [1912] A.C. 878, 879.

localisation pour ces Indiens et que cela concerne l'intérêt public du Canada, la Cour tient à préciser que rien de ce qu'elle vient de convenir ne peut porter atteinte aux questions qui pourraient alors survenir.»

C'est en considérant ce passé que nous devons tenter de comprendre l'attitude des Mohawks lors de l'adoption, par le conseil municipal du Village d'Oka en mars 1990, de la proposition stipulant l'agrandissement du terrain de golf, craignant de ce fait que cela perturbe la «Pinède» et le cimetière mohawk sis à cet endroit.

Il faut se rappeler que les Mohawks s'étaient opposés, sans succès toutefois, à la construction du premier golf trente ans auparavant.

Comme on me l'a expliqué durant les plaidoiries sur sentence, les Indiens ne perçoivent pas la terre, les arbres et la nature en général comme les Blancs. Le Chef Billy Two Rivers de Kahnawake ainsi que les grands Chefs Joe Norton de Kahnawake et Jerry Peltier de Kanehsatake ont témoigné à l'effet que pour les Mohawks, la terre représente tout. Étant une entité par elle-même, ils la considèrent comme étant un cadeau du Créateur, «leur Créateur», qui pourvoit à tous leurs besoins et assure leur survie en tant que peuple. De génération en génération, ils enseignent le devoir de prendre soin et de préserver la terre.

Ils parlent de leur responsabilité envers la terre, d'en prendre soin pour les générations futures.

Pour ce qui est de la «Pinède», Grand Chef Peltier l'a décrite comme étant «un lieu précieux, spirituel et sacré, le coeur et l'âme de mon peuple.» Les anciens y trouvent des médicaments. Il explique aussi que les épinettes de la «Pinède» servent à retenir ce sol de sable fin qui, avant la plantation de ces arbres, avait tendance à s'éroder.

Ceci est confirmé dans un affidavit et un rapport préparés par Michel F. Girard, expert en histoire de l'environnement. Le rapport intitulé «Étude Historique sur la Forêt du Village d'Oka» est produit au dossier de la Cour relativement à l'injonction dont on fait référence ci-dessous. Voici ce qu'il explique:

> «Les pages qui suivent résument l'histoire de la plus vieille forêt plantée par l'homme au Québec. Il sera tout d'abord question de la problématique entourant sa préservation.

Ensuite, un tableau de la situation du reboisement au tournant du XXe siècle sera brossé à grands traits afin de mettre l'expérience d'Oka dans son contexte historique plus large. Enfin, les documents et cartes trouvés dans le cadre de cette recherche seront étudiés. Ils sont présentés en annexe.

[...]

Mais au-delà des considérations des écologistes et des Amérindiens, la décision d'agrandir le golf dans cette forêt surprit les anciens du village et ceux qui connaissaient l'histoire de la région. Car fondamentalement, la forêt d'Oka protège ses habitants de l'ensablement. Avant le boom forestier des années 1850, la plupart des rives de la rivière Outaouais étaient recouvertes de forêts de conifères, notamment du pin blanc. Dans la région d'Oka, où les arbres étaient d'accès facile, la coupe a été particulièrement sévère. Les Sulpiciens, qui ont pris possession du territoire grâce à un don du Roi en 1719, désiraient y établir des fermes pour enseigner l'agriculture aux Amérindiens de la mission Mohawk du Lac des Deux-Montagnes. Mais les sols à l'ouest du village étaient tout à fait impropres à l'agriculture. Ce vaste dépôt de Quaternaire des Basses terres du Saint-Laurent, constitué de sable fin et instable, mesure près de 30 mètres de haut. Il repose sur une couche imperméable d'argile de la Mer de Champlain et est traversé d'une douzaine de sources importantes. La nappe phréatique est à un mètre sous le niveau du sol. Cet escarpement est donc très sensible aux mouvements de sol en profondeur.»

Je peux discerner la pensée mohawk quant à leurs convictions sur l'environnement. La protection et la préservation de l'environnement occupent le premier plan pour les années 90. Peut-être avons-nous ici un exemple de notre société prenant une leçon des autochtones.

C'était à cause de la crainte des Mohawks de Kanehsatake à l'égard du projet d'agrandissement du terrain de golf que ceux-ci érigèrent la première barricade près de la route 344 sur le Chemin du Mil, menant à la «Pinède»; c'est ce qui a conduit à l'injonction dans le dossier 700-05-000950-901 de la Cour Supérieure du district de

Terrebonne, émise par mon confrère le juge Bergeron, ordonnant l'enlèvement de cette barricade; c'est ce qui a conduit aux négociations entre le gouvernement du Québec et les Mohawks; lesquelles furent interrompues par la razzia de la Sûreté du Québec sur cette barricade le 11 juillet 1990, avec la mort tragique d'un agent de ce corps policier; ce qui a mené à l'érection d'autres barricades; ce qui a conduit à plus de violence et d'actes criminels, incluant vandalisme, voies de fait, introductions par effraction et vols; ce qui a conduit à l'évacuation de 340 familles blanches de la paroisse d'Oka, soit 970 personnes sur un total de 1600 et l'évacuation de 677 familles blanches du Village d'Oka, soit 1520 personnes sur un total de 1800. Concernant les Amérindiens de la Paroisse et du Village d'Oka, 299 familles, soit 604 personnes sur un total de 1000 furent évacuées. Rappelons-nous aussi des problèmes économiques et de la baisse du tourisme dans la région d'Oka, provoquant la fermeture de plusieurs de ses entreprises. Sans compter, le blocage du Pont Mercier par les Mohawks de Kahnawake, obligeant plusieurs milliers de personnes habitant la Rive-sud de Montréal, et plus particulièrement Châteauguay, à effectuer d'innombrables détours, perdant ainsi plusieurs heures quotidiennement afin de se rendre au travail et ce, pendant plusieurs semaines (une situation semblable a aussi incommodé les résidents d'Oka et de ses environs). Le blocage du Pont Mercier a provoqué l'agression, par un groupe d'individus blancs, contre des Mohawks, incluant des femmes, des enfants et des personnes âgées, qui tentaient de quitter la réserve. Des roches furent lancées sur leurs véhicules. La plupart de ces actes sont criminels et condamnables, sans égard aux parties qui les posent!

Ceci étant dit et même si les actions des deux accusés font partie de ce contexte, il serait cependant injuste de les tenir responsables de l'ensemble des actes et de leurs conséquences reliés à la Crise d'Oka, contrairement à ce que la Couronne a plaidé.

C'est en effet un facteur aggravant mais il ne faut pas oublier que les accusés ne sont qu'une petite partie de la Crise d'Oka. Plusieurs autres étaient impliqués.

Je ne peux fermer le présent chapitre de cette sentence sans mentionner les millions de dollars que cet épisode a coûté au Gouvernement du Québec et aux payeurs de taxes, vous et moi!

Pour ce qui est des actions posées contre la communauté non-autochtone, lesquelles, dans le cas de Ronald Cross, sont énumérées dans le second groupe d'accusations, je suis convaincu que celui-ci n'a pas agi par avidité ou pour des raisons de gains personnels.[10] Il a été motivé par une profonde colère, une rage, un désespoir résultant de discriminations et de racisme manifestés envers son peuple depuis plusieurs siècles.

Également, même si les médias l'ont placé en évidence durant la Crise d'Oka, et surnommé «Lasagne», il n'en demeure pas moins que son image publique est une pure fabrication médiatique. Malgré qu'il fut en évidence, agressif et même souvent violent, on ne m'a produit aucune preuve me permettant de croire qu'il fut le chef, voire même le «leader» de la Société Warriors de Kanehsatake pendant cette crise.

En effet, la preuve était à l'effet qu'antérieurement à la Crise d'Oka, il n'était même pas actif ou impliqué dans la Société Warriors. Il semble qu'il ait été poussé dans l'action par la peur des Mohawks relativement à la proposition d'agrandissement du terrain de golf.

Pendant des années, des décennies et même des siècles, le peuple indigène de ce pays a enduré, au mieux, l'indifférence, la négligence et l'injustice et, au pire, l'hostilité, la discrimination et le racisme.

Le peuple indigène a occupé une place spéciale dans la société canadienne. Ils étaient les premiers habitants de ce pays, de ce continent!

L'homme blanc, soit les immigrants européens, sont venus ici, et, par leur grand nombre, leur avancement technologique et par la force, ils ont pris la terre du peuple indigène.

La Reine (personnification symbolique de l'État) doit un certain respect au peuple indigène. Dans R. vs Sparrow,[11] la Cour Suprême du Canada parle de «...l'unique relation contemporaine entre la Couronne et le peuple indigène canadien.»

Les revendications territoriales des Mohawks d'Oka-Kanehsatake sont peut-être bien fondées en droit, mais aussi,

---

(10)R. c. Switlishoff, (1950) 97 C.C.C. 132 (B.C.C.A.), 137: «Il est clair que le juge des Assises n'a pas regardé les requérants comme étant six individus qui ont commis ces offenses à des fins personnelles.»

(11) (1990) 1 R.C.S. 1075, 1110.

peut-être pas. La présente cause ne requiert pas que je fasse enquête sur ce sujet.

Néanmoins, ces revendications ne doivent pas être réglées à la pointe d'un fusil mais par des négociations faites de bonne foi, d'une part avec un représentant autochtone et d'autre part avec des représentants des gouvernements. Si cela devait échouer, il y aurait toujours le recours devant les tribunaux.

Devant le passé historique que j'ai tracé, il demeure très clair que les tribunaux doivent continuer de maintenir leur rôle d'instrument de paix sociale par le règlement pacifique de disputes, conformément aux règles de droit.

Il est heureusement observé qu'avec le premier rapport publié par la Commission Royale sur les Autochtones intitulé «Le Droit d'un Gouvernement Autonome Autochtone et la Constitution: Un commentaire», de même qu'avec les négociations sur la constitution, la question des autochtones est finalement abordée par le gouvernement de façon significative.

Les accusés et leurs compatriotes ont sans doute été motivés par une croyance honnête et sincère dans la réclamation légitime de leur terre et par la frustration, la colère et l'amertume, héritage de siècles de négligence, d'indifférence, d'injustice, d'hostilité, de mépris, de discrimination et de racisme.

Certains diront qu'il n'y a pas de place pour ce genre de commentaires lors du prononcé d'une sentence par la Cour.

Je ne suis pas d'accord. Les actes criminels posés lors de la Crise d'Oka ne peuvent être entièrement dissociés des origines historiques et politiques de cette crise.

J'ai même inclus dans mes directives au jury, un chapitre intitulé «Histoire, Politique et le Droit».

Le jugement du Conseil Privé dans Corynthe, auquel on réfère précédemment, en appelait du jugement, dans ce cas, du Banc du Roi de la Cour du Québec (aujourd'hui connu comme étant la Cour d'appel du Québec).[12]

(12) Corinthe c. Séminaire de St-Sulpice, (1912) 21 B.R. 316.

En examinant ce jugement, j'ai été frappé par le fait que le Juge qui l'a écrit a utilisé le terme «sauvages» plusieurs fois pour se référer aux autochtones d'Oka-Kanehsatake. Dans le contexte d'aujourd'hui, c'est de toute évidence un terme péjoratif; il l'était probablement aussi en 1911.

Même si le Juge s'est référé à ces documents officiels datant du 17e et 18e siècles, il a quand même utilisé le terme «sauvage» dans son propre texte quarante-et-une fois. Si les termes «autochtones» et «aborigènes» n'étaient pas d'un commun usage, il aurait peut-être été préférable de parler des «autochtones d'Oka-Kanehsatake» comme étant des «indiens» plutôt que des «sauvages».

Ceci n'est qu'un exemple du mépris, de la discrimination et du racisme que les autochtones du Canada ont subi depuis des siècles et cela ne vient pas d'une personne sans éducation mais bien d'un juge de l'une des plus hautes Cours du Québec.

Laissez-moi préciser cependant, que je n'ai pas l'intention d'amoindrir les tragédies qui sont survenues aux familles Lemay et Mongeon durant la Crise d'Oka. Quiconque a ravagé leurs maisons, qu'il soit autochtone ou non, a vraiment agi en sauvage. Si les accusés furent acquittés relativement à ces incidents, c'est parce que la Couronne n'a pu prouver leur participation hors de tout doute raisonnable.

Tout ce que j'ai écrit précédemment sur l'expérience des autochtones du Canada explique probablement ce qui a motivé les agissements des deux accusés à Oka-Kanehsatake durant l'été et le début de l'automne 1990. Ceci étant dit, cette motivation ne peut être reliée aux actes posés par Ronald Cross comme étant un facteur atténuant que pour le deuxième groupe d'accusations seulement.

Cependant, cela ne justifie ou n'excuse pas ce genre de comportement.

Le Canada, et aussi le Québec, opèrent sous la Règle de Droit et c'est mon devoir d'appliquer cette loi. Nous vivons ici dans un pays libre et une société démocratique; probablement une des sociétés les plus libres au monde. Toutefois, personne ne peut prendre la loi entre ses mains. Si cela arrivait, même pour une juste cause, ce serait un premier pas vers l'anarchie. Toute personne vivant au Canada, qu'elle soit autochtone ou non, immigrant ou touriste, est assujettie au Code Criminel du Canada.

Je regarde maintenant les faits à la base des condamnations parmi le premier groupe d'accusations.

La maison et la ferme des Mongeon ont été vandalisées entre le 27 et 31 août 1990 et ceci fut découvert par les Mongeon à leur retour à la maison dans l'après-midi du 31 août.

Francis Jacobs, ancien chef de bande et Ronald Bonspille, qui opérait les Services Mobiles de Kanehsatake (ambulance et transport médical) étaient dans les environs et se sont présentés au même moment que les Mongeon.

La même chose s'applique à Dennis Nicholas de la Sécurité des Warriors. Étaient présents à ce moment quand les Mongeon, Nicholas, Jacobs et Bonspille arrivèrent, Roger Lazore, Gordon Lazore mais pas Ronald Cross.

Francis Jacobs et Ronald Bonspille ont contribué à l'organisation de patrouilles qui, avec une trentaine de Mohawks, surveillaient les environs, jour et nuit, pour essayer d'empêcher les vols, les introductions par effraction et le vandalisme. Un groupe de patrouilleurs opérait aussi à partir du gymnase communautaire qui servait également de lieu de ravitaillement alimentaire. Ils couvraient ainsi une partie du territoire, lequel était bloqué par les barricades des Mohawks, pendant que la Sécurité Warriors, opérant du centre de traitement, patrouillait le reste du territoire.

Malgré ces patrouilles, plusieurs maisons abandonnées par leur propriétaire ont été cambriolées ou vandalisées pendant la Crise d'Oka, les pires étant celles des Lemay et des Mongeon. Également, plus de quarante vols et introductions par effraction ont été dénombrés.

Même si la Sûreté du Québec n'avait aucune raison et, de ce fait, n'a pas soupçonné Francis Jacobs et Ronald Bonspille, les accusés croient que ceux-ci sont responsables de quelques introductions par effraction et vandalisme, et en ont fait passer la responsabilité sur les Warriors. De plus, les médias sont arrivés à la demeure des Mongeon peu après leur retour le 31 août. Les accusés croient que Francis Jacobs leur a téléphoné. Cependant, la preuve a démontré qu'ils étaient dans l'erreur et que c'est Dennis Nicholas, de la Sécurité Warriors, qui les a appelés.

Aussi, on a pu voir à la télévision ce soir-là, la motocyclette en feu de Ronald Cross, sur le terrain des Mongeon. Dans ce reportage, on mentionnait le nom de Francis Jacobs alors que celui-ci n'était plus sur les lieux au moment du tournage.

Aux petites heures du matin du 1er septembre, deux Mohawks, Angus Nelson et Maurice Binette, amis des Warriors mais sans en être eux-mêmes, après avoir vu le reportage télévisé, décidaient d'aller se promener dans ces environs. Passant devant la maison du frère de Ronald Cross, Glen, voyant de la lumière, ils y entrèrent, selon leurs dires, seulement que pour leur parler.

Étaient présents, Ronald Cross, Gordon Lazore et deux autres personnes. La conversation tourna autour de Francis Jacobs, Ronald Bonspille, la moto de Ronald Cross, les intros et les médias. Ronald Cross et/ou Maurice Binette ont suggéré de trouver Francis Jacobs pour «lui parler».

Les six prirent le camion d'Angus Nelson; Nelson et Binette dans la cabine du camion et les quatre autres, dans la boîte ouverte à l'arrière.

Ronald Cross prit avec lui une arme, un M-16.

Après 15 minutes de recherche, ils trouvèrent Francis Jacobs dans sa voiture avec son fils Cory, alors âgé de vingt ans, stationnés à l'intersection de la route 344 et du rang Ste-Germaine, parlant à Ronald Bonspille, lui-même dans sa voiture avec 4 autres personnes.

Quand le camion de Nelson s'arrêta près de la voiture de Jacobs, Ronald Bonspille prit le rang Ste-Germaine vers les barricades érigées par l'armée.

Les quatre qui étaient à l'arrière du camion et Maurice Binette s'approchèrent de la voiture de Jacobs. Nelson sortit aussi du camion, mais demeura derrière celui-ci et observa, sans s'impliquer, le «fracas» qui suivit.

Ronald Cross, arme en main, courut vers la voiture de Jacobs et cria: «On va régler ton cas ce soir.» Jacobs mit alors sa voiture à la renverse et commença à reculer dans l'intention de s'échapper. Ronald Cross pointa son arme vers Jacobs et dit: «Si tu n'arrêtes pas, je tire!» Francis Jacobs a alors entendu un «click» provenant de l'arme de Cross et Cory se baissa en voyant l'arme pointée vers lui.

La Couronne suggère que le «click» entendu serait un tir raté, ce qui laisse croire l'intention qu'avait Cross de tirer sur Cory Jacobs. Ronald Cross a ensuite levé son arme vers le ciel et tiré rapidement trois coups de feu consécutifs.

Je suis convaincu que ce «click», plutôt que d'être un tir raté, selon les faits relatés concernant le second groupe d'accusations, est plutôt le bruit que l'arme a fait lorsque Ronald Cross l'a chargée ou préparée. Ce «click» était le bruit que fait une balle quittant le barillet pour se retrouver dans le canon de l'arme, prête à faire feu.

Pendant ce temps, les deux Jacobs fermèrent les fenêtres et barrèrent les portes. Mais Ronald Cross brisa la fenêtre avec la crosse de son arme. Avec Gordon Lazore, Maurice Binette et deux autres personnes qui me sont inconnues, ils commencèrent à battre Francis et Cory Jacobs.

Ronald Cross frappa Francis Jacobs avec ses poings et la crosse de son arme. Francis Jacobs et Cory Jacobs prirent deux bâtons de baseball qu'ils gardaient dans la voiture pour se protéger mais les assaillants les leur arrachèrent. Gordon Lazore prit un des bâtons et frappa Francis Jacobs à la tête, lui causant des blessures qui nécessiteront des points de suture. Gordon Lazore a aussi battu Cory Jacobs.

Pour ce qui est des accusations de possession d'arme, chefs 22 et 24, il est très clair que la responsabilité de Ronald Cross est beaucoup plus importante que celle de Gordon Lazore. Ronald Cross avait une arme en sa possession et l'a utilisée. Gordon Lazore n'y a jamais touchée. Il a été trouvé coupable sur ces deux chefs uniquement via l'article 21 du Code Criminel,[13] c'est-à-dire pour complicité.

Les bâtons de baseball ont aussi été utilisés pour causer des dommages à la voiture de Jacobs que les agresseurs ont également endommagée en sautant sur le capot, la valise et le toit. Cette voiture a été endommagée pour un montant d'environ 4 500 $.

Quelqu'un, dans ce groupe d'agresseurs, a entendu sur un émetteur radio que la Sécurité Warrior était en route. Ils sont alors partis pour la maison de Ronald Bonspille en amenant avec eux les bâtons de baseball. J'expliquerai l'incident Bonspille dans quelques instants.

---

(13) Code Criminel (L.R.C. 1985, c. C-46).

Le fils de Ronald Bonspille, Robert, alors âgé de 19 ans, a vu Francis Jacobs et Cory Jacobs plus tard le même soir au lieu de ravitaillement alimentaire. Il a témoigné au procès et a décrit Francis Jacobs comme étant en très mauvais état. À part une coupure au-dessus de l'oeil, sa figure était enflée, deux fois la grandeur normale. Cory Jacobs, moins blessé physiquement, était en état de choc. Il avait été clairement traumatisé. Il avait le regard vague et ne répondait pas quand on lui parlait. Les deux hommes furent amenés à l'hôpital mais reçurent leur congé peu après. Deux photos de chacun d'eux ont été prises plus tard la même journée et sont produites par la Couronne comme exhibits P-8 et P-9 et sont très révélatrices quant à leurs blessures physiques.

Quelques mois après, les deux hommes ont dû consulter un psychologue. Cory Jacobs n'a pas témoigné au procès, apparemment trop traumatisé par cet incident. Francis Jacobs m'a semblé déprimé lors de son témoignage.

Quand le groupe des six arriva chez Ronald Bonspille, son fils Robert avait déjà quitté, son père l'ayant réveillé en lui téléphonant pour lui dire de fuir avant que le groupe arrive.

Il sortit de la maison, vêtu seulement de ses sous-vêtements, et se cacha derrière les buissons pour observer ce qui allait se produire. Même s'il n'a pas fait ce commentaire lors de son témoignage devant le jury, il raconte, dans sa déclaration à la police, qu'il a eu tellement peur que lorsqu'il a sauté la clôture, haute de quinze pieds, pour se cacher derrière les buissons, il pense ne lui avoir même pas touché.

Deux ambulances étaient stationnées dans l'entrée de garage, l'une propriété des Services Mobiles de Kanehsatake et l'autre d'Ambulances Joliette. Robert Bonspille a vu Ronald Cross briser les fenêtres et les lumières du toit de l'une d'entre elles utilisant la crosse de son arme. Il a aussi fait une entaille dans un pneu. Robert Bonspille a pu voir et identifier Ronald Cross grâce à un projecteur double installé à un arbre et éclairant toute l'entrée du garage.

L'ambulance des Services Mobiles de Kanehsatake fut endommagée pour environ 8 000 $. L'autre fut remorquée plus tard et réparée par son propriétaire. Cependant, des témoins ont confirmé que ces dommages étaient similaires à ceux causés à l'ambulance des Services Mobiles de Kanehsatake.

Relativement aux incidents Jacobs et Bonspille, les victimes étant des Mohawks, les commentaires que j'ai faits ci-dessus concernant les mauvais traitements infligés aux autochtones au cours des années ne peuvent absolument pas atténuer ces faits.

En regardant maintenant le second groupe de chefs, les incidents étaient reliés à une confrontation entre l'armée d'un côté et les warriors de l'autre.

Il faut mentionner que, lorsque le gouvernement du Québec a demandé l'aide de l'armée, la Loi sur la défense nationale[14] permet de le faire dans des circonstances spéciales. La section 282 de la loi dit:

> «Sans autorisation ou nomination spéciale ni prestation de serment professionnel, les officiers et hommes réquisitionnés pour prêter main-forte au pouvoir civil sont censés posséder, et peuvent exercer pendant la durée de leur réquisition, outre leurs attributions propres, celles d'agent de police; ils ne peuvent toutefois le faire que collectivement, à titre de corps militaire, et sont individuellement tenus d'obéir aux ordres de leurs supérieurs.»

À Oka, les soldats ont agi comme officiers de police.

Le 1er septembre, la compagnie «C» du second bataillon du 22e Régiment des Forces Armées Canadiennes, aussi appelée «Van Doos», dirigée par le Major Alain Tremblay, un jeune officier militaire mais expérimenté, compétent et professionnel, a reçu ordre de monter la route de l'Annonciation, dépassé la ferme des Mongeon, d'avancer dans la Pinède et de repousser les Warriors dans un périmètre défini.

On ne peut qu'être impressionné par le sang-froid et le professionnalisme avec lesquels le Major Tremblay et ses officiers ont procédé à travers les barricades, les abris et les pièges érigés par les Mohawks comme moyens de défense. Leurs ordres étaient, si possible, d'éviter une fusillade, de ne pas tirer les premiers mais de riposter si on tire sur eux.

Comme on peut l'imaginer, les soldats étaient bien préparés pour leur mission. Ils ont utilisé des «Grizzly» et avaient accès à des

---

(14) Loi sur la défense nationale (L.R.C. 1985, c. N-5).

mitraillettes et mitrailleurs, artillerie lourde, des grenades, des «sniper riffles», version canadienne du M-16A2 automatique américain, des pistolets et des couteaux.

Même s'ils n'étaient pas aussi bien équipés en artillerie lourde, il n'en demeure pas moins que les Mohawks étaient bien armés avec des M-16A2, AK-47, mitraillettes Barrett, fusils, revolvers et couteaux.

Les trois premières de cette catégorie sont des armes de guerre meurtrières. Elles pointaient à l'extérieur de la Pinède dans une formation défensive. Le M-16 et le AK-47 ont une portée de 3.3 Km et le Barrett a une portée de 8 km. La portée du 3.3 km est tellement puissante que, par exemple, suite à une fusillade, des gens marchant dans les rues de Hudson, de l'autre côté du Lac des Deux-Montagnes, auraient pu être sérieusement blessés ou même tués.

Les munitions pour le M-16 et le AK-47 étaient censées causer le maximum de dommages avec le plus petit calibre possible; c'est-à-dire blesser grièvement et, si possible, tuer. La munition du M-16, 5.56 mm x 45 mm, était censée, une fois entrée de 10 cm dans le corps humain, se fragmenter puis exploser. Cela causera une très grave blessure de 15 à 25 cm du point d'impact, soit environ au centre de la personne.

Cette arme, réglée automatiquement, signifiant ainsi un tir continu tant que la gâchette est maintenue, videra un magasin de 30 balles en 2.3 secondes. Un tireur expérimenté, rechargeant son arme rapidement, peut tirer, à intervalle régulier, 150 balles à la minute. Même si l'arme est réglée semi-automatiquement, signifiant que la gâchette doit être actionnée à chaque coup, un habile tireur pourra tout de même projeter 100 balles à la minute.

Quant à la munition du AK-47, 7.62 mm x 39 mm, elle a son centre de gravité à l'arrière de la balle, ce qui a pour effet, une fois entrée dans le corps humain, de tourner sur elle-même de façon à causer une blessure maximale, voire même tuer.

Cette arme offre un mode semi-automatique et non automatique. Cependant, avec une légère modification, elle le deviendra. Malgré tout, un tireur expérimenté l'utilisant en mode semi-automatique pourra projeter 100 balles à la minute.

Concernant la mitrailleuse Barrett, arme semi-automatique antichar, destinée à la défense, elle est utilisée avec de très grosses munitions, 12.7 mm x 99 mm, d'environ 5 pouces et demi de longueur. Elle s'insère dans l'arme au moyen d'un chargeur contenant 11 balles et qui, tirée d'une distance de 500 mètres, peut transpercer 3 blocs-moteurs d'automobiles placés côte-à-côte, de même qu'un char blindé à une distance de 100 à 150 mètres. Ce n'est certainement pas un jouet!

De par les armes déployées des deux côtés, le 1er septembre 1990, à la Pinède d'Oka, il s'agissait définitivement d'une «situation explosive». Une fusillade aurait sûrement résulté en un bain de sang.

Nous devons au Major Tremblay et ses hommes d'avoir pu éviter cette situation. Ils se sont montré disciplinés et ont agi avec modération, sang-froid et contrôle.

Il doit aussi être mentionné que, malgré quelques excités du côté des Mohawks, le calme a prévalu. Et tel que démontré sur la cassette-vidéo, présentée comme pièce à conviction, Robert Skidders, un Mohawk plus âgé, mieux connu sous le nom de «Mad Jap», s'est efforcé de faire régner le calme chez les Warriors.

Monsieur Skidders et le Major Tremblay ont eu deux conversations ce jour-là. Ils se sont mutuellement donné l'assurance qu'aucun d'eux ne tirerait le premier, aidant ainsi à désamorcer la situation.

Cependant, le Major Tremblay demeurait inquiet. Malgré qu'il avait le plein contrôle de ses troupes, il n'en était pas de même pour «Mad Jap» qui lui ne l'avait pas entièrement sur les Warriors, loin d'être disciplinés comme le personnel de l'armée.

Le soussigné remarque que la cassette-vidéo montre deux femmes Mohawks, dont l'une se promène sur un véhicule tout-terrain, qui incitent les Warriors à la modération.

Quant aux sept accusations, selon la Section 87 du Code Criminel, de possession d'arme à feu dans un dessein dangereux pour la paix publique, pour lesquelles Ronald Cross était reconnu coupable, six des armes qu'il a portées étaient des U.S. M-16A2, en plus d'un revolver Ruger 44 magnum.

D'ailleurs, à plusieurs reprises durant la Crise d'Oka, Ronald Cross a été aperçu transportant un AK-47, un «Remington 870», fusil de calibre 12 (lequel est définitivement dangereux à une distance de plus de 60 mètres), et un couteau de combat M-9 U.S. de l'armée, retenu par les sangles avant de son attirail de camouflage.

Il représentait un danger constant pour ses adversaires.

En général, le but visé par une sentence est la protection du public, ainsi recherchée grâce à l'application de plusieurs principes généraux dont la dissuasion limitée ou non, blâmant le comportement d'un contrevenant, la punition (dans son sens philosophique plutôt que celui de la vengeance ou du châtiment) et la réhabilitation du contrevenant.

Le comportement et la conduite d'un accusé après qu'il soit reconnu coupable et jusqu'à ce qu'il soit sentencé est aussi à considérer.

En ce qui concerne Gordon Lazore, celui-ci s'est bien comporté. Il n'a démontré aucun mépris, contrairement à Ronald Cross, et s'est présenté à son procès chaque fois qu'il lui était requis de le faire. De plus, je perçois chez lui un certain sentiment de regret.

On ne peut cependant pas en dire autant de Monsieur Cross. À deux reprises, il ne s'est pas présenté devant la Cour, obligeant celle-ci à émettre des mandats d'arrestation contre lui. D'abord, une première absence le 5 juillet 1991, avant la sélection du jury, alors que le soussigné entendait la requête sur l'état de son cautionnement. Dans mon jugement du 11 juillet dernier, j'écrivais:

> «La preuve entendue précédemment au 5 juillet m'a convaincu, selon toute vraisemblance, que Ronald Cross est un homme enclin à la violence verbale et physique. Il méprise et dédaigne l'autorité. Bien avant avoir entendu la preuve présentée le 9 juillet, il était évident que la consommation excessive d'alcool était un trait marquant lors des événements entourant la Crise d'Oka et la situation à Kahnawake.
>
> Son témoignage devant moi le 9 juillet, démontrait clairement qu'il avait un problème relié à la consommation autant d'alcool que de drogue. Son absence du 5 juillet était due à deux jours et demi de consommation de vin, de bière, de liqueur forte et de cocaïne. Ainsi, depuis l'après-midi du 4 juillet jusqu'aux petites heures du 7 juillet, ou il dormait ou il était inconscient.»

L'incident de Kahnawake du 11 mai 1991, cité précédemment, concerne trois accusations auxquelles Ronald Cross fait face actuellement devant la Cour du Québec, division criminelle, dans le district de Longueuil. La Couronne a demandé que cette Cour tienne compte de cet incident dans le prononcé de la présente sentence. Cette demande est sans fondement. Dans Chartier c. R.,[15] le Juge Kaufman écrivait:

> «[...] tel que mentionné dans R. v. Paradis (1976), 38 C.C.C. (2d)455 462 (C.A.Q.), un accusé ne peut être sentencé ou avoir l'impression d'être sentencé pour une offense pour laquelle sa culpabilité n'a pas encore été reconnue. [...] le principe demeure, et toute suggestion selon laquelle un accusé peut être puni en double pour une offense doit être évitée, surtout lorsque l'une des deux n'est pas encore reconnue.»

La seconde fois où Ronald Cross ne s'est pas présenté à son procès était le 8 janvier 1992. Ce fut plus sérieux étant donné la présence du jury et le fait que Me Brière devait s'adresser à ceux-ci. Un mandat d'arrestation était émis et Monsieur Cross fut arrêté vers 4 h le lendemain matin à Ville Lasalle dans une résidence que les policiers croient liée au trafic de cocaïne et de crack.

Il faut se rappeler que les deux jours et demi qu'il a passé à boire de l'alcool et consommer de la drogue, causant son absence à la Cour le 5 juillet dernier, avaient eu lieu, tel qu'il l'indiquait lors de son témoignage, dans une maison de Ville Lasalle.

Qu'est-ce que la jurisprudence nous apprend des conséquences du comportement d'un accusé durant son procès?

Dans Chartier c. R.,[16] le Juge Kaufman, J.A., a écrit:

«Je dois ajouter qu'à mon point de vue, un juge a parfaitement le droit de tirer des conclusions sur le comportement bon ou mauvais d'un accusé, après la condamnation et avant la sentence,[...]»

Cependant, dans R. c. Di Sensi,[17] le Juge Kaufman, J.A. a écrit:

> «Le savant juge du procès a mis une emphase importante sur

(15) (1980) 13 C.R. 194 (Qué.C.A.), 199.
(16) Ibid.
(17) (1978) 2 C.R. S-2 (Qué.C.A.), S-4 - S-5.

le fait que, durant les 30 mois précédant la sentence, l'accusé n'a commis aucun crime. Ceci est peut-être un facteur à considérer mais je ne suis pas impressionné par le bon comportement d'un accusé après son arrestation et avant sa sentence. Il serait absolument ridicule de faire autrement puisqu'une mauvaise conduite durant cette période peut être un facteur aggravant de même qu'une mauvaise conduite durant le cautionnement ou la probation; l'inverse n'est pas nécessairement vrai.»

Dans le cas qui nous intéresse, il y a aussi un incident impliquant Ronald Cross, durant l'après-midi du 22 janvier dernier, suivant le verdict du jury.

Lorsque je sortis de la Cour après avoir décidé du statut de la sentence de Gordon Lazore, les agents de la détention mirent les menottes à Gordon Lazore pendant que Ronald Cross, debout et menotté, se trouvait hors de la boîte des accusés près de la porte de sortie et à quinze pieds environ de Monsieur Lazore.

Un officier de la Sûreté du Québec, Umberto Tucci, présent dans la salle à ce moment, a témoigné durant les représentations sur sentence, qu'il a vu Ronald Cross lever ses mains menottées au ciel et, s'adressant à Roger Lazore, qui venait d'être acquitté de toutes les accusations, dire: «Roger, nous l'avons fait pour la nation et nous le ferons encore!»

La Couronne argumenta à l'effet que Ronald Cross ne ressentait aucun remords pour ses actions durant la Crise d'Oka. La Couronne a peut-être raison.

Pour ce qui est des remords ou de leur absence, si sincères, ils doivent être pris en considération comme étant des facteurs atténuants, reflétant le caractère d'un accusé et fournissant un espoir de réhabilitation.

Cependant, un manque de remords ne doit pas être utilisé contre un accusé puisqu'il n'est pas puni à cause de son caractère.

Dans R. c. Campbell,[18] le Juge MacDonald a écrit:

«À mon point de vue, les remords ont une plus grande influence du côté positif que du côté négatif. Si une personne

(18) (1977) 18 N.S.R. 547 (C.A.), 552.

démontre des remords sincères, cela indique une réhabilitation. Le contraire n'est pas nécessairement vrai.»

Relativement à l'incident Jacobs et Bonspille, l'absence de planification et de préméditation est une circonstance atténuante alors qu'agir de concert avec d'autres, en est une aggravante: voir R. c. Lévesque.[19]

Pour ce qui est de Ronald Cross et du second groupe d'accusations, avoir agi de concert avec d'autres, après une longue planification et préméditation, dans des événements qui se sont produits sur une période de soixante-dix-huit jours, sont tous des facteurs aggravants.

Plusieurs causes ont démontré que la reconnaissance des différences culturelles entre un accusé et la société en général peut être un facteur pertinent pour déterminer la sentence appropriée. Les causes traitant avec les autochtones du Canada reflètent ce principe comme celles de la Colombie-Britannique relativement aux Doukhobors.[20]

Dans une collection d'essais intitulés «New Directions in Sentencing», rédigés par Brian A. Grosman,[21] le chapitre 17 est intitulé «Sentence dans le Nord». Monsieur le Juge C.F. Tallis, alors de la Cour Suprême des Territoires du Nord-Ouest, maintenant de la Cour d'appel de la Saskatchewan, a écrit:

> «Les Territoires du Nord-Ouest sont caractérisés par une petite population dispersée sur de grandes étendues de terre. La population peut être divisée en un tiers d'Indiens, un tiers d'Inuits et un tiers de Blancs.
>
> [...]
>
> En traitant de la sentence, les Cours des Territoires du Nord-Ouest ne peuvent négliger le fait que cette société origine de ces trois cultures. Quand le droit commun fut implanté au Canada, il se montra très flexible, mais les autochtones,

(19) (1981) 19 C.R. 43 (Qué.C.S.).

(20)R. c. Switlishoff, supra, note 10; R. c. Ayalik, (1960) 33W.W.R. 377 (N.W.T.C.A.).

(21)Brian A. Grosman. New Directions in Sentencing. Toronto: Butterworths, 1980. Chapitre 17.

autant les Inuits que les Indiens, avaient leur propre système de loi, tribunaux, peines, bref, leur propre système judiciaire sans toutefois avoir de prison, celle-ci étant un tout nouveau concept introduit par l'homme blanc. Plusieurs aînés des communautés indiennes et inuits ne le comprennent pas encore tout à fait.»

Cela aussi est un facteur à considérer.

Tel que requis par la Section 668 du Code Criminel, la fin des représentations sur sentence le 6 février dernier, j'ai demandé à Ronald Cross et Gordon Lazore s'ils avaient quelque chose à ajouter avant le prononcé de la sentence. Après avoir consulté leurs avocats, ils m'ont informé qu'ils n'avaient rien à dire.

Pour tous les crimes, à l'exception de ceux où une sentence minimale est établie, le degré de sanction est laissé à la très grande discrétion du juge qui préside la cause. Le principe de la loi permet d'établir une sanction maximale concernant les causes, et les contrevenants les plus graves, laissant à la discrétion du juge, dans des cas particuliers, le soin d'établir la sentence le plus près ou le plus loin de sa limite maximale.

Une sentence prononcée, pour quel que crime que ce soit, doit être juste et appropriée selon le crime et le contrevenant. La Cour tiendra compte de la nature de l'offense, de sa durée, des circonstances dans lesquelles elle a été commise, du degré de préméditation et de planification effectuées par le contrevenant, des circonstances aggravantes et atténuantes entourant la perpétration du crime et si cela impliquait de la violence. La Cour considérera également, d'un point de vue subjectif, la réhabilitation de l'accusé, son casier judiciaire, s'il en a un, son âge, son caractère et ses expériences précédentes.

Dans le respect de la qualité de convenance que chaque sentence doit avoir, le «dictum» du Juge Marchand dans R. c. Lemire[22] est souvent cité pour des raisons de sentence:

> «On peut dire qu'une sentence a cette qualité de convenance quand elle est proportionnée à la fois à la gravité objective de

(22) (1948) 5 C.R. 181 (Qu.K.B.), 186-187.

l'infraction et sa gravité subjective pour le délinquant; et que de plus, elle a les qualités nécessaires d'exemplarité protectrice et de la correction curative.

La gravité objective du crime [...] est écrite dans le code.

[...]

La gravité subjective d'un acte peut varier suivant le degré de l'intelligence et de la détermination de la volonté d'un délinquant.»

Finalement, dans le Droit pénal canadien,[23] le Juge Irénée Lagarde nous rappelle que sous un aspect objectif, nous devons considérer la gravité du crime en respect aux articles du Code Criminel, l'effet préventif de la sentence et, sous un aspect subjectif, les circonstances atténuantes et aggravantes, la possibilité de réhabilitation d'un accusé, son passé et circonstances.

Dans le cas d'actes criminels, le Parlement a établi cinq catégories ou niveaux de sentence maximale, soit deux ans, cinq ans, dix ans, quatorze ans et emprisonnement à vie. Il est évident que les offenses requérant une sentence plus forte sont objectivement plus sérieuses que celles dont une sentence maximale plus faible est prévue.

Dans le cas de Gordon Lazore, relativement aux chefs 26 (méfait) et 29 (voies de fait avec arme), le maximum prévu est de dix ans. Dans le cas du chef 21 (voies de fait graves), la sentence maximale prévue est de quatorze ans. Pour ce qui est des chefs 22 et 24 (utilisation d'une arme pour commettre un acte criminel), le maximum prévu est de quatorze ans, mais puisque c'est pour lui une première offense, il y a un minimum d'un an d'emprisonnement.

Dans le cas de Ronald Cross, les chefs 25 et 50 (proférer des menaces) et 49 (voies de fait simples), le maximum prévu est cinq ans d'emprisonnement. Dans le cas des chefs 26, 31 et 32 (méfait), 27 (voies de fait avec arme, utilisation ou menace d'utilisation d'arme) et 38, 40, 43, 46, 48, 52 et 55 (avoir eu en sa possession une arme dans un dessein dangereux), le maximum prévu est de dix ans dans chaque cas. Pour ce qui est du chef 21 (voies de fait graves), le maximum

(23)Irénée Lagarde. Droit pénal canadien. 2e éd. Volume 2. Montréal: Wilson & Lafleur, 1974. P. 1574.

prévu est de quatorze ans d'emprisonnement. Les chefs 22 et 24 (utilisation d'une arme pour commettre un acte criminel), le maximum est de quatorze ans dans chaque cas et, bien entendu, le même minimum d'un an.

Relativement à la gravité objective, il est aussi la question de dissuasion, à la fois subjective relativement à chacun des accusés et objective pour décourager les autres de commettre les mêmes actes. Cependant, je ne dois pas accorder une trop grande importance à l'aspect dissuasif rendant ainsi la sentence injuste envers un accusé.

Au niveau subjectif, il est approprié de dire quelques mots sur le passé de chacun des accusés.

Gordon Lazore a 32 ans et détient un diplôme d'études secondaires. Il est célibataire et reconnu dans sa communauté comme étant un bon travailleur.

Il vient d'une famille de cinq enfants et est le seul qui vit encore à la maison avec sa mère handicapée âgée de 75 ans. Avec sa soeur, il s'occupe de sa mère. Son père est décédé en 1977.

Son casier judiciaire consiste en une condamnation de possession illégale de tabac pour laquelle il eut une amende de 2 800 $ au mois de septembre dernier.

Ronald Cross est âgé de 34 ans et a aussi un diplôme d'études secondaires. Il vient d'une famille de sept enfants. Son père est décédé tragiquement, noyé, en 1967, sa mère est toujours vivante. Il est marié et a un garçon né le 5 décembre dernier, durant le procès.

Son travail a toujours été constant. Il est ferronnier depuis 1977. Son casier judiciaire consiste en une condamnation pour voies de fait sur un policier commises le 13 avril 1990. Il fut condamné à payer une amende de 250 $.

Le Grand Chef Joe Norton l'a décrit comme étant une «personne régulière», une «personne heureuse».

Quant à l'aspect de réhabilitation de chacun des accusés, il a souvent été dit ces dernières années, que l'existence de conseil d'administration, travaillant à la réhabilitation et la libération conditionnelle des prisonniers, réduit l'importance des critères de réhabilitation afin d'établir la durée des sentences.

Le principe «d'égalité» des sentences a souvent été discuté lors des audiences. Je fus avisé, par les procureurs, des sentences données à d'autres accusés impliqués dans divers incidents reliés à la Crise d'Oka. Évidemment, la nature de chaque incident et l'importance de la participation de chaque accusé variera et doit être soupesée et considérée.

En déterminant les sentences, je dois me rappeler de ce principe d'égalité tout comme des autres principes applicables, soit: les critères, les règles, les concepts et les facteurs qui influencent une sentence.

Depuis que la Crise d'Oka a eu lieu, chacun des deux accusés a été détenu pour une période antérieure au procès, durant celui-ci et depuis le verdict du jury. Dans le cas de Monsieur Cross, le total de sa détention préventive est de sept mois et vingt-deux jours tandis que pour Monsieur Lazore le total est de six mois et seize jours.

La Section 721(3) du Code Criminel déclare:

> «Pour fixer la sentence à imposer à une personne déclarée coupable d'une infraction, un juge de paix, juge de la cour provinciale ou juge peut tenir compte de toute période que la personne a passée sous garde par suite de l'infraction.» [nos soulignements]

Quoique les Règles d'Interprétation[24] stipulent que «peut» signifie toléré, à l'intérieur du contexte de la section précitée, il devient quasi impérieux.

Dans R. c. Gravino[25], le Juge Montgomery, J.A., déclare:

> «Il est d'usage de considérer la détention préventive comme équivalant à une sentence du double de cette période d'emprisonnement.»

---

(24)Loi d'interprétation (L.R.C. 1985, c. 1-21), art. 11: «L'octroi de pouvoirs, de droits, d'autorisations ou de facultés s'exprime essentiellement par le verbe «pouvoir» et, à l'occasion, par des expressions comportant ces notions.»

(25) (1970-71) 13 Crim.L.Q. 434 (Qué.C.A.)

Les Cours d'Alberta ont refusé d'accepter ce commun usage comme nous pouvons le lire dans R. c. Reagan[26]:

«En imposant la sentence, le savant juge se réfère à la «règle générale» laquelle veut que la détention préventive soit équivalente à une sentence du double de cette période d'emprisonnement. En d'autres mots, il calcula qu'une détention préventive de cinq mois égalait une sentence de dix mois d'emprisonnement imposée par la Cour. Au point de vue du savant juge, cela voudrait dire qu'une sentence juste pour le chef de voies de fait causant lésions corporelles serait douze mois, et pour Regans, en ce qui concerne la tentative d'extorsion, vingt-deux mois, si on comprend correctement sa théorie.

À notre point de vue, ce commun usage n'a jamais été reconnu par les cours de cette province, et de plus, ne devrait jamais être reconnu. Chaque étape d'une sentence doit être considérée pour son bien-fondé et, sans aucun doute, dans des cas particuliers, on peut tenir compte de la détention préventive conformément au Code Criminel. De plus, nous ne croyons pas qu'une règle de ce genre devrait être établie.»

Toujours dans R. c. Tallman,[27] la même Cour d'appel déclara que puisqu'il n'y a aucune formule automatique relativement à la détention préventive, la pratique usuelle est de créditer la sentence, lequel crédit équivaut à un peu plus du temps réel passé en détention préventive.

La Cour d'appel de la Colombie-Britannique a aussi reconnu qu'un crédit plus grand en temps que la période de détention réelle doit être accordé. Nous pouvons lire dans Ko c. R.:[28]

«Le procureur de la Couronne présent au procès nous a dit qu'il avait demandé une peine d'emprisonnement de l'ordre de 14 ans, avec une réduction appropriée de 15 à 16 mois pour la période de détention déjà effectuée par l'appelant. Et devant cette Cour, la Couronne a pris, avec une honnêteté

(26) (1976) 24 C.C.C. 225 (Alta.S.C.), 226.
(27) (1989) 48 C.C.C. 81 (Alta.C.A.).
(28) (1980) 11 C.R. 298 (B.C.C.A., 309).

méticuleuse, la même position. Cette période de 15 à 16 mois passée en prison est communément appelée «temps mort» parce que, selon moi, elle ne fournit aucune remise de temps au prisonnier. C'est pourquoi un crédit est habituellement accordé, lequel sera plus grand que le temps réel d'emprisonnement.»

La position de la Cour d'appel de l'Ontario, à ce sujet, est illustrée par le jugement de R. c. Meilleur,[29] par le Juge Martin, J.A.:

«La Section 649 (2.1) du Code Criminel, R.S.C. 1970, c C-34 [aujourd'hui 721(3)] précise que pour déterminer la sentence à être purgée par une personne ayant été reconnue coupable d'une offense, la Cour peut tenir compte du temps déjà passé en détention par cette personne relativement à cette offense. Il était donc approprié, pour le savant juge de prendre en considération le temps purgé avant le procès afin de déterminer une sentence pertinente. Nous sommes tous d'avis, cependant, qu'il a erré en droit en appliquant la formule mathématique selon laquelle on multiplie par 3 le nombre de mois passés en détention préventive, résultant en une déduction de 42 mois. Il va sans dire que, sans cette erreur de principe, le Juge O'Leary aurait imposé une sentence plus importante que 4 ans.»

Il est clair que le temps purgé par Ronald Cross et Gordon Lazore en détention préventive ne sera pas calculé pour une remise de peine ou pour leur libération conditionnelle. Aussi, le temps est purgé dans un endroit de détention où il n'y a aucun programme de récréation ou de travail comme il en existe dans les institutions où les personnes purgent leur sentence.

La détention préventive est souvent appelée «temps mort». Sans appliquer une formule automatique, je considère juste de calculer, pour Ronald Cross, un crédit ou une réduction de 15 mois pour chaque sentence que j'aurais imposée et dans le cas de Gordon Lazore, cette période sera de 13 mois.

---

(29) (1981) 22 C.R. 185 (Ont.C.A.), 188.

Je veux maintenant parler du lien que les sentences ont entre elles à savoir si elles sont ou doivent être concurrentes ou consécutives.

À ce sujet, il importe de se référer à deux jugements rendus précédemment dans cette affaire. Dans le premier, en date du 26 septembre 1991, avant la sélection du jury, le soussigné a rejeté la requête de la défense demandant un procès séparé pour chacun des deux groupes d'accusations en mentionnant, aux pages 6 et 7 du jugement:

> «[...] lorsqu'un ou plusieurs accusés font face à de nombreux chefs reliés aux mêmes séries d'incidents, apparentés dans le temps et le lieu, comme c'est le cas ici, il existe définitivement une connexion parmi les offenses retenues, préservant ainsi la règle première qui veut qu'un accusé soit en droit d'avoir un procès juste, la règle générale étant que tous les chefs soient jugés ensemble si la Couronne forme son accusation en conséquence.»

De plus, après que la Couronne ait conclu sa preuve et avant que la défense mentionne, devant le jury, si les accusés ont des témoins à présenter, une autre requête a été soumise par Ronald Cross demandant à la Cour des procès séparés pour chacun des groupes d'accusations. Dans cette requête, comme dans la précédente, les deux principaux motifs sont définis ainsi:

> «1. lien factuel insuffisant entre les incidents ou les infractions contenus dans les deux groupes d'accusations.
>
> 2. lien légal insuffisant entre les incidents ou les infractions contenus dans les deux groupes d'accusations.»

En rejetant cette demande, le soussigné écrivait à la page 19 du jugement daté du 30 septembre 1991:

> «Ce sont les mêmes arguments déjà présentés dans la requête pour séparer les groupes d'accusations faite par les trois accusés en septembre 1991, avant la sélection du jury. Tous ces motifs ont été présentés et réglés dans mon jugement du 26 septembre dernier. Les raisons fournies à cet égard sont incluses dans le présent jugement et répétées en référence au jugement antérieur, avec les commentaires suivants:

> Ma décision concernant les motifs 1, 3 et 4 était, à ce moment-là, basée sur le contenu de l'acte d'accusation. J'ai maintenant entendu la preuve de la Couronne et suis d'avis, à plus forte raison, que mes conclusions précédentes s'appliquent toujours.»

En conséquence, je demeure d'avis, comme ce fut le cas durant tout le procès, qu'il y avait un lien légal suffisant permettant de procéder devant le même jury pour les deux groupes d'accusations.

Cependant, les critères servant à déterminer si les sentences à purger pour différents chefs d'une même accusation, doivent l'être concurremment ou consécutivement, même s'ils sont semblables, demeurent différents de ceux qui prévalent dans la décision de séparer les groupes d'accusations pour le procès.

À moins que le juge qui rend la sentence en décide autrement, il a toujours été de règle que toutes les sentences imposées seront concurrentes.

La loi permettant à un juge d'ordonner des sentences consécutives, dans le cas où plus d'une période d'emprisonnement sont imposées lors d'une accusation à chefs multiples est la Section 717(4):

> «Si un accusé, selon le cas:
>
> [...]
>
> c) est déclaré coupable de plus d'une infraction devant le même tribunal pendant la même session, et si, selon le cas:
>
> [...]
>
> (ii) des périodes d'emprisonnement sont imposées pour les infractions respectives
>
> [...]
>
> le tribunal qui condamne l'accusé peut ordonner que les périodes d'emprisonnement soient purgées l'une après l'autre.»

Des sentences concurrentes sont généralement imposées lors de condamnations multiples émanant d'un seul acte ou des actes très rapprochés dans le temps.[30]

(30) R. c. Chisholm, (1965) 4 C.C.C. 289 (Ont.C.A.).

D'un autre côté, quand plusieurs condamnations réfèrent à plusieurs chefs différents de par le genre d'offense et le type d'infraction, les offenses doivent être regroupées en catégories suivant le genre d'offense ou d'infraction. Des sentences concurrentes doivent aussi être imposées en regard de chaque offense d'un même groupe ou d'une même catégorie.

Quoique les sentences pour chacun de ces groupes ou catégories doivent être concurrentes entre elles, celles-ci doivent aussi être consécutives entre ou avec d'autres catégories ou groupes. Ce total de sentences ainsi calculé ne doit cependant pas être démesuré; il doit tenir compte de tous les faits et circonstances.[31]

Cette notion suivant laquelle le total des sentences, selon le calcul ci-haut mentionné, ne doit pas être excessif est appelée «le principe de globalité». Quand celui-ci entre en jeu, la Cour lui donne priorité sur la règle stipulant qu'une sentence doit être appropriée à l'offense commise. Il en résultera la réduction d'une ou plusieurs sentences consécutives jusqu'à un total approprié à l'ensemble des incidents et infractions.

J'ai donc décidé que, pour Ronald Cross, les sentences imposées sur le deuxième groupe d'accusations seront concurrentes entre elles mais, étant un groupe, elles seront consécutives à celles imposées sur le premier groupe d'accusations.

En ce qui regarde le premier groupe d'accusations pour messieurs Cross et Lazore, ignorant pour l'instant les chefs 22 et 24 concernant les armes à feu, les sentences pour tous les autres chefs de ce groupe seront concurrentes entre elles.

Cependant, et pour Monsieur Cross seulement, les sentences reliées à ces autres chefs du premier groupe, seront consécutives aux sentences imposées relativement au deuxième groupe d'accusations.

Les chefs 22 et 24 que j'ai référés comme étant des «offenses avec arme» sont des infractions selon la Section 85 du Code Criminel. Les points pertinents de cette section se lisent comme suit:

(l)Quiconque utilise une arme à feu:

a) soit lors de la perpétration [...] d'un acte criminel...

(31) R. c. Haines, (1975) 29 C.R. 239 (Ont.C.A.).

> [...]
> qu'il cause ou non des lésions corporelles en conséquence ou qu'il ait ou non l'intention d'en causer, est coupable d'un acte criminel et passible d'un emprisonnement;
> c) d'un an à quatorze ans, dans le cas d'une première infraction [...]
> d) de trois à quatorze ans, dans le cas d'une infraction subséquente à une première infraction [...]
> (2) La sentence imposée à une personne pour une infraction prévue au paragraphe (1) est purgée consécutivement à toute autre peine imposée pour une autre infraction basée sur les mêmes faits et à toute autre sentence qu'elle purge à ce moment-là.»

Puisque c'est une première offense de ce genre pour chacun des accusés, la Cour se doit de leur imposer, relativement aux chefs 22 et 24, une sentence d'emprisonnement d'au moins un an mais sans excéder 14 ans. Quelle que soit cette sentence, il est clair et incontestable qu'elle devra être purgée consécutivement à leur offense de base ou préalable.

Pour messieurs Cross et Lazore, l'offense de base reliée au chef 22 est le chef 21 (voies de fait graves sur Francis Jacobs). Pour Ronald Cross, l'offense de base reliée au chef 24 est le chef 27 (voies de fait sur Cory Jacobs avec une arme) et pour Gordon Lazore, c'est le chef 29 (voies de fait sur Cory Jacobs avec une arme - bâton de baseball).

Conséquemment, la sentence pour Ronald Cross sur le chef 22 doit être purgée consécutivement à celle qui lui est imposée pour le chef 21 et que la sentence pour le chef 24 doit être purgée consécutivement à celle qui lui est imposée pour le chef 27.

La sentence imposée à Gordon Lazore pour le chef 22 doit être purgée consécutivement à celle qui lui est imposée pour le chef 21 et la sentence pour le chef 24 doit être purgée consécutivement à celle qui lui est imposée pour le chef 29.

D'ailleurs, un point de droit a été soulevé, en ce qui concerne chacun des accusés, à savoir si la sentence imposée pour le chef 22 doit être ou non purgée consécutivement à celle leur étant imposée pour le chef 24.

Selon la Couronne, celle-ci doit être consécutive tandis que la défense est d'avis contraire; selon elle, les principes généraux régissent la question des sentences à purger concurremment ou consécutivement.

Dans MacLean c. R.,[32] la Cour d'appel de la Nouvelle-Écosse a décidé que, en imposant une sentence pour une récidive selon la Section 83 du Code Criminel (maintenant la Section 85), la Cour était tenue de rendre une sentence pour cette offense, consécutive à toute autre sentence à laquelle l'accusé était soumis au moment du prononcé de la sentence. Ainsi, toutes les sentences selon la Section 83 du Code Criminel sont consécutives entre elles, tout comme elles doivent l'être à l'offense de base.

Par la suite, la Cour d'appel de l'Alberta a refusé de suivre la décision de la Nouvelle-Écosse. Dans R. c. Jensen[33], la Cour d'appel mentionne qu'un accusé reconnu coupable de plusieurs offenses, contrairement à ce que stipule la Section 83 du Code Criminel, d'utilisation d'une arme à feu en commettant un acte criminel, chacune des sentences, sous la Section 83, doit être consécutive à la sentence imposée pour l'offense de base, mais elles ne sont pas nécessairement consécutives entre elles.

Le Juge Kerans, J.A.,[34] a jugé que la phrase, contenue dans la Section 83(2), «[...] une offense reliée à un même événement ou une suite d'événements», réfère nécessairement et seulement à l'offense de base ou préalable dans chacun des cas.

Il reste à évaluer la phrase «[...] à toute autre sentence à laquelle il est soumis au moment du prononcé de la sentence pour une offense selon le paragraphe (1)».

Cette Cour maintenait que la dernière phrase était ambiguë et, en conséquence, le raisonnement dans Paul c. R.[35] s'appliquerait. Voici un extrait de cette cause:[36]

(32) (1980) 12 C.R. 1 (N.S.C.A.)
(33) (1983) 3 C.C.C. 46 (Alta. C.A.).
(33) (1983) 3 C.C.C. 46 (Alta.C.A.)
(34) Id., 49.
(35) (1982) 1 R.C.S. 621, 633.
(36) Voir supra, note 33, 49.

«Les règles habituelles d'interprétation nous amèneraient à rechercher l'intention du législateur et à donner à ces mots le sens qui, dans des limites raisonnables, serait le plus compatible avec l'objectif qu'il vise. Mais, lorsque l'on interprète une loi pénale, la règle est que si l'analyse révèle une véritable ambiguïté, celle-ci doit être résolue en donnant à la loi le sens le plus favorable aux personnes susceptibles d'encourir une peine.»

Pour ce qui est de la phrase ambiguë, auparavant de la Section 83(2), il avait le sentiment que celle-ci pouvait receler plusieurs significations, déclarant:[37]

«La phrase en considération est ambiguë: l'expression «à laquelle il est soumis» peut receler plusieurs significations. Une sentence pour laquelle un prisonnier est «soumis» peut seulement vouloir dire une sentence qu'il purge actuellement ou une sentence qu'il ne purge pas encore mais qu'il a été ordonné de purger ou une sentence qu'il n'a pas encore été ordonné de purger mais pourrait l'être étant donné son plaidoyer de culpabilité et sa sentence à venir ou une sentence qu'il pourrait recevoir parce qu'il a été accusé et que la cause est pendante et qu'il pourrait être reconnu coupable et donc sentencé.

Dans R. v. Martin, [1911] 2 K.B. 450, la Cour d'Angleterre affirme qu'un prisonnier ne commence à purger sa sentence consécutive que lorsque la date est déterminée pour son commencement, c'est-à-dire le jour après l'expiration de la sentence qui a été ordonnée consécutive. Lorsque les juges décidèrent de la sentence sur le second chef de possession d'arme, la sentence sur le premier chef de possession d'arme n'était pas une sentence à laquelle l'accusé était «soumis» parce qu'il n'avait pas commencé à la purger étant donné la remise du commencement. Cette interprétation n'est pas exceptionnelle et semble être une des plus favorables à une personne passible d'une peine.»

(37) Id., 49-50.

Il conclut alors:[38]

> «À mon avis, la Section 83(2) ne requiert pas que le juge impose une sentence consécutive à d'autres sentences consécutives pour lesquelles le prisonnier n'a pas encore commencé à purger.»

Avec respect, même si je suis d'accord avec ses conclusions, je ne crois pas à l'application de cette cause anglaise sur notre loi criminelle canadienne en rapport avec la Section 20(1) de la Loi sur les libérations conditionnelles[39] qui décrète:

> «L'individu condamné à plusieurs peines d'emprisonnement ou le détenu qui, pendant son incarcération, est condamné à une ou plusieurs peines supplémentaires d'emprisonnement sont, pour l'application de la présente loi, du Code Criminel, de la Loi sur les pénitenciers et de la Loi sur les prisons et les maisons de correction, réputés n'avoir été condamnés qu'à une seule peine commençant le jour du début de l'exécution de la première et se terminant à l'expiration de la dernière à purger.»

Dans R. c. Goforth[40], la Cour d'appel de la Colombie-Britannique s'accorde avec la Cour de la Nouvelle-Écosse à ce sujet. Le Juge MacDonald, J.A., écrivant au nom du Banc, en a débattu de la position de MacLean et Jensen pour déclarer, concernant la dernière conclusion du Juge Kerans, J.A.:[41]

> «Je suis, respectueusement, en désaccord. Il n'y a aucune ambiguïté dans la s.83(2). Une personne est soumise à la sentence qu'on lui impose peu importe qu'elle ait commencé à la purger et donc, selon moi, R. v. Maclean fut correctement décidé.»

---

(39) Id., 50.
(40) Loi sur la libération conditionnelle (L.R.C. 1985, c. P-2).
(41) Id., 576.

Plus près de nous, dans Joly c. R.[42], la Cour d'appel du Québec semble s'enligner sur l'opinion exprimée dans MacLean et plus tard, approuvée dans Goforth.

Cette cause concerne un accusé qui, dans un même incident, a tiré sur cinq personnes. Aucune d'entre elles n'est décédée. Il fut accusé de cinq chefs de tentative de meurtre et cinq chefs selon la Section 83 du Code Criminel.

Au procès,[43] il fut trouvé coupable sur tous les chefs et sentencé à vingt ans sur chaque chef de tentative de meurtre, tous concurrents entre eux et un an consécutif sur chacun des cinq autres chefs de la Section 83 du Code Criminel.

L'appel était sur sentence seulement et la Cour d'appel l'a rejeté déclarant:

> «CONSIDÉRANT à l'égard des accusations relatives à l'usage d'une arme à feu, que le juge était tenu par l'article 83(2) du Code Criminel d'imposer une peine consécutive pour chacune des offenses distinctes;
>
> CONSIDÉRANT que cette question a été considérée par la Cour d'appel d'Ontario dans R. vs. Woods and Feuerstein (65 C.C.C.(2)554) en ces termes (p.562):
>
> > Selon notre opinion, cette demande est mal fondée. La signification de la s.83(l)(a) est très claire; une infraction distincte est commise par une personne selon cette section lorsque celle-ci utilise une arme à feu pour la commission d'un acte criminel distinct impliquant une infraction distincte. Il n'est pas nécessaire que les actes criminels distincts soient commis par une telle personne à l'intérieur d'une courte période de temps ou d'espace entre eux ou que la même arme à feu soit utilisée par cette personne dans la commission de chacune des offenses distinctes.
>
> CONSIDÉRANT qu'il y a eu tentative de meurtre à l'égard de cinq personnes différentes, chacune d'elles ayant été atteinte par un projectile tiré avec une arme à feu utilisée par l'appelant;

---

(42) C.A. Montréal 500-10-000409-803, le 12 septembre 1983.

(43) C.S.P. Montréal 500-01-000690-807, le 3 novembre 1980, juge Marc Choquette.

CONSIDÉRANT que ces tentatives de meurtre ont donné lieu à des condamnations différentes dans chaque cas;
CONSIDÉRANT qu'il devait par conséquent y avoir une peine consécutive sur chacun des chefs d'accusation;»

Parce que ce n'était pas absolument clair que les cinq sentences d'un an chacune selon la Section 83 étaient consécutives entre elles tout en étant consécutives à chacune des sentences pour tentative de meurtre, j'ai obtenu et examiné les dossiers de la Cour des Sessions de la Paix et de la Cour d'appel.

En fait, les cinq sentences d'un an étaient chacune consécutives aux autres aussi bien que les cinq sentences concurrentes de vingt ans, pour un total de vingt-cinq ans.

Cependant, la question légale considérée ici n'a pas été invoquée dans l'inscription en appel ou plaidée. À l'exception de six lignes, le factum de quinze pages produit au nom de l'accusé, a discuté seulement de la preuve des différents témoins relativement aux faits de la cause. Étonnamment, même si ce n'était pas un appel de condamnation, l'argument légal était limité à ce qui suit:

a) À la page 12:

«Le droit: La poursuite prétend qu'elle a prouvé hors de tout doute raisonnable tous les éléments essentiels des infractions reprochées à l'appelant.»

b) À la page 15:

«Le droit: L'appelant soumet que la poursuite n'a pas prouvé hors de tout doute raisonnable les éléments essentiels des crimes reprochés.»

Avec respect, il s'agit là d'un argument peu profond en droit même si l'appel était à l'encontre de la condamnation et encore plus quand il s'agissait d'un appel sur sentence seulement.

Avec le plus grand respect pour la Cour d'appel, la cause de Woods[44] ne défend pas la question ici.

La question exprimée est la suivante:[45]

---

(44) R. c. Woods, (1982) 65 C.C.C. 554 (Ont. C.A.).
(45) Id., 562.

«Le procureur de l'appelant a plaidé à l'effet que le juge au procès aurait dû laisser au jury le soin de déterminer si l'utilisation d'une arme à feu était continue. Nous comprenons son argument à savoir que si cela avait été de la décision du jury, une seule condamnation aurait dû être enregistrée selon la s.83(1)(a) du Code Criminel du Canada.»

Le paragraphe dans Woods qui suit immédiatement celui précédemment cité, est un jugement de la Cour d'appel du Québec dans Joly, et déclare qu'il peut avoir des condamnations multiples selon la Section 83 (maintenant la Section 85 du Code Criminel), où il y a des infractions distinctes comme dans notre cas où il y a deux victimes distinctes.

En conséquence, malgré que la Cour d'appel de l'Ontario, dans la cause de Woods, ait confirmé que les sentences, selon la Section 83 doivent être purgées consécutivement entre elles tout comme elles doivent l'être à l'offense de base, personne ne remet en question, dans la présente cause, le fait que plusieurs sentences, selon la Section 85 du Code Criminel, peuvent être purgées consécutivement entre elles. Mais la question demeure; doivent-elles l'être?

Dans R. c. Cheetham,[46] la Cour d'appel de l'Ontario décidait que la période d'emprisonnement minimale de 3 ans pour des offenses subséquentes selon la Section 83, s'applique seulement pour une offense commise ultérieurement à l'accusation de laquelle découle cette sentence et non aux offenses multiples de la Section 83 du Code Criminel, comme c'est le cas ici.

L'avocat de la défense a cependant soutenu que, non seulement il ne fallait pas procéder ainsi, on ne peut pas imposer de sentences consécutives pour les offenses multiples de la Section 83 du Code Criminel dans le même acte d'accusation.

Nous pouvons lire:[47]

«Je refuse l'argument de Monsieur Gold à l'effet que la s.83(2) ne permet pas d'imposer des sentences consécutives entre elles, selon la s.83(1). La récente décision de la Division appel de la Cour Suprême de la Nouvelle-Écosse répond à

---

(46) (1980) 53 C.C.C. 109 (Ont. C.A.).
(47) Id., 118.

> cette plaidoirie dans R. v. Maclean (1979), 49 c.C.C. (2e) 552, 12 C.R. (3d)1, 32N.S.R. (2d) 650, avec lesquelles raisons et conclusions je m'accorde.»

Maintenant, en analysant la Section 85(2) du Code Criminel, on s'entend pour dire que la phrase «[...] est purgée consécutivement à toute autre peine imposée pour une autre infraction basée sur les mêmes faits ou une même série de faits [...]» signifie, pour chaque offense de la Section 85, une condition préalable.

> La vraie question ici est la signification de la phrase suivante: «[...] et à toute autre sentence pour laquelle il est soumis au moment où on lui impose une sentence selon le paragraphe (1).»

Conformément à la Section 721(1) du Code Criminel, une sentence débute dès son prononcé. Par conséquent, et contrairement à la position du Juge Kerans, J.A., un accusé est soumis à une sentence dès qu'elle lui est imposée.

Évidemment, une personne demeure soumise à toute sentence qu'elle purge actuellement. Cependant, je suis d'avis qu'elle n'a pas nécessairement commencé à la purger seulement que par le fait qu'elle lui est imposée.

Le soussigné est d'avis qu'une personne commence à purger sa sentence au moment où celle-ci est remise à la direction d'une institution de détention sous mandat d'emprisonnement.

La version française de la Section 85 (2) du Code Criminel est d'une importance capitale ici puisque la phrase équivalente mentionne toute sentence que l'accusé purge à ce moment-là et non une sentence à laquelle il est soumis à ce moment-là. La version française mentionne:

> «La sentence imposée à une personne pour une infraction prévue au paragraphe (1) est purgée consécutivement à toute autre peine imposée pour une autre infraction basée sur les mêmes faits et à toute autre sentence qu'elle purge à ce moment-là.» (nos soulignements)

Purger une sentence signifie être actuellement emprisonné. Aucune des causes que j'ai mentionnée précédemment, soit celle de la Nouvelle-Écosse, de l'Ontario, de l'Alberta ou de la Colombie-Britannique, ne débat ou fait enquête en référence à ce paragraphe de la version française.

Toujours conformément aux textes de loi et constitutionnels suivants, les versions française et anglaise de toutes les lois canadiennes sont authentiques, d'égale autorité et officielles.

La Section 16 (1) de la Charte Canadienne des droits et libertés[48] décrète:

> «Le français et l'anglais sont les langues officielles du Canada; elles ont un statut et des droits et privilèges égaux quant à leur usage dans les institutions du Parlement et du gouvernement du Canada.»

Le premier paragraphe du préambule de la Loi sur les langues officielles[49] déclare:

> «Attendu: que la Constitution dispose que le français et l'anglais sont les langues officielles du Canada et qu'elles ont un statut et des droits et privilèges égaux quant à leur usage dans les institutions du Parlement et du gouvernement du Canada;»

Ensuite, les sections 2(a), 6 et 13

> «2. La présente loi a pour objet:
>
> a) d'assurer le respect du français et de l'anglais à titre de langues officielles du Canada, leur égalité de statut et l'égalité des droits et privilèges quant à leur usage dans les institutions fédérales, notamment en ce qui touche les débats et travaux du Parlement, les actes législatifs et autres, l'administration de la justice, les communications avec le public et la prestation des services, ainsi que la mise en oeuvre des objectifs de ces institutions;

---

(48) Charte canadienne des droits et libertés dans Loi de 1982 sur le Canada (L.R.C. 1985, app.II, no 44, annexe B, partie I).
(49) Loi sur les langues officielles (L.R.C. 1985, 4° suppl., C.31).
(50) Voir supra, note 35.

> 6. Les lois du Parlement sont adoptées, imprimées et publiées dans les deux langues.
>
> 13. Tous les textes qui sont établis, imprimés, publiés ou déposés sous le régime de la présente partie dans les deux langues officielles le sont simultanément, les deux versions ayant également force de loi ou même valeur.»

En dépit d'une différence de raisonnement, j'arrive à la même conclusion que le Juge Kerans, J.A., dans Jensen.[51]

C'est mon opinion que lorsque j'imposerai la sentence ici ce matin, les accusés seront immédiatement «soumis à celle-ci» mais au moment où je quitterai cette Cour, ils n'auront pas encore commencé à «la purger».

Avec respect pour ceux qui ne sont pas de mon opinion, je suis d'avis qu'il n'est pas obligatoire que des sentences multiples en vertu de la Section 85 du Code Criminel soit purgées consécutivement entre elles, mais seulement que pour celles à purger consécutivement à leur offense de base ou préalable.

Bien sûr, il est laissé à la discrétion du juge de décider si les infractions, en vertu de la Section 85 du Code Criminel, faisant partie du même acte criminel, doivent être purgées soit consécutivement ou concurremment entre elles, se basant sur les principes généraux qui régissent cette question.

Dans le cas présent, étant donné que c'était un seul incident, quoique deux victimes étaient impliquées et qu'une arme à feu fut utilisée en même temps et de la même façon pour chacune des deux victimes, les sentences pour chacun des deux accusés en vertu des chefs 22 et 24 seront purgées concurremment entre elles mais consécutivement à leur offense de base ou préalable.

Après avoir pris cette décision, la troisième question constitutionnelle soulevée par Me Peris dans sa requête écrite du 29 janvier 1992 n'est plus à débattre.

Peut-être que les accusés et leurs avocats se rendront compte de cette ironie. Après l'amère dispute qu'ils ont livrée en avril dernier au sujet de la langue, à savoir si les procureurs de la Couronne avaient le

(51) Voir supra, note 33.

droit d'utiliser le français dans ce procès, c'est la version française de la Section 85 (2) du Code Criminel qui exempte les accusés d'une sentence supplémentaire d'une année consécutive d'emprisonnement.

Bien qu'aucun des avocats ne l'ait mentionné pendant les représentations sur sentence, la loi m'oblige, dans le cas présent, à imposer une ordonnance selon la Section 100 (1) du Code Criminel pour chacun des accusés.

La Section 100 (1) et (2) déclare ce qui suit:

> «100 (1) Le tribunal qui déclare coupable ou absout en vertu de l'article 736 un contrevenant relativement à un acte criminel punissable d'un emprisonnement minimal de dix ans et perpétré avec violence ou tentative ou menace de violence contre la personne, de même que celui qui déclare coupable ou absout un contrevenant en vertu de l'article 736 relativement à un acte criminel prévu à l'article 85, doit, en sus de toute autre peine qui peut être imposée pour cet acte criminel, rendre une ordonnance interdisant au contrevenant d'avoir en sa possession une arme à feu, des munitions ou une substance explosive pour une période, devant être indiquée dans l'ordonnance, courant à compter du jour où elle est rendue et expirant au plus tôt:
>
> a) dans le cas d'une première infraction, cinq ans;
>
> b) dans tous les autres cas, dix ans,
>
> après sa libération de l'emprisonnement infligé pour cet acte criminel ou s'il n'est pas alors emprisonné ou n'est pas passible d'emprisonnement, après la date où il a été déclaré coupable de cet acte criminel ou en est absous en vertu de l'article 736.
>
> (2) Le tribunal qui déclare coupable ou absout en vertu de l'article 736 un contrevenant relativement à une infraction impliquant usage, port, possession, maniement, expédition ou entreposage d'une arme à feu ou de munitions, autre qu'une infraction visée au paragraphe(1), commise avec violence ou tentative ou menace de violence contre la personne, peut, en sus de toute autre peine pouvant être imposée

pour cette infraction, rendre une ordonnance lui interdisant d'avoir en sa possession une arme à feu, des munitions, ou des substances explosives pour une période devant être indiquée dans l'ordonnance, courant à compter du jour où elle est rendue et expirant au plus tard cinq ans après sa libération de l'emprisonnement consécutif à cette déclaration de culpabilité ou s'il n'est pas alors emprisonné ou passible d'emprisonnement, après la déclaration de culpabilité ou l'absolution prévue à l'article 736, à l'égard de cette infraction.» [nos soulignements]

Il faut noter qu'en vertu du paragraphe (2), la durée maximale de cette ordonnance commence au moment de son imposition et expire au plus tard cinq ans après la libération du contrevenant, tandis qu'en vertu du paragraphe(1), la période minimale expire au plus tôt cinq ans après sa libération dans le cas d'une première infraction. Le paragraphe(1) n'établit pas une durée maximale pour cette ordonnance.

D'ailleurs, en vertu du paragraphe(2) la Cour peut mettre une telle ordonnance tandis qu'en vertu du paragraphe(1) la Cour doit émettre cette ordonnance.

Chacun des accusés fut reconnu coupable de deux accusations en vertu de la Section 85 du Code Criminel et aussi d'autres actes criminels où ils ont utilisé la violence contre la personne lesquels sont punissables par un emprisonnement de dix ans ou plus.

Par conséquent, j'émettrai une ordonnance contre chaque accusé selon la Section 100(1) du Code Criminel.

De plus, la Section 100(13) du Code Criminel déclare:

> «Les ordonnances rendues en vertu des paragraphes (1), (2), (6) ou (7) doivent indiquer qu'un délai raisonnable, lequel doit être spécifié, est accordé à la personne visée par l'ordonnance pour disposer légalement, en les remettant à un officier de police ou à un préposé aux armes à feu ou autrement, des armes à feu, munitions ou substances explosives qu'elle possédait jusqu'alors légitimement; pendant ce délai, le paragraphe (112) ne lui est pas applicable.» [nos soulignements]

En établissant la sentence sous chaque chef contre chaque accusé, je dois peser, balancer et appliquer tous les principes, les critères, les règles, les concepts et tous les facteurs atténuants et aggravants, et ce, à la lumière de tous les faits et circonstances de la cause.

Comme le Juge Mackay, J.A., l'a si bien dit dans R. c. Willaert,[52] une sentence convenable et juste requiert un «heureux mélange» de tous ces principes, critères, règles et concepts.

Pour le moment, laissons de côté les crédits ou réductions pour la détention préventive de chaque accusé, qui sera de 15 mois dans le cas de Ronald Cross et de 13 mois dans le cas de Gordon Lazore. Ce qui suit sont les sentences que j'aurais imposées pour chaque accusé sur tous les chefs, n'eut été de la détention préventive:

A) GORDON LAZORE:

Chef 21: voies de fait graves sur Francis Jacobs - 2 ans d'emprisonnement;

Chef 22: voies de fait graves avec utilisation d'arme à feu sur Francis Jacobs - 1 an d'emprisonnement;

Chef 24: voies de fait avec utilisation d'arme à feu sur Cory Jacobs - 1 an d'emprisonnement;

Chef 26: méfait sur la voiture de Francis Jacobs - neuf mois d'emprisonnement;

Chef 29: voies de fait contre Cory Jacobs avec possession d'une arme, à savoir: un bâton de baseball - 18 mois d'emprisonnement;

Étant donné que la pré-réduction d'emprisonnement pour deux de ces chefs, excède 13 mois, la deuxième question soulevée par Me Peris dans sa requête du 29 janvier en relation avec Gordon Lazore n'est plus à débattre.

B) RONALD CROSS:

Chef 21: voies de fait graves contre Francis Jacobs - 3 ans et quatre mois d'emprisonnement;

Chef 22: utilisation d'une arme à feu en commettant des voies de fait graves contre Francis Jacobs - 18 mois d'emprisonnement;

Chef 24: utilisation d'une arme à feu en commettant des voies de fait sur Cory Jacobs - 1 an d'emprisonnement;

Chef 25: Proférer des menaces à l'endroit de Cory Jacobs - 1 an d'emprisonnement;

Chef 26: méfait sur la voiture de Francis Jacobs - 9 mois d'emprisonnement;

Chef 27: voies de fait contre Cory Jacobs avec possession d'une arme - 18 mois d'emprisonnement;

Chef 31: méfait sur une ambulance, propriété des Services Mobiles de Kanehsatake - 18 mois d'emprisonnement;

Chef 32: méfait sur une ambulance, propriété de Ambulances Joliette - 18 mois d'emprisonnement;

Chef 38: avoir en sa possession une arme dans un dessein dangereux pour la paix publique, et ce, en présence de Patrick Cloutier - 2 ans d'emprisonnement;

Chef 40: avoir en sa possession une arme dans un dessein dangereux pour la paix publique, et ce, en présence de Jacques Brault - 2 ans d'emprisonnement;

Chef 43: avoir en sa possession une arme dans un dessein dangereux pour la paix publique, et ce, en présence de Michel Chulak - 2 ans d'emprisonnement;

Chef 46: avoir en sa possession une arme dans un dessein dangereux pour la paix publique, et ce, en présence de Stéphane Tremblay - 2 ans d'emprisonnement;

Chef 48: avoir en sa possession une arme dans un dessein dangereux pour la paix publique, et ce, en présence de Stéphane Desgagné - 2 ans d'emprisonnement;

Chef 49: voies de fait simples sur la personne de Michel Roy - 6 mois d'emprisonnement;

Chef 50: proférer des menaces à l'endroit de Michel Roy - 6 mois d'emprisonnement;

Chef 52: avoir en sa possession une arme dans un dessein dangereux pour la paix publique, et ce, en présence de Sabin Renaud - 18 mois d'emprisonnement;

Chef 55: avoir en sa possession une arme dans un dessein dangereux pour la paix publique, et ce, en présence de Mario DeMariano - 2 ans d'emprisonnement;

Étant donné que 11 de ces chefs, spécifiquement les chefs 21, 27, 31, 32, 38, 40, 43, 46, 48, 52 et 55, la pré-réduction d'emprisonnement excède 15 mois, la deuxième question soulevée par Me Peris dans sa requête du 29 janvier relativement à Ronald Cross n'est plus à débattre.

POUR TOUTES CES RAISONS, GORDON LAZORE, LA COUR VOUS SENTENCE COMME SUIT:

Chef 21: onze mois d'emprisonnement;

Chef 22: douze mois d'emprisonnement;

Chef 24: douze mois d'emprisonnement;

Chef 26: au temps déjà purgé;

Chef 29: cinq mois d'emprisonnement;

Les sentences sur les chefs 21 et 29 devront être purgées concurremment entre elles;

Les sentences sur les chefs 22 et 24 devront être purgées concurremment entre elles;

La sentence sur le chef 22 devra être purgée consécutivement au chef 21;

La sentence sur le chef 24 devra être purgée consécutivement au chef 29.

Dorénavant, dans le but d'évaluer le «principe de globalité», la sentence totale de Gordon Lazore est de VINGT-TROIS MOIS d'emprisonnement, que je trouve convenable et juste dans les circonstances et ainsi la sentence totale rencontre les critères du «principe de globalité».

GORDON LAZORE, conformément à la Section 100(1) du Code Criminel, la Cour émet une ordonnance vous prohibant de posséder n'importe quelle sorte d'arme à feu, munition ou substance explosive pour une période commençant aujourd'hui et expirant cinq ans après votre libération de prison.

Conformément à la Section 100(13) du Code Criminel, la Cour vous donne une période de 30 jours pour remettre à un officier de police ou à un préposé aux armes à feu ou autrement, toute arme à feu, munition ou substance explosive que vous possédiez jusqu'alors légitimement.

De plus, GORDON LAZORE, la Cour vous ordonne de payer, dans un délai de 30 jours, une suramende compensatoire conformément à la Section 727.9(1) du Code Criminel et des règles en découlant.

POUR TOUTES CES RAISONS, RONALD CROSS, LA COUR VOUS SENTENCE COMME SUIT:

Chef 21: vingt-cinq mois d'emprisonnement;
Chef 22: dix-huit mois d'emprisonnement;
Chef 24: douze mois d'emprisonnement;
Chef 25: au temps déjà purgé;
Chef 26: au temps déjà purgé;
Chef 27: trois mois d'emprisonnement;
Chef 31: trois mois d'emprisonnement;
Chef 32: trois mois d'emprisonnement;
Chef 38: neuf mois d'emprisonnement;
Chef 40: neuf mois d'emprisonnement;
Chef 43: neuf mois d'emprisonnement;
Chef 46: neuf mois d'emprisonnement;
Chef 48: neuf mois d'emprisonnement;
Chef 49: au temps déjà purgé;
Chef 50: au temps déjà purgé;
Chef 52: trois mois d'emprisonnement;
Chef 55: 9 mois d'emprisonnement;

Les sentences sur les chefs 21, 27, 31 et 32 devront être purgées concurremment entre elles;

Les sentences sur les chefs 22 et 24 devront être purgées concurremment entre elles;

La sentence sur le chef 22 devra être purgée consécutivement au chef 21;

La sentence sur le chef 24 devra être purgée consécutivement au chef 27;

Les sentences sur les chefs 38, 40, 43, 46, 48, 52 et 55 devront être purgées concurremment entre elles mais consécutivement aux sentences sur les chefs 21, 22, 24, 27, 31 et 32.

Dorénavant, dans le but d'évaluer le «principe de globalité», la sentence totale de RONALD CROSS est de CINQUANTE-DEUX MOIS d'emprisonnement, que je trouve convenable et juste dans les circonstances et ainsi la sentence totale rencontre les critères du «principe de globalité».

RONALD CROSS, conformément à la Section 100(1) du Code Criminel, la Cour émet une ordonnance vous prohibant de posséder des armes à feu, munition ou substance explosive pour une période commençant aujourd'hui et expirant dix ans après votre libération de prison.

Conformément à la Section 100(13) du Code Criminel, la Cour vous donne un délai de 30 jours pour remettre à un officier de police ou à un préposé des armes à feu ou autrement, toute arme à feu, munition ou substance explosive que vous possédiez jusqu'alors légitimement.

De plus, la Cour vous ordonne de payer, dans un délai de trente jours, une suramende compensatoire selon la Section 727.9(1) du Code Criminel et des règles en découlant.

BENJAMIN J. GREENBERG, J.C.S.

Me François Brière,
Procureur de la Couronne

Me Jocelyne Provost,
Conseiller spécial pour le Procureur Général du Québec

Me Julio Peris,
Procureur pour Ronald Cross

Me Owen Young,
Procureur pour Gordon Lazore

AVIS D'APPEL (s. 675(1)a)i) C.C.)

1.- Les appelants furent trouvés coupables le 22 janvier 1992, à St-Jérôme, District de Terrebonne, devant la Cour supérieure composée d'un juge et jury et présidée par l'Honorable Benjamin Greenberg.

2.- Le 22 janvier 1992, l'appelant Ronald Cross était trouvé coupable sur les chefs suivants:

20. Le ou vers le 1er septembre 1990, à Oka, district de Terrebonne, Ronald Cross (57-11-09) et Gordon Lazore (59-02-02) ont commis des voies de fait causant lésions corporelles à Francis Jacobs, contrairement à l'article 267(1)b) du Code Criminel.

21. Le ou vers le 1er septembre 1990, à Oka, district de Terrebonne, Ronald Cross (57-11-09) et Gordon Lazore (59-02-02) ont blessé Francis Jacobs en commettant des voies de fait graves contrairement à l'article 268(1) du Code Criminel.

22. Le ou vers le 1er septembre 1990, à Oka, district de Terrebonne, Ronald Cross (57-11-09) et Gordon Lazore (57-02-02) ont utilisé une arme en commettant un infraction, à savoir: des voies de fait contre Francis Jacobs, contrairement à l'article 85(1)a) du Code Criminel.

23. Le ou vers le 1er septembre 1990, à Oka, district de Terrebonne, Ronald Cross (57-11-09) et Gordon Lazore (59-02-02), ont illégalement pointé une arme vers Cory Jacobs, contrairement à l'article 86(1)a) du Code Criminel.

24. Le ou vers le 1er septembre 1990, à Oka, district de Terrebonne, Ronald Cross (57-11-09) et Gordon Lazore (59-02-02) ont utilisé une arme en commettant une infraction, à savoir: des voies de fait contre Cory Jacobs, contrairement à l'article 85(1)a) du Code Criminel.

25. Le ou vers le 1er septembre 1990, à Oka, district de Terrebonne, Ronald Cross (57-11-09) et Gordon Lazore (59-02-02) ont illégalement proféré des menaces de causer des blessures graves à Cory Jacobs, contrairement à l'article 264.1a)(2) du Code Criminel.

26. Le ou vers le 1er septembre 1990, à Oka, district de Terrebonne, Ronald Cross (57-11-09) et Gordon Lazore (59-02-

02) ont illégalement commis un méfait de plus de 1 000 $ en endommageant l'automobile de Francis Jacobs, contrairement à l'article 430(1)a) du Code Criminel.

27. Le ou vers le 1er septembre 1990, à Oka, district de Terrebonne, Ronald Cross (57-11-09) a commis des voies de fait contre Cory Jacobs utilisant une imitation d'arme contrairement à l'article 267(1)a) du Code Criminel.

28. Le ou vers le 1er septembre 1990, à Oka, district de Terrebonne, Ronald Cross (57-11-09) avait en sa possession une imitation d'arme dans un dessein dangereux pour la paix publique, et ce, en présence de Cory et Francis Jacobs, contrairement à l'article 87 du Code Criminel.

31. Le ou vers le 1er septembre 1990, à Oka, district de Terrebonne, Ronald Cross (57-11-09) a illégalement commis un méfait de plus de 1 000 $ en endommageant une ambulance Dodge 1986, propriété de Ronald Bonspille, contrairement à l'article 430(1)a) du Code Criminel.

32. Le ou vers le 1er septembre 1990, à Oka, district de Terrebonne, Ronald Cross (57-11-09) a illégalement commis un méfait de plus de 1 000 $ en endommageant une ambulance Chevrolet 1985, propriété d'Ambulance Joliette, contrairement à l'article 430(1)a) du Code Criminel.

38. Le ou vers le 1er septembre 1990, à Oka, district de Terrebonne, Ronald Cross (57-11-09) a eu en sa possession une arme ou une imitation d'arme dans un dessein dangereux pour la paix publique, et ce, en présence de Patrick Cloutier, contrairement à l'article 87 du Code Criminel.

40. Le ou vers le 1er septembre 1990, à Oka, district de Terrebonne, Ronald Cross (57-11-09) a eu en sa possession une armc ou une imitation d'arme dans un dessein dangereux pour la paix publique, et ce, en présence de Jacques Brault, contrairement à l'article 87 du Code Criminel.

43. Le ou vers le 1er septembre 1990, à Oka, district de Terrebonne, Ronald Cross (57-11-09) a eu en sa possession une arme ou une imitation d'arme dans un dessein dangereux pour la paix publique, et ce, en présence de Michel Chulak, contrairement à l'article 87 du Code Criminel.

46. Le ou vers le 1er septembre 1990, à Oka, district de Terrebonne, Ronald Cross (57-11-09) a eu en sa possession une arme ou une imitation d'arme dans un dessein dangereux pour la paix publique, et ce, en présence de Stéphane Tremblay, contrairement à l'article 87 du Code Criminel.

48. Le ou vers le 2 septembre 1990, à Oka, district de Terrebonne, Ronald Cross (57-11-09) a eu en sa possession une arme ou une imitation d'arme dans un dessein dangereux pour la paix publique, et ce, en présence de Stéphane Desgagné, contrairement à l'article 87 du Code Criminel.

49. Le ou vers le 6 septembre 1990, à Oka, district de Terrebonne, Ronald Cross (57-11-09) a commis des voies de faits sur Michel Roy, membre des Forces Armées Canadiennes, contrairement à l'article 266 a) du Code Criminel.

50. Le ou vers le 6 septembre 1990, à Oka, district de Terrebonne, Ronald Cross (57-11-09) a proféré des menaces de mort ou de causer des blessures graves à Michel Roy, membre des Forces Armées Canadiennes, contrairement à l'article 264.1a) du Code Criminel.

52. Le ou vers le 25 septembre 1990, à Oka, district de Terrebonne, Ronald Cross (57-11-09) a eu en sa possession une arme ou une imitation d'arme dans un dessein dangereux pour la paix publique, et ce, en présence de Sabin Renaud, membre des Forces Armées Canadiennes, contrairement à l'article 87 du Code Criminel.

55. Le ou vers le 25 septembre 1990, à Oka, district de Terrebonne, Ronald Cross (57-11-09) a eu en sa possession une arme ou une imitation d'arme dans un dessein dangereux pour la paix publique, et ce, en présence de Mario DeMariano, membre des Forces Armées Canadiennes, contrairement à l'article 87 du Code Criminel.

3- Le 22 janvier 1992, l'appelant Gordon Lazore était trouvé coupable des chefs suivants:

19. Le ou vers le 1er septembre 1990, à Oka, district de Terrebonne, Gordon Lazore (59-02-02) a commis des voies de fait sur Francis Jacobs en utilisant une arme, à savoir: un bâton de baseball, contrairement à l'article 267(1)a) du Code Criminel.

20. Le ou vers le 1er septembre 1990, à Oka, district de Terrebonne, Ronald Cross (57-11-09) et Gordon Lazore (59-02-02) ont commis des voies de fait causant lésions corporelles à Francis Jacobs, contrairement à l'article 267(1)b) du Code Criminel.

21. Le ou vers le 1er septembre 1990, à Oka, district de Terrebonne, Ronald Cross (57-11-09) et Gordon Lazore (59-02-02) ont blessé Francis Jacobs en commettant des voies de fait graves contrairement à l'article 268(1) du Code Criminel.

22. Le ou vers le 1er septembre 1990, à Oka, district de Terrebonne, Ronald Cross (57-11-09) et Gordon Lazore (59-02-02) ont utilisé une arme en commettant une infraction, à savoir: des voies de fait graves contre Francis Jacobs, contrairement à l'article 85(1)a) du Code Criminel.

23. Le ou vers le 1er septembre 1990, à Oka, district de Terrebonne, Ronald Cross (57-11-09) et Gordon Lazore (59-02-02) ont illégalement pointé une arme vers Cory Jacobs, contrairement à l'article 86(1)a) du Code Criminel.

24. Le ou vers le 1er septembre 1990, à Oka, district de Terrebonne, Ronald Cross (57-11-09) et Gordon Lazore (59-02-02) ont utilisé une arme en commettant une infraction, à savoir: des voies de fait contre Cory Jacobs, contrairement à l'article 85(1)a) du Code Criminel.

26. Le ou vers le 1er septembre 1990, à Oka, district de Terrebonne, Ronald Cross (57-11-09) et Gordon Lazore (59-02-02) ont illégalement commis un méfait de plus de 1 000 $ en endommageant l'automobile de Francis Jacobs, contrairement à l'article 430(1)a) du Code Criminel.

29. Le ou vers le 1er septembre 1990, à Oka, district de Terrebonne, Gordon Lazore (59-02-02) a commis des voies de fait sur Cory Jacobs en utilisant une arme, à savoir: un bâton de baseball, contrairement à l'article 267(1)a) du Code Criminel.

30. Le ou vers le 1er septembre 1990, à Oka, district de Terrebonne, Gordon Lazore (59-02-02) avait en sa possession une arme dans un dessein dangereux pour la paix publique, à savoir: un bâton de baseball, contrairement à l'article 87 du Code Criminel.

4.- Conformément à l'application des principes dans Kienapple vs. The Queen, monsieur le juge Benjamin Greenberg a ordonné l'arrêt des procédures conditionnel à la condamnation de Ronald Cross, par le jury, sur les chefs 20, 23, 28 et sur les chefs 19, 20, 23, 30 pour Gordon Lazore.

5.- Les appelants vont en appel de leur condamnation pour les motifs suivants:

.1 Le savant juge a erré en droit en n'ordonnant pas l'arrêt des procédures pour tous les chefs de l'acte d'accusation afin de protéger le droit des accusés à un procès juste et leur droit de réfuter et de se défendre devant l'échec de la Couronne de remplir ses obligations envers les accusés à donner une complète, opportune et sincère révélation.

.2 Le savant juge a erré en droit en n'ordonnant pas l'arrêt des procédures pour les chefs 19 à 30 de l'acte d'accusation afin de protéger le droit des accusés à un procès juste et leur droit de réfuter et de se défendre devant l'échec de la Couronne, ou son refus, d'appeler Cory Jacobs et Maurice Binette, témoins essentiels des événements qui furent l'objet de ces chefs d'accusation.

.3 Le savant juge a erré en droit en n'ordonnant pas l'arrêt des procédures pour les chefs 19 à 30 de l'acte d'accusation afin de protéger le droit des accusés à un procès juste et leur droit de réfuter et de se défendre devant l'inopportune révélation, par la Couronne, de la preuve fournie par Angus Nelson, un témoin essentiel des événements qui furent l'objet de ces chefs d'accusation.

.4 Le savant juge a erré en droit en n'obligeant pas la Couronne à fournir une entière, sincère et opportune révélation à la défense, choisissant plutôt d'accorder des dédommagements insuffisants et inadéquats seulement après que les échecs de la Couronne furent connus, compromettant ainsi la défense des appelants et les privant du droit de réfuter et de se défendre.

.5 Le savant juge a erré en droit en n'ordonnant pas l'arrêt des procédures envers l'échec de la Couronne d'honorer ses obligations de présenter, devant jury, toute l'information essentielle supposée les aider à parvenir à un verdict.

.6 Le savant juge a erré en droit en n'ordonnant pas que l'accusé Ronald Cross soit jugé séparément pour les deux groupes de chefs:

Groupe 1: chefs 1 à 36

Groupe 2: chefs 37 à 59

.7 Le savant juge a erré en droit en n'ordonnant pas que l'accusé Ronald Cross soit jugé séparément pour les deux groupes de chefs, spécifiés au paragraphe .6 ci-haut portant ainsi préjudice à Gordon Lazore.

.8 Le savant juge a erré en droit en concluant que le droit vis-à-vis l'incrimination faite par Ronald Cross lui-même ne méritait pas ou ne justifiait pas une protection, compromettant ainsi la défense des appelants et les privant du droit de réfuter et de se défendre.

.9 Le savant juge a erré en droit en prévenant l'avocat de la défense d'expliquer, pendant son adresse au jury, les vraies raisons telles qu'énoncées en l'absence du jury, expliquant pourquoi aucun témoin ne fut appelé en faveur de Ronald Cross ou Gordon Lazore, compromettant ainsi la défense des appelants et les privant du droit de réfuter et de se défendre.

.10 Le savant juge a erré en droit en n'expliquant pas au jury les principes légaux applicables à l'élément essentiel du mens rea tel qu'il s'applique à chacun des chefs d'accusation, une erreur portant, à plus forte raison, préjudice aux accusés parce que le juge du procès a refusé à la défense d'expliquer les principes de loi pendant son adresse au jury.

.11 Le savant juge a mal instruit le jury quant au fonctionnement de la section 21 du Code Criminel et de son application envers Gordon Lazore pour les chefs d'accusation 21, 22, 23, 24 et 27.

.12 Le savant juge a mal instruit le jury sur les principes de légitime défense applicables à Gordon Lazore en rapport aux chefs d'accusation 20, 21, 24, 29 et 30.

.13 Le savant juge a erré en droit en offrant au jury ses spéculations, non appuyées par la preuve, concernant les événements fondamentaux entourant les chefs d'accusation 19 à 30.

.14 Le savant juge a erré en droit en manquant d'instruire le jury sur le fait qu'il pouvait tirer des conclusions adverses résultant de l'échec de la Couronne d'appeler Cory Jacobs, Maurice Binette et Stéphane Tremblay comme témoins essentiels concernant les événements reliés aux chefs 19 à 30 et 46, et en n'expliquant pas et en ne spécifiant pas la nature de la conclusion adverse que le jury était en mesure de tirer.

.15 Le savant juge a erré en droit en ordonnant au jury d'utiliser seulement des références sélectives reliées à la preuve, et, généralement ainsi de façon à favoriser la Couronne au détriment et préjudice des appelants.

.16 Le savant juge a erré en droit en effectuant une révision sélective de la preuve de façon telle à démolir les défenses soulevées par le contre-interrogatoire.

.17 Le savant juge a mal instruit le jury à l'effet que les procédures étaient uniquement adverses en nature sans expliquer les obligations de la Couronne de présenter au jury toute l'information essentielle pouvant, raisonnablement, les aider à parvenir à un verdict, laissant ainsi le jury avec la déduction et l'impression que les accusés avaient l'obligation de présenter la preuve que la Couronne n'a pas faite.

.18 Le savant juge a erré en droit en concluant que les protocoles optionnels de la Convention de Genève ne s'appliquaient pas aux circonstances entourant la Crise d'Oka et aux événements sujets à l'accusation en général.

.19 Le savant juge a erré en droit en concluant que l'acte d'accusation n'était pas surchargé et que le fait d'inclure toutes ces offenses contre les appelants pouvait démontrer leur propension à la violence, portant ainsi préjudice à leur défense.

6.- Les appelants demandent de plaider verbalement et par écrit.

POUR TOUS CES MOTIFS, PLAISE À CETTE HONORABLE COUR:

DE CASSER les verdicts de culpabilité

D'ORDONNER des nouveaux procès séparés

D'ORDONNER un arrêt des procédures permanent sur les actes d'accusation privilégiés.

Montréal, le 20 février 1992

(S) JULIO PERIS

PERIS GOLDENBERG

Chronologie des événements

• 9 novembre 1957. Naissance de Ronald Cross à Brooklyn, New York.

• 1969. Déménagement de la famille Cross à Kahnawake.

• 11 mars 1990. Oka: les Mohawks construisent une barricade sur une route secondaire qui mène à l'autoroute 344 afin de protester contre l'extension d'un terrain de golf qui détruirait la Pinède d'Oka, leur terre ancestrale, et le cimetière de leurs ancêtres. Le maire d'Oka, Jean Ouellette, obtient une injonction pour forcer les Indiens à retirer leurs barricades. Les Indiens refusent.

• 13 avril 1990. Ronald Cross est trouvé coupable de voies de fait contre un agent de la paix. Amende de 250 $.

• 11juillet 1990. La Sûreté du Québec attaque la barricade d'Oka, protégée par la Mohawk Warrior Society.

L'agent Marcel Lemay de la Sûreté du Québec, 31 ans, est tué. La Sûreté du Québec prétend qu'il a été tué par un Indien et les Mohawks prétendent que, dans la confusion, le coup peut venir de la Sûreté du Québec elle-même.

La Sûreté du Québec entoure les barricades d'Oka et de Kahnawake.

• 12 juillet 1990. Le Ministre des Affaires indiennes du Québec, John Ciaccia , vient à Oka dans le but de rétablir l'ordre. Les Indiens demandent le départ de la Sûreté du Québec. Le Ministre répond que la Sûreté du Québec partira si les Indiens remettent leurs armes et démantèlent leurs barricades.

Le gouvernement fédéral prétend que cette dispute relève du gouvernement provincial.

Les Indiens continuent de fortifier leurs barricades, construire des bunkers.

Les Mohawks de Kahnawake bloquent l'accès au pont Mercier.

Les Blancs des environs du pont Mercier doivent utiliser le pont Champlain, ce qui leur occasionne des détours de

plusieurs heures. Les Blancs deviennent hostiles et les Indiens sont brûlés en effigie.
• 18 juillet 1990. Réunion à Kahnawake des 200 chefs amérindiens qui appuient les Mohawks.
• 21 juillet 1990. Les négociations officielles entre le gouvernement du Québec et les Mohawks prennent fin.
• 6 août 1990. Le Warrior «Major» se présente chez le vétérinaire Réjean Mongeon et lui demande la permission d'occuper un logis dans son étable.
• 12 août 1990. Le Premier ministre Brian Mulroney envoie un médiateur. Il consent à prêter l'Armée canadienne au gouvernement du Québec.
• 14 août 1990. Arrivée de l'Armée canadienne: 2 500 soldats.
• 11-20 août 1990. Les Indiens arrêtent les discussions, voyant l'arrivée de l'Armée canadienne comme une provocation, un moyen d'intimidation. Certains prétendent que la police a perdu le contrôle de la situation.
• 26 août 1990. Le Warrior «Major» disparaît de la ferme des Mongeon. Fête dans les appartements de l'étable. Roger Lazore dit qu'ils font un party.
• 28 août 1990. Conférence de presse. Le Premier ministre Brian Mulroney supporte les propos du Premier ministre du Québec, Robert Bourassa.
Lapidation des Indiens. Les femmes, les vieillards et les enfants autochtones essaient de s'enfuir de la réserve et sont lapidés par les Blancs.
• 31 août 1990. Le médecin vétérinaire Mongeon rentre chez lui et constate qu'on a saccagé sa maison. Tout est sens dessus dessous. Il fait fuir les Warriors.
• 1 septembre 1990. Les soldats du 22e régiment referment leurs positions sur les barricades des Mohawks.
Francis Jacobs et son fils Cory sont agressés par Ronald Cross, Gordon Lazore et Maurice Binette.
Célèbre face à face entre le soldat Patrick Cloutier du 22e régiment et un Warrior.

• 2 septembre 1990. La Presse: «Les Warriors ont obtenu des sauf-conduits déguisés».
• 26 septembre 1990. Fin de la révolte d'Oka. Arrestation des Warriors, dont Ronald Cross.
• 15 mars 1991. Remise en liberté sous cautionnement de Ronald «Lasagne» Cross et Gordon «Noriega» Lazore.
• 18 mars 1991. Requête en appel du cautionnement par le Ministère public.
• 28 mars 1991. Début du procès des trois Warriors: Ronald Cross, Gordon Lazore et Roger Lazore à Saint-Jérôme. Total: 85 accusations. On reporte le tout au 8 avril 1991, attendu que le procureur de la Couronne a l'intention de s'adresser à la Cour en français tout au long du procès de ces trois anglophones.
• 15 avril 1991. L'Honorable Benjamin Greenberg de la Cour Supérieure du Québec rend son jugement et donne raison au procureur de la Couronne. Il refuse un procès unilingue anglais aux Warriors.
• 11 mai 1991. Incident sur la réserve de Kahnawake. Voies de fait contre les Peacekeepers de Kahnawake. Dans cette affaire, trois accusations criminelles sont portées contre Ronald Cross au Palais de Justice de Longueuil.
• 25 mai 1991. Mariage de Ronald Cross et de Nadine Montour.
• 5 juillet 1991. Ronald Cross omet de se présenter à la Cour de Saint-Jérôme.
• 12 novembre 1991 Enquête avec témoins au Palais de Justice de Longueuil dans l'affaire des Peacekeepers survenue le 11 mai 1991.
• 5 décembre 1991. Naissance de Jerry Cross (fils de Ronald Cross et Nadine Montour).
• 8 janvier 1992. Ronald Cross omet de se présenter à son procès de Saint-Jérôme. Mandat d'arrestation émis contre lui.
• 9 janvier 1992. Dans la nuit du 9 janvier, Ronald Cross est arrêté par la Sûreté du Québec dans un appartement de ville Lasalle. Il est ramené en Cour de Saint-Jérôme le même jour.

• 22 janvier 1992. Fin du procès des trois Warriors. Ronald Cross et Gordon Lazore sont trouvés coupables de la moitié des accusations qui pesaient sur eux.
• 19 février 1992. Sentence des Warriors.
• 20 février 1992. Requête en appel des avocats de Ronald Cross et Gordon Lazore.
• 3 juillet 1992. Palais de Justice de Montréal: les trente-neuf Mohawks sont acquittés.

* * *

Bibliographie

•Amnesty International, Human rights violations against indigenous peoples of the Americas, March 1992.
•Cortez, éditions Hachette, Collection Génies et réalité.
•Christophe Colomb, Hachette, Jacques Heers.
•Je défends Barbie, Jacques Vergès, Éditions Jean Picollec.
•La capital, Jonathan Kandell, Random house New York.
•La Presse, 23 avril 1992.
•Terre indienne, Autrement, Le chemin des larmes.
•Le Courrier Médical, Médecine Historique au Canada, Médecins de Nouvelle-France, Johanne Lepage.
•L'épopée des Peaux-Rouges, Favre, Jean Pictet.
•Les erreurs judiciaires, René Floriot, Éditions Flammarion.
•L'Homme délogé, Nicole Jetté-Soucy, Éditions Le Beffroi.
•L'été des Mohawks, Jacques Lamarche, Éditions Stanké.
•L'invasion du Canada, Pierre Berton, Tome 1, Tome 2, Éditions de l'Homme.
•L'instinct de mort, Jacques Mesrine, Éditions J. C. Lattès.
•Maclean's, August 6, 1990, vol. 103, no. 32.
•Madame au foyer, octobre 1990, Une enfance autochtone.
•Maîtres, volume 2, No 7, septembre 1990.
•Mémoires, Colonel Pierre Sévigny, à paraître, Éditions Sedes 1993.
•Neuve France, Mgr Albert Tessier, Éditions du Bien Public.
•Nations autochtones, Gouvernement du Québec.
•Natives don't pay taxes? It's a myth, Miles Morrisseau, Southam News.
•Nos racines, Éditions Transmo, tome 1 et 2.
•Oka, terre indienne par Gilles Boileau, Éditions du Méridien.
•Oka, Jean O'Neil, Les Éditions du Ginkgo.
•Papineau, Alfred D. De Celles, Beauchemin, 1905.
•Papineau et son temps, R. Rumilly, Éditions Fides, 1977, Tome 1 et 2.
•Pour une auto-histoire amérindienne, Les Presses de l'Université Laval, Georges E. Sioui.
•Psychanalysez-vous vous-même, E. P. Farrow, Éditions Poche Select.
•Readers'Digest, Boyce Richardson, Healing Time in Native Canada.
•Rémi Savard et les «étrangers venus d'ici» par Josée Gauthier, Les Diplômés, printemps 1992.
•Si j'ai tort, René Longeval, Éditions d'Alcrena.
•Terre indienne, Autrement, Le chemin des larmes.
•The Bridge, November 1992, Concordia University, Dorothy Plummer et Mary Mar.
•This land is our land, The Mohawk revolt at Oka par Craig Maclaine et Michael Baxendale.

Achevé d'imprimer en Mars 1993
sur les presses de
IMPRIMERIE QUEBECOR
MONT-ROYAL